Theodor Harder

# Werkzeug
# der Sozialforschung

Wilhelm Fink Verlag München

ISBN 3-7705-1055-0

# VORWORT

Die Urtexte der 13 Kapitel dieser Materialsammlung entstanden 1967 und 1968 als Unterrichtshilfen zu zweise-
mestrigen und zweistündigen Kursen in Techniken der
empirischen Sozialforschung an der WISO-Fakultät der
Universität Köln. Ein Text von 5-15 Seiten wurde eine
Woche vor Behandlung an die Teilnehmer verteilt und
dann methodologisch, ableitungstechnisch und anwendungs-
bezogen mit diesen diskutiert. Dabei erwiesen sich die
Texte als erheblich verbesserungs- und erweiterungsbe-
dürftig, was nicht nur dem mündlich geäußerten Wunsch
der Studenten, sondern vor allem dem Feedback per Pro-
tokollen, schriftlichen Referaten, Hausarbeiten ( 50
Rechen-, Denk- und Kreationsaufgaben pro Semester ),
Klausurenergebnissen ( 60 quintiple-choice-Fragen pro
Semester ) und schriftlichen, halbstandardisierten Ver-
anstaltungskritiken entsprach. Es handelt sich also
nicht um Schreibübungen oder Selbstklärungen oder gar
publikationsorientierte Textproduktion in Einsamkeit
und Freiheit, sondern um didaktisch erprobte Hilfen
beim praktischen Unterrichten. Die Art, wie die einzelnen Kapitel aufeinander bezogen sind, entspringt dieser Verwendungssituation.

Die Darstellung der sehr umfangreichen Teste, Aufga-
bensammlungen und Zusatzmaterialien, die später auch
das Lehrgebiet "Statistik für Sozialwissenschaftler"
mit einbezogen, mußte hier ausgespart werden.
Die seit 1967/68 ins öffentliche Bewußtsein getretenen
Streitfragen des Zwecks und der Funktion dieser Art von
Methodenausbildung, ja der ganzen empirischen Sozialforschung überhaupt, sind heute im wachsenden Maße unter
berufspolitischen Gesichtspunkten zu sehen. Denen, die

das verabscheuen und hinsichtlich des unakzeptablen Zustandes der diversen Welten Verbal- und Formal-Strukturen empirischer Knochenarbeit vorziehen, sei gesagt:

Nur ein werkzeug- und arbeitsloser Gesellschaftskritiger ist besser als der berühmte tote Revolutionär.

Bielefeld, den 21.1.1974                    Theodor Harder

# INHALTSVERZEICHNIS

# Inhalt in Stichworten

## VII Faktoren-Analyse

F-Analyse als Instrument der Datenreduktion, Beispiel 1: Parteipräferenz und demographische Verwandtschaft der 4 Parteien der BRD
(766 Befragte 1966), Einführung in die Grundidee der F-Analyse und
Schätzung der Faktorwerte (Phase 1: Korrelationsanalyse, Phase 2:
Faktorenextraktion und Rotation, Phase 3: Schätzung der Faktorwerte),
Beispiel 2: Psychologische Typisierung von Befragten (14 Variable,
3 Faktoren, 196 Befragte), Beispiel 3: Image von PKW-Typen (17 Variable,
19 Typen, 3 Faktoren), Beispiel 4: Dimensionale Prüfung der Riesman-
Typologie (44 Variable, 8 Faktoren, 547 Befragte 1963), Beispiel 5:
Mehrdimensionale Rechtsradikalismus-Skala (Abschätzung des Poten-
tials per Phase 3 der F-Analyse), Faktoren, Korrelationen und
Mehrfachregression.

## VIII Datenverarbeitung und Datenanalyse

Naturgegebenheit, Auswahl und Erzeugung von Daten, die Möglichkeit,
Ergebnisse zu "garantieren", kritische Reflektion der Datenverarbeitung als Bestandteil der methodischen Sicherung theorieorientier-
ter Forschung, a-theoretische Totalauswertung und Computer-Nutzung
und integrierte Datenreduktion, der stochastische Charakter der
Daten, formale Beschreibbarkeit der Daten und formale Programm-
sprachen, Datenträger, Ausgabe, Eingabe und Speicherung, Rechengeschwindigkeit, Rechengang und Rechenaufwand, Formalisierung der
Theorie als Vorbedingung der maschinellen Datenanalyse, Sekundäranalyse und erweiterte Analyse, Verbindung verschiedener Datensätze und Datentypen, Mehrebenenanalyse, ökologische Analyse,
weitergehende Analyseformen.

## IX Deskriptive Statistik

Unterscheidung: deskriptive und schließende Statistik, Verteilungen,
Merkmale, Merkmalsausprägungen und Merkmalsträger, qualitative,
ordinale und quantitative Merkmale, latente Merkmalsdimensionen
und Zusammenhang mit Fragebogentechnik, Mehrdimensionalität und
semantische Mehrdeutigkeit von Fragen und Antworten, Klassenbildung
bei Merkmalsausprägungen, Durchschnittsmaße bei Häufigkeitsverteilungen, Varianz und Standardabweichung als Maß für Unterschiedlichkeit, multivariate Zusammenhänge in Vierfeldtafeln, Baum-Darstellung solcher Zusammenhänge (Beispiele: Firmenbekanntheit, Be-
liebtheit von Stationierungsorten, SPD-Präferenz), Korrelations-
und Regressionsrechnung (semantisches Beispiel mit Illustrierten),
Charakter stochastischer Gleichungen.

## X Datenerhebung durch Befragung

Kommerzielle Umfrageforschung und empirische Sozialforschung als
Anwender der Interviewtechnik, Grundtypen von Befragungen, struk-
turierte und unstrukturierte Interviews (Intensiv- und Tiefeninter-
views), Interviewsituation, Fragefunktion und -verständnis, Exkurs
zur Intentionalität von Fragen (das Interview als verhinderter
Dialog, response set und Antwortvalidität, Operationalisierung von
Inhaltsintentionen und Validierung bzw. Kontrolle), Exploration,
Selbstbeobachtung und Introspektion, Aufbau des Fragebogens, Vor-
gabetechniken mit praktischen Beispielen (Vorgabe von Alternativen,
Listenvorgaben, verbale Intensitätsskalen, numerische Skalen
– Polaritätentechnik – , Rangreihen oder Rangordnung, Paarvergleich,
Projektive Verfahren), Beziehungen zwischen Fragenart und Antwort-
validität, gegliederter Katalog von Fragearten.

## XI Die Beobachtung

Sprache als Quelle methodischer Probleme bei der Befragung, die
Sprachfreiheit der Beobachtung, Formen der Beobachtung (teilnehmende-
systematische, experimentelle - nicht-experimentelle, direkte -
indirekte, Feld- und Laboratoriumsbeobachtung), Probleme der Beobachtung, Stichproben-Probleme, Interaktion zwischen Beobachter und
Beobachteten, Definition des Gegenstandes, Bildung des Kategorien-
systems, Abgrenzung der Einheiten, Registrierung und Notation,
Kontinuität und Periodisierung, Beispiel des Bales'schen Schemas
für Beobachtung der Interaktion in Diskussionsgruppen, Anwendungs-
bereiche und Verfahren der Beobachtung.

## XII Forschung als Experimentieren

Künstliche und natürliche Variationen, experimentelle Voraussagen,
Kontrolle von Nebenbedingungen, Beispiel eines Gedankenexperiments
(Wirtschaftsentwicklung in Ost- und Westdeutschland), Erweiterung
des Gedanken- zu einem Modellexperiment durch immer realistischere
Annahmen, die "Aussagerenitenz" der sozialen Phänomene, ex-post-
facto-Experimente, Kausalanalyse und multivariate Analyse, Sekundäranalyse, Beispiel: Fernsehen und Kinobesuchsrückgang 1958-60
(32 ooo Befragte), Techniken kontrollierter Experimente, Längs-
schnittanalysen, Experiment- und Kontrollgruppen, das Prinzip der
maximalen Randomisierung, Anwendungsgebiete für Experimente (Klein-
gruppen- und Kommunikationsforschung, Probleme der kognitiven
Dissonanz, Industrie-Soziologie).

## XIII Inhaltsanalyse

Drei Funktionen der Inhaltsanalyse, das allgemeine Kommunikations-
modell (Zeichen, Information, Text, Sinn, Verschlüsseln, Ent-
schlüsseln), Semiotik, Semantik, Syntaktik, Pragmatik, designata
und denotata, Deigtik, intensionale und extensionale Definitionen,
Synonymität, Psycholinguistik, Informationstheorie und Sprachstatistik (empirische Beispiele), Informationsgehalt und Redundanz,
cloze-procedure zur Messung von Textschwierigkeiten und Informations-
übertragung, die sieben Phasen der Inhaltsanalyse (Festlegung der
Textart oder -klasse, Stichprobenauswahl, Definition der Zähleinheit, Entwicklung eines Kategorienschemas, Verschlüsseln der
Zähleinheiten, Datenverarbeitung und -analyse des verschlüsselten
Materials, Prüfung von Zuverlässigkeit und Gültigkeit), Anwendungs-
beispiele, Vergleich von sechs Zeitungen im Bundestagswahlkampf,
Inhaltsanalyse von Anzeigen, Identitätsprobleme bei Harvard-
Studenten, weitere Fortschritte: der "General Inquirer" und
Computertechniken.

Elementare Kombinatorik
==========================

## 1. Permutationen

Zwei Buchstaben, A und B, können nur in zwei Reihenfolgen
kombiniert werden, und zwar AB und BA. Ein dritter Buchstabe C
kann in jeder dieser beiden sogenannten "Permutationen" an eine
von drei Stellen treten: davor, dazwischen (abc) und dahinter.
Es gibt als 3 x 2 = 6 Permutationen bei drei Buchstaben, nämlich ABC, ACB, CAB, BAC, BCA, CBA. Ein vierter Buchstabe D
kann bei jeder dieser 6 Dreierkombinationen an 4 Stellen treten. Es entstehen so 4 x 3 x 2 = 24 verschiedene Permutationen.
Setzt man diese Überlegung fort, so kommt man zu $P_n$ Permutationen bei n Buchstaben:

$$(1) \qquad P_n = n! = 1 \cdot 2 \cdot 3 \cdot 4 \cdots n$$

n! wird "n Fakultät" genannt und bezeichnet das Produkt der
ersten n ganzen, positiven Zahlen.
$P_n$ ist eine sehr schnell steigende Funktion von n. So ist 10!
schon über 3 Millionen. Systematische Reihenfolgen-Experimente
kann man also nur mit einer sehr kleinen Anzahl von Elementen
(etwa: Fragen in einem Fragebogen) machen.

## 2. Permutationen mit teilweise gleichen Elementen

Die insgesamt n Elemente seien in k Gruppen eingeteilt, wobei
die Elemente der ersten $A_1$, $A_2$, ... $A_n$ seien, die der zweiten
Gruppe $B_1$ bis $B_{n_2}$ usw.. Die Summe aller $n_i$ ist n. Die Zahl der
möglichen verschiedenen Anordnungen oder Permutationen ist
nach (1) n!. Läßt man nun bei allen $A_i$ den Index i weg, so
werden die A ununterscheidbar und damit auch die $n_1$! Permutationen, in denen nur A's vorkommen. Es gibt also $n_1$!mal so
wenig Permutationen wie im Fall der Unterscheidbarkeit aller
$A_i$, also $n!/n_1!$ statt n!. Entsprechend muß man durch $n_2$! teilen, wenn alle B ununterscheidbar werden. Die allgemeine Formel
lautet folgerichtig:

$$(2) \qquad P(n_1, n_2, n_3, \ldots n_k) = \frac{n!}{n_1! \, n_2! \, n_3! \, \ldots n_k!}$$

In Worten: n Elemente einer Menge lassen sich in k Gruppen
einteilen, wobei jede Gruppe sich aus Elementen zusammensetzt,
die untereinander ununterscheidbar sind. In der i.ten Gruppe
seien $n_i$ Elemente (i=1, 2, 3, ...k). (2) gibt dann die Zahl
der möglichen Permutationen an.

Beispiel: Wieviele Permutationen sind mit den Elementen
a,a,a,b,b möglich? Es ist $n_1$= 3, $n_2$= 2, also
n = 5, sodaß nach (2)
$$P(3,2) = 5!/3!\cdot 2! = 12o/6\cdot 2 \neq 10$$

```
a a a b b      a a b a b      a b a a b
b a a a b      a a b b a      a b a b a
b a a b a      a b b a a      b a b a a
b b a a a
```

## 3. Kombinationen

Aus den Elementen u, v und w lassen sich drei Paare bilden,
innerhalb derer die Reihenfolge der Elemente gleichgültig sein
soll. u v ist also dieselbe Kombination wie v u. Der hiermit
eingeführte Begriff der Kombination läßt sich auf n Elemente
erweitern, aus denen alle m-fachen Kombinationen zu bilden
sind. Die Frage ist, wieviele solcher Kombinationen es gibt.
Die Antwort ergibt sich, wenn man in (2) k=2 setzt. Dies sieht man
anhand des letzten Beispiels mit den 10 Permutationen leicht
ein. Für m=3 a's gibt es insgesamt n=5 Plätze. In jeder der
10 Permutationen nehmen die 3 a's eine verschiedene Dreier-
Kombination der 5 Plätze ein. Daher ist die Zahl der möglichen
Dreier-Kombinationen gleich der Zahl der Permutationen, also
10. Formelmäßig ist in (2) $n_1$=m und $n_2$=n-m (da $n_1$+$n_2$=n).
$n_3$, $n_4$ usw. gibt es nicht mehr, da k=2. Dann erhalten wir als
allgemeine Kombinationszahl:

$$(3) \qquad K(n,m) = \binom{n}{m} = \frac{n!}{m!\,(n-m)!} = \frac{m(n-1)\ldots(n-m+1)}{1\cdot 2\cdot 3\cdot\ldots\cdot m}$$

$\binom{n}{m}$ ist eine abgekürzte Schreibweise für die Kombinationszahl.
In unserem Beispiel war m=3, n=5 und daher n-m = 2. Einsetzen
dieser Zahlen in (3) ergibt K(5,3)≐10.

Man kann (3) auch eine andere inhaltliche Deutung geben, indem
man die 5 Plätze einer Permutation mit den Ziffern 1 2 3 4 5
bezeichnet. Eine Permutation kann nun durch Angabe der drei
Plätze, auf denen die a's sind, also durch Dreierkombinationen
von Ziffern eindeutig identifiziert werden. Die den 10 Permutationen entsprechenden Kombinationen lauten dann:

```
1 2 3     1 2 4     1 3 4
2 3 4     1 2 5     1 3 5
2 3 5     1 4 5     2 4 5
3 4 5
```

Dieselbe eindeutige Identifizierbarkeit der Permutationen erreicht man auch, indem man die jeweils nicht von einem a be-
setzten Stellen, also die paarweisen Kombinationen von b-Stellen
durch Ziffernkombinationen angibt:

```
4 5     3 5     2 5
1 5     3 4     2 4
1 4     2 3     1 3
1 2
```

Hiermit ist klar, warum es genau soviel Dreier- wie Zweier-
Kombinationen gibt. Allgemein ist ja auch m mit n-m in (3) ver-
tauschbar, ohne daß sich K(n,m) ändert. Mann kann also schreiben:

$$(3)' \qquad K(n,m) = K(n,n-m) \text{ oder } \binom{n}{m} = \binom{n}{n-m}$$

Dies ist die Symmetrie-Eigenschaft von Kombinationszahlen.

## 4. Kombinationszahlen als Binomialkoeffizienten

Bekanntlich ist $(a+b)^2 = a^2+2ab+b^2$. a+b wird als Binom bezeichnet. Die Binomialkoeffizienten sind 1 2 1. Weiter ist $(a+b)^3 =
a^3+3a^2b+3ab^2+b^3$. Die Koeffizienten sind 1 3 3 1.
Um zu dem allgemeinen Ausdruck $(a+b)^n$ zu kommen, gehen wir von
dem allgemeineren Ausdruck

$$(4) \qquad (a + b_1)(a + b_2)(a + b_3) \ldots (a + b_n)$$

aus. Beim Ausmultiplizieren entstehen n+1 Einzelausdrücke,
deren erster nur a enthält, also $a.a.a\ldots = a^n$ ist. Zweitens
gibt es n Ausdrücke (für jedes b einen), in denen immer nur

ein $b_i$ vorkommt, als n-1 mal a. Dann folgt der dritte Typ von
Ausdrücken, in denen n-2 mal a und dazu eine Zweierkombination
von $b_i$ vorkommt. Es gibt also $\binom{n}{2}$ solche Ausdrücke. Läßt man
die Indices i bei den b weg, also $b=b_1=b_2= \ldots = b_n$, so lautet der dritte Ausdruck

$$\binom{n}{2} \cdot a^{n-2} b^2$$

Durch eine entsprechende Fortsetzung der Überlegung erhält man
schließlich

$$(5) \qquad (a+b)^n = a^n + n\,a^{n-1} b + \binom{n}{2} a^{n-2} b^2 + \ldots + \binom{n}{n-1} a\,b^{n-1} + \binom{n}{n} b^n$$

Der allgemeine Summand ist $\binom{n}{i} a^{n-i} b^i$. Variiert man n und i
systematisch, so erhält man das Pascal'sche Dreieck. Nach (3)'
ist $\binom{n}{n-1} = \binom{n}{1} = n$ und $\binom{n}{n} = \binom{n}{0} = 1$.


## 5. Die Binomialverteilung

Legt man für (5) fest, daß a+b=1 und a sowie b nicht-negative
reelle Zahlen sind, so stellen die Summanden zusammen eine Wahr-
scheinlichkeitsverteilung dar, die als Binomialverteilung bekannt ist. Für b kann man wegen a+b=1 auch b=1-a setzen. Außerdem ist es üblich, statt b das Symbol p zu nehmen. Die Binomialverteilung sieht dann wie folgt aus:

$$(6) \qquad B(n, i, p) = \binom{n}{i} p^i (1-p)^{n-i}$$

B steht für die Wahrscheinlichkeit, daß in einer Stichprobe von
n Fällen genau i mit dem Merkmal M gefunden werden, wenn die
Grundwahrscheinlichkeit für das Auftreten von M-Trägern in der
Gesamtheit p ist.

Beispiel: Wie wahrscheinlich ist es, daß in einer Familie mit
4 Kindern 2 Töchter und 2 Söhne sind?

Antwort: $B(4, 2, \frac{1}{2}) = \binom{4}{2} (0,5)^2 (0,5)^2 = 6 \cdot 0,0625 = 0,375$

Die Wahrscheinlichkeit ist 37,5 %.

Diese Zahl ist keine Information über die Wirklichkeit, sondern eine rein logische Schlußfolgerung aus der Annahme, daß p=0,5. Das wirkliche p liegt in der BRD bei o,47 für Männer.

Es ist darauf hinzuweisen, daß die Binomialverteilung im allgemeinen nicht symmetrisch ist. Das heißt, wenn p nicht 0,5 ist, ist auch 1-p nicht 0,5 und daher kann man i und n-i in (6) nicht vertauschen, ohne B zu ändern.

## 6. Der Erwartungswert von p

Das p in (6) wird als "wahrer" Wert der Grundgesamtheit eingeführt. Man nimmt also einfach an, p sei der wahre Wert. Die Frage ist dann, welchen Schätzwert für p man in der Stichprobe erhält. Als einen solchen Schätzwert nimmt man gewöhnlich den Durchschnitt aller möglichen Stichprobenergebnisse.

Es sei p=0,4 und n=4. p sei die Wahrscheinlichkeit (W.) für das Auftreten eines Stichprobenfalles mit dem Merkmal M, 1-p=0,6 sei die W. für das Nichtauftreten eines solchen Falles. Wir schreiben dann eine 0, beim Auftreten dagegen eine 1. Es gibt dann 16 verschiedene mögliche Stichproben:

| | | | | | | |
|---|---|---|---|---|---|---|
| 1 | 1 | 1 | 1 | 1 | 0,0256 | i = 4 |
| 2 | 1 | 1 | 1 | 0 | 0,0384 | i = 3 |
| 3 | 1 | 1 | 0 | 1 | " | " |
| 4 | 1 | 0 | 1 | 1 | " | " |
| 5 | 0 | 1 | 1 | 1 | " | " |
| 6 | 1 | 1 | 0 | 0 | 0,0576 | i = 2 |
| 7 | 1 | 0 | 1 | 0 | " | " |
| 8 | 1 | 0 | 0 | 1 | " | " |
| 9 | 0 | 0 | 1 | 1 | " | " |
| 10 | 0 | 1 | 0 | 1 | " | " |
| 11 | 0 | 1 | 1 | 0 | " | " |
| 12 | 1 | 0 | 0 | 0 | 0,0864 | i = 1 |
| 13 | 0 | 1 | 0 | 0 | " | " |
| 14 | 0 | 0 | 1 | 0 | " | " |
| 15 | 0 | 0 | 0 | 1 | " | " |
| 16 | 0 | 0 | 0 | 0 | 0,1296 | i = 0 |

Die Dezimalbrüche geben die Einzelwahrscheinlichkeit für das Auftreten jedes Stichprobenergebnisses an. Je 1, 4, 6, 4 und 1 Fall (Fälle) kommen mit der gleichen Wahrscheinlichkeit vor.

Diese Anzahlen sind die Binomialkoeffizienten. Nimmt man sie mit den Einzelwahrscheinlichkeiten mal, so erhält man nur 5 verschiedene Summanden, die zusammen 1 ergeben. Sie seien kurz $B_i$ statt $B(n,i,p)$ genannt. Gewichtet man nun i mit der Wahrscheinlichkeit $B_i$, so erhält man den gesuchten Erwartungswert $\hat{p}$.

Es ist also $p = (B_0 + 1B_1 + 2B_2 + 3B_3 + 4B_4) : 4 = 0,4$
Division durch n=4 ist nötig, weil wir nicht den Schätzwert als Durchschnitt aller i, sondern aller i/n $\neq$ i/4 anstreben.

Die folgende Tabelle faßt die Rechnung zusammen:

| $i$ | $B_i$ | $i \cdot B_i$ |
|---|---|---|
| 4 | 0,0256 | 0,1024 |
| 3 | 0,1536 | 0,4608 |
| 2 | 0,3456 | 0,6912 |
| 1 | 0,3456 | 0,3456 |
| 0 | 0,1296 | 0,0000 |
| | 1,0000 | 1,6000 : 4 = 0,4 = $\hat{p}$ |

Das Zwischenergebnis $4\hat{p} = 1,6$ ist die durchschnittlich zu erwartende Anzahl von Mädchengeburten (M) in Random-Stichproben von 4 Fällen bei einer Grundwahrscheinlichkeit von p=0,4 für alle Mädchengeburten überhaupt.

Das triviale Ergebnis dieser Beispielsrechnung war mathematisch voraussehbar. Die Summe alle $i \cdot B_i$ (i=1,2,3,4...n) ergibt nämlich immer np. Man kann daher kurz schreiben

(7)          $\hat{p} = p$

Diese Gleichung gibt an, wie aus einem empirischen Befund p auf den Grundgesamtheitswert p geschlossen werden kann, nämlich durch Gleichsetzung. Beim realen Forschungsprozeß wird daher p nicht wie oben tautologisch errechnet, sondern aus tatsächlichen Stichproben (meist nur aus einer einzigen) erhalten. Für die Abschätzung braucht man die Varianz von p.

## 7. Die Varianz um p

Die Abweichungen der $\frac{i}{n}$ von ihrem Durchschnitt

$$(8) \qquad p = \frac{1}{n}\sum_{i=0}^{n} i \cdot B(n,i,p) = \sum \frac{i}{n} B(n,i,p)$$

sind die n+1 Werte $d_i = \frac{i}{n} - p$. Wir schreiben abkürzend $B_i$ für den in (6) definierten Ausdruck $B(n,i,p)$ und definieren die Varianz von $\frac{i}{n}$ um p als

$$(9) \qquad s^2 = \sum_{i=0}^{n} \left(\frac{i}{n} - p\right)^2 B_i$$

Die Ausführung der Summierung ergibt im einzelnen, wenn man $B_i$ durch den rechten Ausdruck in (6) ersetzt:

$$\sum_{i=0}^{n} \left[ \frac{1}{n^2} i^2 \binom{n}{i} p^i (1-p)^{n-i} - \frac{2pi}{n} i \binom{n}{i} p^i (1-p)^{n-i} + p^2 \binom{n}{i} p^i (1-p)^{n-i} \right]$$

Wir bezeichnen die drei Summanden hinter dem Summenzeichen als $D_1$, $D_2$ und $D_3$. $D_3$ ergibt einfach $p^2$, da $\sum B_i = 1$, wie im Anschluß an (6) ersichtlich ist. Für $D_2$ müssen wir $\binom{n}{i}$ auflösen in

$$(10) \qquad \frac{n!}{i!(n-i)!} = \frac{n(n-1)!}{i(i-1)!(n-i)!} = \frac{n}{i}\binom{n-1}{i-1}$$

Dann wird der zweite Summand $D_2$ in n und i um eine Einheit verschoben, was zwar n-i nicht verändert, wohl aber i:

$$\sum i \binom{n}{i} p^i (1-p)^{n-i} = \sum i \frac{n}{i} p \binom{n-1}{i-1} p^{i-1} (1-p)^{n-i}$$
$$= np \sum_{i=1}^{n} \binom{n-1}{i-1} p^{i-1} (1-p)^{n-i} = np$$

Die Summe ist wieder (in Symbolen von (5) ist a=p und b=1-p) eins, da $(p+1-p)^{n-1} = 1^{n-1} = 1$. Dann ist $D_2 = -2p^2$. Der Ausdruck $D_1$ enthält $i^2$. Wir wenden (10) zweimal hintereinander an:

$$\binom{n}{i} = \frac{n}{i}\binom{n-1}{i-1} = \frac{n(n-1)}{i(i-1)}\binom{n-2}{i-2}$$

und nutzen die einfache Tatsache, daß $i(i-1) = i^2 - i$ oder $i^2 = i(i-1)+i$ und erhalten für $D_1$:

$$D_1 = \sum \frac{i^2}{n^2}\binom{n}{i} p^i (1-p)^{n-i} = \sum p \frac{n-1}{n}\binom{n-2}{i-2} p^{i-2}(1-p)^{n-i}$$
$$+ \sum \frac{i}{n^2}\binom{n}{i} p^i (1-p)^{n-i} = p^2 - \frac{p^2}{n} + \frac{p}{n}$$

Es ergibt sich daher für die Varianz von $\frac{i}{n}$ um p:

$$(11) \qquad s^2 = D_1 + D_2 + D_3 = \frac{p(1-p)}{n}$$

Hiermit ist $s^2$ vollständig abgeleitet. s bezeichnet man als Standardabweichung; sie stellt die Wurzel aus $s^2$ dar:

$$(12) \qquad s = \sqrt{\frac{p(1-p)}{n}}$$

Für das Beispiel mit p = 0,4 und n = 4 ergibt sich s = $\pm$ 0,24. Die Werte $\frac{i}{n}$ schwanken also im Durchschnitt $\pm$ 0,24 Einheiten um den Erwartungswert p = 0,4. Wir werden auf den Sinn dieses Maßes s zurückkommen.

## 8. Die hypergeometische Verteilung

Die folgenden Symbole und Bezeichnungen werden uns im Zusammenhang mit Stichproben (Auswahlverfahren) wieder begegnen:

    N = Umfang der Grundgesamtheit

    M = Zahl der Träger eines Merkmals A in der Grundgesamtheit

    n = Umfang der Stichprobe

    m = Zahl der Träger des Merkmals A in der Stichprobe

Gefragt wird nach der Wahrscheinlichkeit w, daß sich in einer Stichprobe vom Umfang n aus insgesamt N Einheiten in der Gesamtheit genau m Merkmalsträger befinden. Die Antwort ist

$$(13) \qquad w = \frac{\binom{M}{m}\binom{N-M}{n-m}}{\binom{N}{n}}$$

Wir zeigen zunächst an einem Beispiel, wie man zu (13) kommt. Es sei N = 100, M = 30, n = 10 und m = 6. Als Text könnte man sich das so denken: In einer Urne befinden sich 100 Kugeln, davon 30 weiße und 70 schwarze. Eine zufällig gezogene Stichprobe von 10 Kugeln enthalten 6 weiße. Die Wahrscheinlichkeit (W.), daß aus 100 eine weiße gezogen wird, ist $\frac{30}{100}$ ; die W., daß aus den 99 übrigen wieder eine weiße gezogen wird, ist $\frac{29}{99}$, usw. Würde etwa als vierte eine schwarze gezogen, so wäre die

W. dafür $\frac{70}{97}$. Wir erhalten also für die bestimmte Abfolge von
erst 6 weißen und dann 4 schwarzen Kugeln eine W. von

$$V = \frac{30}{100} \cdot \frac{29}{99} \cdot \frac{28}{98} \cdot \frac{27}{97} \cdot \frac{26}{96} \cdot \frac{25}{95} \cdot \frac{70}{94} \cdot \frac{69}{93} \cdot \frac{68}{92} \cdot \frac{67}{91}$$

oder unter Verwendung der oben eingeführten Schreibweisen für
Kombinationszahlen:

$$V = \left[ \binom{30}{6} \cdot 6! \cdot \binom{70}{4} \cdot 4! \right] : \left[ \binom{100}{10} \cdot 10! \right] = \frac{\binom{30}{6}\binom{70}{4}}{\binom{100}{10}\binom{10}{6}}$$

Berücksichtigt man nun, daß die möglichen Reihenfolgen von
schwarzen und weißen Kugeln bei n = 10 und m = 6 gemäß (2) eine
Anzahl von

$$\frac{10!}{6! \, 4!} = \binom{10}{6} = \binom{10}{4}$$

Permutationen ausmachen, so muß v mit $\binom{10}{6}$ multipliziert werden,
damit man durch die Setzung N = 100, M = 30, n = 10 und m = 6
den Spezialfall

$$w = \frac{\binom{30}{6}\binom{70}{4}}{\binom{100}{10}}$$

von (13) erhält. Diese Überlegung kann anstatt mit bestimmten
Zahlen auch allgemein angestellt werden. Sie führt direkt zu
(13).

(13) wird als hypergeometische Verteilung bezeichnet. Sie ist
wie die Binomialverteilung eine theoretische Verteilung. Sie beschreibt, welche Wahrscheinlichkeiten $w_m$ den verschiedenen Stichprobenwerten m = 0, 1, 2, 3,...n zukommen.

Einige Sonderfälle sind hervorzuheben. Wenn eine Totalerhebung
gemacht wird, also die Stichprobe die gesamte Grundgesamtheit
ausschöpft (n=N), so wird

(14)
$$w = \binom{M}{m} \cdot \binom{N-M}{N-m}$$

da $\binom{N}{N}=1$. Für (14) gibt es nur eine Möglichkeit: n=M, also ist

$$w = w_M = 1 \cdot 1 = 1$$

Das heißt, bei einer Totalerhebung ist das Ergebnis sicher, m hat keinen Freiheitsgrad mehr, sondern kann nur M sein.

Vollkommene Bestimmtheit liegt auch bei N=M vor. Das Merkmal sei "Sterblichkeit". "Alle Menschen sind sterblich" heißt dann kurz "N=M". Dann folgt n=m mit w=1 aus (13) oder: in jeder Stichprobe von Menschen befinden sich nur Sterbliche.

Anders ist es bei n=m, das heißt aus dem Stichprobenergebnis, daß alle Fälle Merkmalsträger sind, kann man nicht folgern, daß M=N mit w=1, vielmehr ist stets $w < 1$, aber auch $w > 0$.

Führt man die Berechnung der Erwartungswerte für m und die Varianz von m oder $\frac{m}{n}$ um den erwarteten Durchschnitt von $\frac{m}{n}$ aus, so muß man mit w gemäß (13) gewichten. Dann ergibt sich:

$$(15) \qquad \bar{m} = n \cdot \frac{M}{N} = \sum_{m=o}^{n} m \cdot w$$

als Erwartungswert für m, und entsprechend $\frac{\bar{m}}{n} = \frac{M}{N}$ als Erwartungswert für $\frac{m}{n}$. Die Standardabweichung von $\frac{m}{n}$ um $\frac{M}{N}$ ist

$$(16) \qquad S = \sqrt{\sum_{m} \left(\frac{m}{n} - \frac{M}{N}\right)^2 w} = \sqrt{\frac{p(1-p)}{n}} \sqrt{\frac{N-n}{N-1}}$$

Hierin ist $p = \frac{M}{N}$. Die Ableitung sei dem Leser überlassen.

Die Nutzanwendung dieser Formeln wird bei der Behandlung der Stichproben gezeigt werden.

# K A P I T E L   II

**Einführung in die Theorie und Praxis der Stichprobenauswahl**
=============================================================

Stichprobenerhebungen sind in den letzten Jahrzehnten mehr und mehr in Gebrauch gekommen. Die Gründe dafür sind

1. Erhöhter Informationsbedarf von Industrie und Behörden
2. Ausarbeitung praktischer Stichprobenverfahren anhand der Theorie und ihre Verbreitung in Verbindung mit Interview-Technik
3. Einsicht in die ökonomischen und qualitativen Vorteile der Stichproben gegenüber der Totalerhebung.

Durch die schnell gewachsene Bedeutung der Umfrageforschung und Repräsentationsstatistik wurde von der methodischen Allgemeingültigkeit und praktischen Vielseitigkeit der Stichprobenverfahren abgelenkt, die sich etwa auf den Gebieten der

Agrarstatistik
Biologie
Qualitätskontrolle
Medizin

und vielen anderen Gebieten zeigt. Das Konzept der zufallsgesteuerten Stichprobenauswahl ist nicht nur in den Anwendungsgebieten vielseitig, sondern so flexibel, daß es in der Entwicklungsprozeßforschung intensiver eingesetzt werden sollte. Für die Ableitung der im folgenden verwendeten kombinatorischen Häufigkeitsverteilungen sowie der Durchschnitts- und Varianzformeln sei auf das vorige Kapitel verwiesen.

## I. Das Grundgerüst: einfache Zufallsauswahl

Die Stichprobe repräsentiert die Grundgesamtheit von Einheiten, die in einem bestimmten Raum-Zeit-Abschnitt liegen und durch bestimmte Merkmale definiert sind. Man kann die definierte

Grundgesamteinheit als Gültigkeitsbereich bezeichnen. Wird dieser Bereich verlassen - etwa durch Extrapolation - so entstehen Unschärfen in der Aussage über den neuen Bereich.

Genau genommen ist der Gültigkeitsbereich einer Stichprobe nur sie selber. Die Gesamtheit, aus der sie entnommen ist und die nach ihrer Entnahme übrig bleibt - um die Stichprobe vermindert - wird als ihr Gültigkeitsbereich nur angenommen. Die Stichprobentheorie legt klar, welche Folgen es für die Genauigkeit der Ergebnisse hat, daß dies nur eine Annahme ist. Sie erlaubt insbesondere die Berechnung der Wahrscheinlichkeit, mit der ein Stichprobenwert innerhalb einer Schwankungsbreite um einen Grundgesamtheitswert liegt. Die einfachste Formel [1] hierzu ist

$$(1) \qquad s = \sqrt{\frac{p(1-p)}{n}}$$

mit n als Umfang der Stichprobe, p als der Wert eines Merkmals in der Grundgesamtheit und s als Standardabweichung. Es sei z.B. n = 100 und p = 0,5o, dann ist s = $\pm$ 0.05 oder $\pm$ 5 %. Die Wahrscheinlichkeit, daß ein Stichprobenrepräsentant innerhalb von $\pm$ 2 s = $\pm$ 10 % um den repräsentierten Wert von p = 0,50 = 50 %, also zwischen 40 % und 60 % liegt, ist 95 %. Hier wird von der Grundgesamtheit (p = 0.50) auf die möglichen Ereignisse (p = 41 % oder p = 45 % usw.) in der Stichprobe geschlossen. Den Wert p = 0.50 kennt man aber nicht. Man schließt ihn seinerseits wieder aus dem Stichprobenergebnis $p^+$ = 0.50. Dieser Schluß wird Repräsentationsschluß genannt.

---

1) Folgt aus der Binomialverteilung, in dem $w_i = \binom{n}{i} p^1 (1-p)^{n-i}$ die Wahrscheinlichkeit ist, daß bei einer Grundwahrscheinlichkeit p genau i von n möglichen Stichprobenfällen ein Merkmal A haben, dann ist $s^2 = \sum_{i=0}^{n} (i - np)^2 w_i = np(1-p)$ der absolute und $\frac{1}{n^2} s^2 = \frac{p(1-p)}{n}$ der relative quadrierte Auswahlfehler.

Der Schätzwert für p sei p genannt, er ergibt sich aus dem Stichprobenwert $p^+$ nach der Formel [1]

$$(2) \qquad \hat{p} = \left(p^+ + \frac{1}{n}\right) \frac{1 + \frac{2}{N}}{1 + \frac{2}{n}} - \frac{1}{N}$$

Je größer n und N (Umfang der Grundgesamtheit), desto näher liegt p an $p^+$. Man kann bei großen n und N also von $p = p^+$ ausgehen und Formel (1) auch tatsächlich anwenden, obwohl man p exakt nicht kennt.

Die Voraussetzung von (1) ist die Zufallsauswahl der n Fälle aus der Grundgesamtheit. Hierbei liegt der einfachste Fall einer direkten Auswahl vor. Sie setzt allerdings voraus, daß eine Auswahlbasis, also eine Liste oder Kartei der Gesamtheit zur Verfügung steht. Aus dieser Liste wird dann etwa systematisch jeder 1000ste Fall genommen. Man spricht dann von einem Auswahlsatz von 0.001 oder [1]/1000. Jede ausgewählte Einheit repräsentiert 1000 Einheiten der Gesamtheit. Wenn diese 100.000 Einheiten umfaßt, ist der Stichprobenumfang also n = 100 Fälle oder Einheiten. Stellt man dann 5o Frauen fest, so ergibt der Repräsentationsschluß eine Schätzung von p = 0.50, die als p in (1) eingesetzt zu einem $s = \pm 0.05$ führt. Nach der Binomialverteilung läßt sich die Wahrscheinlichkeit berechnen, daß bei p = 0.5o, also np = 50 der Wert in der Stichprobe $p^+$ = 0,1,2,----100 sein kann. Da insgesamt 50.000 Frauen in der Gesamtheit existieren, ist der Fall $p^+$ = 100 durchaus möglich, aber sehr unwahrscheinlich. Seine Wahrscheinlichkeit ergibt sich aus der Binomialverteilung.

---

[1] Folgt aus der Verteilung der Wahrscheinlichkeit

$$w_M = \frac{\binom{M}{m}\binom{N-M}{n-m}}{\binom{N}{n}}$$

daß eine Stichprobe mit m schwarzen Kugeln (von n) aus einer Gesamtheit N und M schwarzen Kugeln hervorgegangen ist.

Es ist dann $\hat{p} = \frac{1}{N} \sum_M M w_M = \left(p^+ + \frac{1}{n}\right) \frac{1 + \frac{2}{N}}{1 + \frac{2}{n}} - \frac{1}{N}$

wenn $p^+ = \frac{m}{n}$, also der Stichprobenwert.

(3) $$w_i = \binom{n}{i} \cdot p^i \, (1-p)^{n-i}$$

für p = 0.50, n = 100 und i = 100. Es ist dann

w = $(0.50)^{100} \cdot 1 = 2^{-100} \sim (10^{-3})^{10}$ = 0.0.......1, wo hinter
dem Komma mehr als 30 Nullen stehen.

Die oben gemachte Annahme, daß 95 % Wahrscheinlichkeit für das
Eintreten von $p^+$ = .40 bis .60, also s = $\pm$ 5, 2s = $\pm$ 10 besteht,
folgte aus Unterstellung der Normalverteilung, die von (3) angenähert wird.

Die Formel (3) liefert auch den Wert der Wahrscheinlichkeit,
daß i entweder 40 oder 41 oder 42 usw. oder schließlich 60 ist,
also zwischen 40 und 60 liegt. Die Wahrscheinlichkeit ist die
Summe aller w für i = 40, 41, ... 60, als Formel

(3)' $$W_{40,60} = \sum_{i=40}^{60} w_i$$

Um die elementare Stichprobentheorie zu veranschaulichen, verwendet man bekanntlich das Urnenmodell. Danach gibt es den Fall

a) "Ohne Zurücklegen" (der gezogenen Kugeln)
b) "Mit Zurücklegen".

Der Fall a) ist exakter und allgemeiner. Er ist exakter, weil
bei Herausnahme von Stichprobenfällen die Zahl der Elemente
(Kugeln) in der Urne (Gesamtheit) vermindert wird und damit auch
die Wahrscheinlichkeiten; und zwar wird die Gesamtheit umso
stärker von der Stichprobenziehung betroffen, je kleiner sie
ist. Die Wahrscheinlichkeit, daß von M roten Kugeln in einer
Urne mit insgesamt N Kugeln mit einer Stichprobe von n Kugeln
genau m rote herausgegriffen werden, ist

(4) $$w = \frac{\binom{M}{m}\binom{N-M}{n-m}}{\binom{N}{n}}$$

Dies ist die im 1. Kapitel abgeleitete hypergeometische Verteilung. Für solche N, die relativ zu n groß sind, also für einen kleinen Auswahlsatz a = n/N geht (4) in (3) über. Daher ist (4) allgemeiner. Aus (4) ergibt sich auch als Verallgemeinerung [1] von (1)

$$(5) \qquad s = \sqrt{\frac{p(1-p)}{n}} \cdot \sqrt{\frac{N-n}{N-1}}$$

Für einen verschwindenden Auswahlsatz a = n/N geht außerdem (5) in (1) über.

Die Gleichung (5) zur Berechnung des stichprobenbedingten Auswahlfehlers bei einfacher Zufallsauswahl ist also nur dann zu verwenden, wenn relativ kleine Grundgesamtheiten oder große Auswahlsätze vorliegen.

Beispiel: 50 % oder 5oo von 1000 Wohngemeinschaften eines Dorfes haben eigenes Vieh. Es wird eine Stichprobe von n = 100 gezogen, der Fehler ist (p = 0.50, N = 1000) nach (5)

$$s = \pm (5 \cdot 0{,}95)\% = \pm 4{,}75\%$$

und nach (1)

$$s = \pm 5\%$$

Der Fehler wird also um 1/4 % überschätzt, bzw. bei 95 % Sicherheit oder 2 s um 1/2 %, wenn man die Tatsache vernachlässigt, daß die Gesamtheit nur N = 1000 ist.

## 2. Verringerung des Auswahlfehlers durch Schichtung

Aus der Gleichung (1)

$$s = \pm \sqrt{\frac{p(1-p)}{n}}$$

folgt, daß der Auswahlfehler s desto kleiner ist, je größer n ist und je mehr sich der Ausprägungsgrad p von 0.50 unterscheidet.[2] Da der Sample-Techniker auf p keinen Einfluß hat, da es

---

1) Ergibt sich aus (4), und zwar ist $s^2 = \sum \frac{1}{n^2}(m-np)^2 w$

2) Das Maximum von s bzw. $s^2$ liegt bei p = 0,5, was aus

$$\frac{ds^2}{dp} = \frac{1}{n}(1-2p) = 0 \text{ folgt.}$$

ein faktisches Datum ist, kann er den Auswahlfehler s nur durch
Vergrößerung von n verkleinern. Eine Vervierfachung von n hal-
biert den Fehler. Daher läuft dies auf ein Kostenproblem hinaus.

Diese Überlegung gilt allerdings nur für die einfache Zufallsauswahl. Sowie man die Schichtung in Betracht zieht, kann man
Auswahlfehler ohne Vergrößerung der Stichprobe verkleinern.

Ein Beispiel soll das verdeutlichen. Es sei eine Bevölkerung auf
ihre Leser bzw. solche, die nicht lesen können, untersucht. Die
Bevölkerung habe 40 % Leser: von den Männern seien 60 %, von
den Frauen 2o % Leser(innen). Die Männer: Frauen-Proportion sei
0.50, also gleich viele Männer und Frauen. Es sei eine Stichprobe von n = 100 gezogen. Man kann auf zwei Wegen vorgehen: eine
ungeschichtete oder eine geschichtete Stichprobe ziehen.

## 2.1 Ungeschichtete Stichprobe

In diesem Falle wird eine Liste aller Personen angefertigt und
systematisch eine Zufallsauswahl von 100 Personen getroffen.
Der Fehler ist nach (1)

$$s = \pm\, 4,9\, \%$$

Hierbei wird nur p = 0,40 und n = 100 gebraucht.

## 2.2 Geschichtete Stichprobe - proportional

Zunächst wird die Liste aller Personen in zwei Teillisten zerlegt: die aller Männer und die aller Frauen. Die Grundgesamtheit
bzw. die für sie stehende Liste wird also nach dem Merkmal Geschlecht geschichtet. Innerhalb jeder Teilliste wird nun eine
systematische Zufallsauswahl von n = 50 Männer bzw. n = 50
Frauen getroffen. Man spricht hier von "proportionaler"
Schichtung, da das Verhältnis 50 : 50 von Männern zu Frauen
der Grundgesamtheit entspricht.

Der Auswahlfehler ist nach der Formel [1]

$$(6) \qquad s = \sqrt{\sum_j \frac{N_j^2}{N^2} \frac{p_j \cdot (1 - p_j)}{n_j}}$$

zu berechnen, wo $N_j$ = Zahl der Einheiten in der j.-ten Schicht der Grundgesamtheit, $n_j$ = Zahl der ausgewählten Stichprobefälle aus den $N_j$ und $p_j$ = Ausprägung des Merkmals in der j.ten Schicht. In unserem Falle ist

$$\frac{N_j}{N} = 0,50 \qquad \text{für } j = 1 \ (\text{Frauen})$$
$$\text{und } j = 2 \ (\text{Männer})$$

$$n_j = n_1 = n_2 = 50$$

$$p_1 = 0,20$$

$$p_2 = 0,60$$

daher gilt als Spezialfall von (6):

$$(6)' \qquad s = \sqrt{0,50^2 \cdot \frac{0,20 \cdot 0,80}{50} + 0,50^2 \frac{0,60 \cdot 0,40}{50}} = \pm 4,5 \%$$

Der Auswahlfehler ist also durch die Schichtung allein 0,4 % kleiner geworden. Der Grund hierfür liegt darin, daß beim unge-schichteten Vorgehen der Männer-Frauen-Anteil (bei n = 100 und p = 0,50) selber eine Stichprobenschwankung von s = $\pm$ 5 %, also bei 95 % Sicherheit von etwa $\pm$ 10 % unterlag und damit die Hete-rogenität der Bevölkerung im Merkmal Analphabetismus (oder um-gekehrt: Lesen-Können) stärker zu Buche geschlagen ist. Die Schichtung zielt also darauf ab, durch Bildung von in sich homogeneren Teilgesamtheiten )nämlich Schichten) die Auswahl-fehlerquelle "Heterogenität einer Merkmalsausprägung" teilweise auszuschalten. Die Kontrolle über die Proportionen der Teil-stichproben wird damit dem Zufall entzogen und führt zu einer Verkleinerung des Fehlers s.

---

1) Siehe H. Kellerer: Theorie und Technik des Stichprobenverfahrens, München 1953, Seite 106/107

Der ökonomische Effekt der Schichtung in unserem Beispiel geht
daraus hervor, daß beim Verzicht auf Schichtung nicht n = 100,
sondern n = 118 Fälle hätten gezogen werden müssen, um zu demselben s = $\pm$ 4,5 % zu kommen. Durch die Schichtung wurden also
18 von 118 Fällen gespart.

## 2.3 Disproportionale Schichtung

Sucht man das $n_1$ in (6), für das s ein Minimum wird, so ergibt
sich [1] $n_1$ = 45 und $n_2$ = 55. Der Auswahlfehler ist dann

$$(6)^2 \qquad s = \pm 4,45 \%$$

Dieses Ergebnis hätte man bei einfacher Auswahl mit n = 121
Fällen erreicht; man hat also bei der optimalen Auswahl mit dis-
proportionale Teilstichprobenumfängen ($n_1$ = 45 Frauen statt 50)
gegenüber der proportionalen Schichtung nur 3 Fälle gespart.

Der gewünschte Schichtungseffekt ist also nicht beliebig zu
steigern, sondern hat eine Grenze. Die Berechnung der optimalen (meist nicht-proportionalen) Schichten, also ihrer Umfänge und des neuen Auswahlfehlers hat zunächst einmal den Sinn,
diese Grenze erkennbar zu machen. Sie stellt einen rechnerischen
Vergleichsmaßstab für alle denkbaren Auswahlpläne (Schichtungen)
dar, soweit nur die Schichtungsmöglichkeiten in Betracht gezogen
werden.

Für die praktische Stichprobenziehung stellen sich zwei Fragen:

2.3.1. Wie kann man den Auswahlfehler berechnen?

2.3.2 Wie sollte man tatsächlich schichten?

---

1) (7) ist ein Spezialfall von (9), das man durch Differenzierung von

$$T = \sum \frac{N_j^2}{N^2} \cdot \frac{p_j(1-p_j)}{n_j} + \lambda(C - \sum n_j c_j)$$

nach allen nj und Nullsetzung erhält. $\lambda$ ist der Lagrange'sche
Multiplikator.

## 2.3.1 Die Berechnung der Schichtenumfänge

folgte in unserem Beispiel der Formel

$$(7) \qquad n_j \;=\; \frac{n\sqrt{p_j(1-p_j)}}{\sum\limits_j \sqrt{p_j(1-p_j)}}$$

wobei j = 1,2 waren, mit $p_1$ = 0,20 und $p_2$ = 0,60 sowie n = 100.
Die Berechnung von s folgt dann durch Einsetzen von $n_1$ = 45 und
$n_2$= 55 in (6).

(6) und (7) stellen aber insofern nur Sonderfälle dar, als die
Kosten nicht berücksichtigt sind. Der allgemeinere Fall ist der,
daß ein Interview oder ein Test oder eine Messung pro Einheit
(Person) der j.-ten Schicht etwa $c_j$ Währungseinheiten kostet.
Die Gesamtkosten der Erhebung sind dann

$$(8) \qquad C \;=\; \sum_{j=1}^{H} n_j \cdot c_j$$

also die Summe der Einzelkosten über alle H Schichten. In unserem Beispiel war H = 2, j = 1 galt für Frauen und j = 2 für
Männer. Angenommen, das Interview mit einer Frau kostet 20 Einheiten, das mit einem Mann nur 10. Dann wird aus (8):

$$C \;=\; 20\,n_1 + 10\,n_2$$

Bei einem Kostenlimit von 1500 Einheiten und n = $n_1$ + $n_2$ = 100
als Stichprobenumfang folgt $n_1$ = $n_2$ = 50 wie im ersten Beispiel.
Setzt man dagegen n, den Umfang der Stichprobe, nicht fest, sondern bezieht ihn in die Optimierung mit ein, so erhält man für
das Beispiel $n_1$ = 40 Frauen und $n_2$ = 70 Männer, also bei einem
Etat von 1500 Einheiten eine Stichprobe von n = 110 Personen.
Setzt man diese Werte in (6) ein, so ergibt sich ein Auswahlfehler von

$$(6)^3 \qquad s \;=\; \pm\, 4,32\ \%$$

Der Fehler ist natürlich kleiner als in $(6)^2$, da
   1. n = 110, also größer als n = 100 und
   2. $(6)^3$ das Optimum darstellt.

Bei einer Kostenlage $c_1$ = 20 und $c_2$ = 10 sowie $p_1$ = 0,20 und
$p_2$ = 0,60 und dem Kostenlimit von 1500 Währungseinheiten ergibt
sich am Kriterium der Standardabweichung oder des Auswahlfehlers s nach (6) gemessen die Bestlösung, wenn 4o Frauen und 7o
Männer befragt werden.

Die allgemeine Formel für die Minimierung von s in (6) unter Ein-
haltung des Kostenlimits C in (8) lautet für die j.-te Schicht:

$$(9) \qquad n_j = \frac{N_j \sqrt{p_j(1-p_j)} \cdot C}{\sqrt{c_j} \sum_j N_j \sqrt{c_j} \sqrt{p_j(1-p_j)}}$$

(7) ist ein Spezialfall von (9); und zwar für $N_j$ = const (unabhängig von j oder in allen Schichten gleich) und $c_j = \frac{1}{n}$ . C
(alle Schichten haben gleiche Einheitskosten). Anhand von (9)
läßt sich die Frage 2.3.1 wie folgt beantworten:

Das Optimum als Maßstab für die Güte einer Schichtung läßt sich
berechnen, wenn
   1. die Kosten eines Interviews (Tests, usw.) pro Schicht,
      $c_j$,
   2. Die Gesamtkosten C,
   3. die Umfänge $N_j$ der Schichten, an der Grundgesamtheit
   4. Die Ausprägung $p_j$ des fraglichen Merkmals je Schicht
bekannt sind. Innerhalb jeder Schicht muß dann eine direkte Zufallsauswahl realisiert werden.

## 2.3.2 Kriterien beim praktischen Stichprobenziehen

Die Schichtenbildung nach dem angegebenen Kalkül ist nur möglich,
wenn die Informationen 1. - 4. des letzten Abschnitts auch wirklich verläßlich verfügbar sind. Das ist nicht einmal in hoch-

industriellen Gebieten immer der Fall. Hier liegen am ehesten
die Schichtenumfänge $N_j$ vor, die $p_j$ müssen bei einer Erstbe-
fragung meist durch dieselbe Stichprobe geschätzt werden, zu
deren Optimierung man sie braucht. In diesem Fall ist es vernünftig, auf die Optimierung, wenn auch nicht die Schichtung
selbst zu verzichten. Denn für diese und die zugehörige s-Berech-
nung brauchen nur die $N_j$ bekannt zu sein, die $p_j$ ergeben sich
ja bei der Befragung. Dann kann man nachträglich feststellen,
wie groß s ist, indem man (6) anwendet. Gewöhnlich wählt man
den Umfang der Schichtumfänge $n_j$ der Stichprobe proportional
zur Schichtenbesetzung $N_j$ in der Grundgesamtheit:

$$(10) \qquad n_j = n \cdot \frac{N_j}{N}$$

Dann wird aus (6)

$$(11) \qquad s = \sqrt{\sum \frac{N_j}{N} \cdot \frac{p_j(1-p_j)}{n}}$$

Hiermit hat man den Fehler, der entsteht, wenn man auf die Be-
einflussung von $n_j$ verzichtet und s lediglich dadurch beeinflußt,
daß man überhaupt schichtet.

Schichtung ohne optimierende Steuerung und ohne Kostenberück-
sichtigung bedeutet aber, daß man lediglich vor der Stichprobenziehung die Schichtungsmerkmale wählt, von denen man annimmt,
daß sie homogenere Teilgesamtheiten zu bilden erlauben, also
einen positiven Schichtungseffekt bedeuten.

Nur, wenn alle $p_j$ und alle Kosten von j zu j gleich sind, fällt
aber die proportionale Schichtung nach (10) mit der optimalen
nach (9) zusammen. In diesem Falle wird aber auch (11) zu (1) und
jede Schichtung ist überflüssig.

Trotzdem kann man gegen die optimale wie gegen die proportionale
Schichtung einwenden, daß man mit ihnen viel zu kleine Stichprobenschichten erhalten kann. Der der BRD wird Bremen in

proportionalen 2000er-Stichproben nur mit 20 Personen erfaßt;
auch die nur 70 - 80 Hamburger zerstören jeden Bundesländer-
vergleich. Bei optimaler Schichtung tendieren Schichten mit
hohen Einheitskosten und geringerer Merkmalsausprägung dazu,
nur mit kleinen Anzahlen in die Stichprobe einzugehen. Will man
aber gerade diese Gruppen mit anderen oder durch weitere Unter-
gliederungen vergleichen, so hat man nicht genug Fälle. Es
empfiehlt sich daher oft, die Schichten durch gleich viele
Stichprobenfälle - z. B. je 200 - zu erfassen. Damit schichtet
man zwar disproportional, kann aber über jede Schicht mit gleicher Genauigkeit repräsentative Aussagen machen.

Bei einer solchen meist ebenfalls disproportionalen Stichprobe
kann neben dem angestrebten praktischen Vorteil noch der Glücks-
fall eintreten, daß diese Schichtung näher am Optimum liegt als
die proportionale.

Nimmt man nach der Erhebung eine Umgewichtung etwa der Lochkarten vor - was bei allen disproportionalen Stichproben nur
Schätzung von Gesamtwerten sowieso erforderlich ist - so ändert
sich auch der Auswahlfehler, ein Fall, für den andere Formeln
vorliegen. Die Notwendigkeit der Umgewichtung ist ein praktischer
Nachteil disproportionaler Stichproben, soweit man nicht einen
Gewichtungscompiler in seinem Elektronen-Rechner hat.

### 3. Mehrstufige Auswahlen

Gegen alle bis hierher behandelten Formen der Schichtung ist zu
sagen, daß sie einstufig und daher unpraktikabel bzw. zu teuer
sind, wenn es darum geht, Personen oder andere Einheiten auszuwählen, die weit über den Raum verteilt sind.

Obwohl der Auswahlfehler dadurch wächst, wird man das Kostenlimit meist nur einhalten können, wenn man zuerst eine Stichprobe von Gebietseinheiten, Gemeinden, Wahlkreisen, Verwaltungs-
kreisen oder Wahlbezirken auswählt und aus diesen dann Wohn-
blocks oder Straßen, in einer dritten Stufe dann Haushalte,

Wohn- oder Eßgemeinschaften oder Familien und in einer vierten
Stufe Personen. Es ist klar, daß der Auswahlfehler bei mehrstufi-
ger Auswahl größer ist als bei direkter, einstufiger Auswahl.
Da aber die ganze Stichprobentechnik ein Mittel der Ökonomisierung von Erkenntnis (Datenerhebung) ist, muß Erfolg und Aufwand
bei der Wahl zwischen einfachen und komplizierteren Auswahl-
techniken berücksichtigt werden.

## 3.2 Zweistufige Auswahl - ohne Schichtung

Es sei eine Stichprobe von n = 100 Personen aus der Bevölkerung
einer Stadt gezogen, die aus 1000 Häuserblocks à 100 Bewohnern
besteht. Eine extreme Vorgehensweise wäre die, einfach einen
Block mit seinen 100 Personen zu nehmen. Hiermit repräsentiert
man alle 100.000 Einwohner dann, wenn jeder der 1000 Blocks hinsichtlich aller Merkmale für die Repräsentanz erforderlich ist,
identische Hundertschaften beherbergte.

Das case-study eines einzigen Blocks wäre dann für alle 1000
gültig. Dies kann jedoch nicht behauptet werden, wenn über die
Gleichförmigkeit der 1000 Blocks nichts bekannt ist; erst recht
nicht, wenn das Gegenteil der Fall ist, also extreme Ungleich-
förmigkeit.

Das andere Extrem läge in der Auswahl von 100 Blocks - etwa
jedem 10. - in der ersten und von je 1 Person je Block in der
zweiten Auswahlstufe. Auch so repräsentiert 1 Person der Stichprobe
1000 in der Grundgesamtheit. Dieser Grenzfall einer zweistufigen
Auswahl deckt sich im Ergebnis mit der einstufigen, direkten
Auswahl, denn eine Stichprobe aus der Liste der 100.000 Einwohner (Block für Block) hätte jeden 1000. Einwohner - also
nie mehr als einen aus einem Block - getroffen und damit wären
auch automatisch 100 Blocks ausgewählt worden.

In diesem Falle - nur 1 Person pro Block - läßt sich über keinen
einzigen Block etwas Repräsentatives aussagen, was Personenmerk-
male bei den anderen 99 Bewohnern betrifft, es sei denn, man

befragt diese eine Person über die anderen. Falls sie es weiß,
erhält man durch die Stichprobe von 100 Personen aus 100
Blöcken Informationen über 10.000 Personen. Dies kommt dann
einer Totalerhebung je ausgewähltem Block gleich. Man spricht
im Falle einer echten Totalerhebung je erststufiger Auswahl-
einheit (=Block) auch von Klumpenauswahl. Da alle Personen ausgewählt - oder per indirekter Befragung "untersucht" - werden,
gibt es innerhalb eines Blockes auch keinerlei Auswahlfehler,
und Formeln dazu entfallen.

Dasselbe gilt sinngemäß bei Auswahl nur eines Blocks und Befragung aller 100 Bewohner.

Außer der indirekten Befragung (eine Person über alle 100 eines
Blocks) und einer virtuellen Verhundertfachung der Stichprobe
bietet die Auswahl von 100 Blocks statt nur einem die Chance,
die eine Person nach Merkmalen des ganzen Blocks zu befragen
(Gibt es Zentralheizung? Wieviel Stockwerke? Wie oft ist Müllabfuhr? Was ist in der Hausordnung verboten? usw.). Diese Merkmale werden Globalmerkmale genannt und betreffen alle Bewohner
eines Blocks. Sie können als seinen Bewohnern gemeinsame Bedingungen des Zusammen- oder Aneinander-Vorbei-Lebens aufgefaßt
werden. Eine andere Gruppe nicht-individueller Merkmale sind sogenannte Kontext-Merkmale wie etwa 1. Spielen die Kinder miteinander? 2. Streit um Parkplätze zwischen Block-Bewohnern;
3. Häufung anderer Streitigkeiten usw. Sie sind für soziologische Analysen interessant.

Ob allerdings Auskünfte hierüber von einer einzelnen Person
soviel Aussagekraft haben wie von mehreren, muß oft bezweifelt
werden. Am sichersten ist jedenfalls die Klumpenauswahl (alle
100) pro Block. Sie ist unerläßlich, wenn bestimmte soziale
Effekte auf der Interaktion aller 100 Personen beruhen und nur
so zu erheben sind. Hier ist ein Vorgehen wie bei der Einzelfallstudie angezeigt, insbesondere hinsichtlich der Erfassung
von Global- und anderen über- oder außerindividuellen Merkmalen
wie Verkehrsverbindungen, Ladennähe u.a. ...

Allerdings ist mit der Entscheidung für eine oder mehrere Ein-
zelfallstudien - die im Falle sozialer Beziehungen auf eine
letztstufige Klumpenauswahl hinauslaufen - die Fragestellung
der Stichprobentheorie, nämlich Ökonomisierung von Erkenntnis-
gewinnung, nicht gegenstandslos geworden. Will man etwas Repräsentatives über Lebensformen und soziale Interaktion in
allen 1000 Blocks aussagen, so muß man mehr als einen Block auswählen, je nach angestrebter Präzision 20, 50, 100 oder mehr.
Erfordern sachbezogene Gesichtspunkte eine Klumpenauswahl, so
hat die Stichprobentheorie nur für die Unterschiede zwischen
Blocks etwas auszusagen und ihre Fehlerformeln beschränken sich
darauf.

Sieht man von den beiden Grenzfällen ab, so besteht der allge-
meinere Fall in unserem Beispiel in der Auswahl von etwa 50
Blocks a 2 Personen (50,2) oder 10 Blocks a 10 Personen (10,10).
Die Formel für den durchschnittlichen Auswahlfehler lautet [1]

$$(12) \qquad s = \sqrt{\frac{N_j}{N} \left[ \frac{\sum (p_j - p)^2}{m} \left(1 - \frac{m}{M}\right) + \frac{\sum p_j (1 - p_j)}{m} \left(\frac{1}{\bar{n}} - \frac{1}{\bar{N}}\right) \right]}$$

Hierbei ist Vorausgesetzt, daß $N_j$, die Zahl der Personen pro
Block in jedem Block gleich und zwar $\bar{N}$ ist, ebenfalls gleich
viele, nämlich $\bar{n}$ Personen pro ausgewähltem Block in die Stichprobe kommen. In unserem Beispiel ist ferner

N   = 100.000

M   = 1000

$\bar{N}$   = 100

m   = Zahl der ausgewählten Blöcke (variabel)

$\bar{n}$   = Zahl der pro ausgewähltem Block ausgewählten
       Personen

---

1) Ableitung der allgemeinen Form zu (12) bei W.E.Deming,
Some Theory of Sampling, N.Y. 1961, S. 148/149, hier für
den homograden Fall spezifiziert.

$n = m, \bar{n}$

$P_j =$ Ausprägung eines bestimmten Merkmals im j.-ten
Block (j = 1,2,3,...1000)

$p =$ Durchschnitt aller $p_j$.

Wir nehmen an, die $p_j$ seien so auf die 1000 Blocks verteilt, daß
in 10 Blocks $p_j = p_1 = \frac{1}{100}$ sei, in 10 weiteren $p_j = p_2 = \frac{2}{100}$ usw.
bis in den 10 letzten $p_j = p_{100} = \frac{100}{100} = 1$. Es gibt also in je
10 Blöcken eine verschiedene Zahl von Merkmalsträgern,
von 1 bis 100. Mit dieser Annahme ergibt sich

$$\frac{N_i}{N} \sum_j (p_j - p)^2 = 0,0783 \quad \text{und} \quad \frac{\bar{N}}{N} \sum_j p_j (1-p_j) = 1,1666$$

Damit wird (12) zu

$$(13) \qquad s = \sqrt{0,0783 \left(\frac{1}{m} - \frac{1}{M}\right) + 0,1666 \left(\frac{1}{\bar{n}} - \frac{1}{N}\right) \cdot \frac{1}{m}}$$

Da nun M = 1000 und $\bar{N}$ = 100, so folgt

$$(14) \qquad s = \sqrt{\frac{0,1666}{\bar{n} \cdot m} + \frac{1}{m} 0,07664 - 0,0000783}$$

Wir berechnen s für n = $\bar{n}$m = 100 und zwar

a) den Extremfall m = 1, $\bar{n}$ = 100

b) den anderen Extremfall m = 100, $\bar{n}$ = 1

Es ergibt sich

für a) $\qquad s = \sqrt{0,0782} = \pm 0,2800$

für b) $\qquad s = \sqrt{0,00235} = \pm 0,0485$

Während also beim Einzelfall (ein Block in der Auswahl) der Fehler
$\pm$ 28 % beträgt, also bei 95 % Sicherheit $\pm$ 56 %, so daß man bei
über der Hälfte der Fälle (Blöcke), genau: in 56 Fällen von 100
nicht weiß, ob der Schätzwert überhaupt wesentlich von 0 abweicht
(dies ist ein extremer Klumpen-Effekt), obwohl man in seinem
einen [1] Fall (m = 1) 30 % oder sogar 55 % der 100 Blockbewohner
als Merkmalsträger in der Stichprobe hat, reduziert sich der

---

1) Der eine zufällig gezogene Block kann ein solcher sein, der
nur 1 Merkmalsträger enthält, oder auch 100 (maximal) oder
irgendeinen Wert dazwischen.

Auswahlfehler beim Gegenfall b) (m = 100) auf 4,85 % bzw. bei
95 % Sicherheit auf $\pm$ 9,7 %. Hiermit kann man immerhin noch repräsentative Aussagen machen.

Aus (13) ist ersichtlich, daß in Fall a) wegen $\bar{n} = \bar{N} = 100$ der
zweite Summand unter der Wurzel entfällt. Dasselbe geschieht
auch in (12). Der verbleibende Ausdruck deckt sich inhaltlich
mit (5), wenn man N - 1   N = M und n = m setzt sowie $^N/N$ durch
eine Binomialverteilung hinter dem Summenzeichen in (12) ersetzt,
wodurch allen p (1 - p) in (5) gerechtfertigt ist. Im Falle
einer Einzelfallerhebung auf der 1. Auswahlstufe entfällt also
jede Mehrstufigkeit, wie zu erwarten. $\bar{n}$ spielt keine Rolle mehr
für s.

Der umgekehrte Fall liegt vor, wenn m = M also jeder Block in
die Auswahl kommt. Dies ist nicht Fall b) (da hier nur m = 100),
sondern m = M = 1000. Hier entfällt der 1. Summand in (12) und
(13) und wir haben den Sonderfall einer geschichteten Stichprobe,
in der jede Schicht mit einem Block oder einer erststufigen Aus-
wahleinheit zusammenfällt und pro Block (Schicht) ein oder mehrere Personen (zweitstufige Auswahleinheiten) in die Stichprobe
kommen. Die einfach geschichtete Stichprobe ist also der Grenzfall der ungeschichteten zweistufigen Auswahl, in dem alle erststufigen Einheiten in die Auswahl kommen.

Wir nennen den Fall m = M = 1000 c) und berechnen

$$s = \pm 0,0128$$

Der Auswahlfehler ist bei 95 % Sicherheit etwa $\pm$ 2,6 %. Wir vergleichen innerhalb von n = 1000 folgende Alternativen mit den
zugehörigen s - Werten, die auch den bisherigen Fällen gegen-
übergestellt seien:

(Tabelle Seite - 28 -)

| n | $\bar{n}$ | m | s | 2s (P=95%) |
|---|---|---|---|---|
| 100 | 100 | 1 | ± 28% | ± 56% |
| 100 | 1 | 100 | ± 4,85% | ± 9,7% |
| | | | | |
| 1000 | 1 | 1000 | ± 1,28% | ± 2,6% |
| 1000 | 2 | 500 | ± 1,55% | ± 3,2% |
| 1000 | 4 | 250 | ± 1,99% | ± 4,0% |
| 1000 | 10 | 100 | ± 2,92% | ± 5,8% |
| 1000 | 20 | 50 | ± 4,03% | ± 8,1% |
| 1000 | 50 | 20 | ± 6,26% | ±12,5% |
| 1000 | 100 | 10 | ± 8,80% | ±17,6% |

Abbildung 1

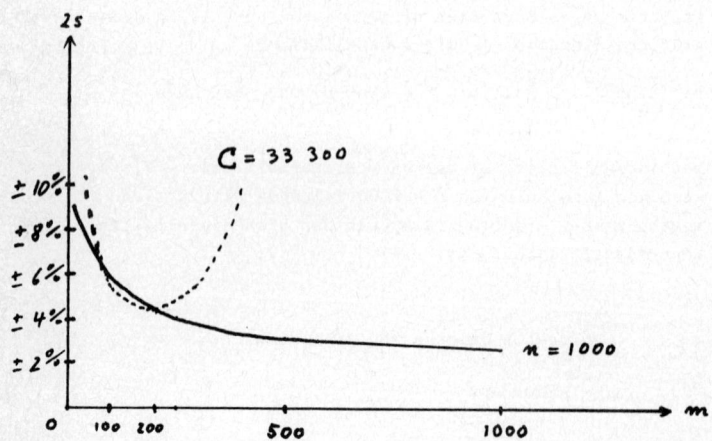

Aus dem Verlauf der Fehlerkurve in Abb. 1 folgt, daß eine "Ent-
klumpung" über m = 250 hinaus nur noch sehr wenig zusätzliche
Fehlerreduktion bringt. Theoretisch ist es allerdings am besten,
alle Blöcke in die Auswahl zu nehmen. "Theoretisch" heißt hier
aber nur "ohne Berücksichtigung der Kosten". Dieser Gesichtspunkt kommt häufig so zur Geltung, daß man für einen Interviewer
etwa 10 Interviews fordert, wodurch dann die 100 Blöcke, falls
sie weit auseinanderliegen, zahlenmäßig bestimmt sind bei (n =
1000). Implizit denkt man dabei an die Wegekosten, die entstün-
den, wenn ein Feldarbeiter statt in einem in zwei oder drei
Blocks interviewen muß, um zu 10 Interviews zu kommen.

## 3.2 Zweistufige Auswahl - optimiert

In unserem Beispiel läßt sich die Kostenperspektive so ein-
führen, daß pro Block eine Liste der 100 Personen anzufertigen
ist, was das Aufsuchen von 30 Familien und einen Kostenaufwand
von etwa 1 Tag bedingt. Es lohnt sich, falls noch an eine
Schichtung etwa nach Alter gedacht ist, dieses sowie weitere
Merkmale (als Kontrollmerkmale) zu notieren. Nur so kann man
nämlich nachher die $P_j$ abschätzen (ohne deren Kenntnis (12) un-
anwendbar bleibt) und Schichtungen durchführen.

Die Gesamtkosten - außer dem Interview selbst - der Aufnahme
eines Blocks in die Stichprobe seien k, die eines Interviews c.
Dann ist der Gesamtaufwand der zweistufigen Stichprobe (im Beispiel):

(15)     $C = k \cdot m + c\,\bar{n} \cdot m$

Macht man in (12) s zu einem Maximum unter Konstanthaltung
von C in (15), so erhält man [1] als optimale Wert für $\bar{n}$ und m:

$$(16) \qquad \bar{n}_{opt} = \sqrt{\frac{k}{c}} \cdot \frac{1}{\sqrt{\dfrac{\sum (p_j - p)^2}{\sum p_j(1 - p_j)} - \dfrac{1}{N}}}$$

---

[1] Folgt demselben Ansatz wie (9).

$$(16)^1 \qquad m = \frac{c}{k + \bar{m}_{opt} \cdot c}$$

Im obigen Beispiel ist $\sum (p_j - p)^2 = 10^{-4} \cdot 0{,}783$ und $\sum p_j (1 - p_j)$ $= 0{,}1666 \cdot 10^{-3}$, also der Bruch $0{,}47$. Damit wird aus (16) bei $\bar{N} = 100$ und $k = 115$, $c = 10$:

$$\bar{n} = \sqrt{\frac{k}{c}} \cdot \frac{1}{\sqrt{0{,}46}} = 5$$

$$m = \frac{c}{k + 1{,}48\sqrt{kc}} = \frac{c}{166{,}2}$$

Bei C = 33.300 DM ist m = 200. Es ist zu beachten, daß das optimale m linear von C abhängt, $\bar{n}$ sogar ganz unabhängig von C ist.
(Meist ergeben sich bei realistischen Werten für k und c nicht
ganzzahlige $\bar{n}$ und m. Es wird dann die nächstliegende ganze Zahl
genommen.)

Die Optimierung in (16) und $(16)^1$ hängt ab von den Größen $\bar{N}$, k, c
sowie den $p_j$. Sie beschränkt sich auf $N_j = \bar{N}$, also gleiche Größe
aller erststufigen Auswahleinheiten und entsprechend wird $n_j = \bar{n}$
als gleich groß für alle erststufigen Einheiten angenommen, die
in die Stichprobe kommen.

Eine immanente Kritik der Praktikabilität dieser Optimierung
könnte von der Unschärfe der $(p_j - p)^2$ und $p_j(1-p_j)$ ausgehen , die
eine präzise Berechenbarkeit $\bar{n}_{opt}$ und $m_{opt}$ ausschließt. Außerdem
kann das Optimum an einer sehr flachen Stelle der s-Kurve liegen.
Setzt man nämlich $\bar{n} = \frac{1}{c\,m}$ (C - k m) aus (15) in (12) bzw. (14)
ein, so erhält man

$$(17) \qquad s = \sqrt{\frac{0{,}16666\, c}{C - km} + \frac{1}{m}\, 0{,}07664 - 0{,}0000783}$$

dies ergibt für C = 33.300, c = 10, k = 115:

$$(17)^1 \qquad s = \sqrt{\frac{1{,}6666}{33\,300 - 115\,m} + \frac{1}{m}\, 0{,}07664 - 0{,}0000783}$$

Die Werte hierfür sind als Funktionen von m

| m | s (%) | $\bar{n}$ | n |
|---|---|---|---|
| 100 | ± 2,76 | 21,8 ~ 22 | 2200 |
| 200 | ± 2,16 | 5,15 ~ 5 | 1000 |
| 250 | ± 2,44 | 1,82 ~ 2 | 500 |

Der Verlauf dieser Kurve ist gestrickelt in Abbildung 1 einge-
zeichnet. Die hohen Kosten pro Block (k = 115) bedingen ein sehr
starkes Absinken von $\bar{n}$ und damit n, wenn m wächst. Von m = 200
an nimmt der Auswahlfehler nicht weiter ab, sondern steigt wegen
der Verringerung von $\bar{n}$ über einen kritischen Punkt hinaus wieder
an. Doch scheint es fraglich, ob man wegen solchen geringen Unterschiede wie zwischen 2 = 2,76 und s = 2,16 m = 200 genau nach
der Rechnung wählen soll.

In unserem Beispiel ist bei den gegebenen Kosten das geringste s,
das erzielbar ist s = 2,16, während bei direkter einstufiger Auswahl von 1000 Personen - je 1 Person aus 1 Block - der Fehler
unter 1,5 % beträgt (sowohl bei der Verteilungsannahme zu (12)
wie bei Binomialverteilung). Die Kosten wären dann nur nicht
mehr 33.300, sondern 125.000!

### 3.3 Drei- und mehrstufige Auswahl

Man kann die Kosten von 115 Währungs-Einheiten pro Block erheblich reduzieren, wenn man auf die Auflistung aller Personen pro
Block verzichtet und stattdessen Wohneinheiten abzählt, aus diesen eine Zufallsauswahl trifft und nur bei den ausgewählten eine
Auflistung von Personen vornimmt, die dann als dritt- und letztstufige Einheiten ausgewählt wurden. Jeder Block bestehe aus 25
Wohneinheiten a 4 Personen. Die allgemeine Formel für diese
dreistufige Auswahl ist

$$(18) \qquad s = \sqrt{s_1^2 \left(\frac{1}{m} - \frac{1}{M}\right) + \frac{s_2^2}{m}\left(\frac{1}{\bar{n}} - \frac{1}{N}\right) + \frac{s_3^2}{m \cdot \bar{n}}\left(\frac{1}{\bar{\bar{n}}} - \frac{1}{\bar{\bar{N}}}\right)}$$

Der 3. Summand unter der Wurzel erhöht den Auswahlfehler, was
durch eine Vergrößerung von m oder $\bar{n}$ oder beiden wieder kompensiert werden kann, da sich die Auswahl des Blocks verbilligt.

Die Gleichung (18) enthält die Symbole $s_i^2$ ( i = 1,2,3) für die
Schätzwerte der Streuungen der einzelnen Stufen in der allgemeinen Form, das heißt $s_i^2$ kann sowohl die Streuung für die Ausprägung eines homograden Merkmal $p_j$ wie für die eines hetero-
graden $x_{tj}$ bezeichnen. $s_1^2$ bedeutet die Streuung zwischen den
erststufigen, $s_2^2$ die zwischen den zweitstufigen (Wohneinheiten)
und $s_3^3$ die zwischen den drittstufigen Einheiten (Personen).
(18) enthält die vereinfachende Annahme, daß alle $s_j^2$ und alle
$s_{jk}^2$ unabhängig von j und k (k = Index der Wohneinheit), also
konstant sind. Ferner ist $\bar{n}$ = Zahl der ausgewählten Wohneinheiten
per Block (insgesamt $\bar{N}$ = 25) und $\bar{\bar{n}}$ = Zahl der ausgewählten Personen pro Wohneinheit (insgesamt $\bar{\bar{N}}$ = 4). In unserem Falle ist
$\bar{\bar{n}}$ = 1, es wird also nur eine Person pro Haushalt befragt.
(18) ist so geschrieben, daß die Verallgemeinerung für K Stufen
unmittelbar möglich ist. Eine entsprechende Kostenfunktion erlaubt dann ohne weiteres die Optimierung des Auswahlplans
(m, $\bar{n}$, $\bar{\bar{n}}$).

## 3.4 Mehrstufige Auswahlen bei ungleichen Einheiten

Die bisherigen Beispiele und Formeln gingen von gleich großen
Blöcken, erst- zweit- oder tieferstufigen Auswahleinheiten aus.
Diese Annahme ist unrealistisch, ob es sich nun um Kreise, Ge-
meinden, Wohnblöcke, Flächenstücke oder andere Einheiten handelt.
Die Frage ist dann, welche von zwei Alternativen man realisiert.

1. Gleiche Auswahlwahrscheinlichkeit für jede Einheit
   (etwa Gemeinde), danach Auswahl kleiner Anzahlen von
   nächstniederen Einheiten (etwa Haushaltungen) mit
   wenigen, größeren Anzahlen von solchen mit vielen
   Untereinheiten. Aus einer zehnmal so großen Gemeinde
   wie einer anderen würden dann zehnmal soviel Haushaltungen gewählt.

2. Auswahl (im Beispiel) von Gemeinden nach ihrer Größe,
   dann gleiche Auswahl von Haushaltungen pro Gemeinde.
   Wie im Fall 1. wird die Gleichwahrscheinlichkeit
   auch hierbei erzielt, da etwa 10 Gemeinden mit 50.000
   H-aushaltungen auf eine mit 5.000 in die Auswahl kommen.

Wenn man es einrichten kann, sollte man künstliche etwa gleich
große Einheiten für die erste Stufe schaffen, so daß die ver-
einfachten Formeln anzuwenden sind. Sonst ergeben sich unhand-
liche Formeln mit einem entsprechenden Rechenaufwand. Außerdem
kann es sein, daß z. B. nur wenige Gemeinden in einer Ortsgrößen-
klasse liegen, was zu großen Klumpeneffekten führen kann, wenn
man nach natürlichen Einheiten vorgeht. Hier empfiehlt sich vor
allem eine Schichtung, die möglichst viele (eventuell alle) von
den großen und wenige von den kleinen Gemeinden auswählt.

## 4. Kombination von Schichtung und Stufung

Die Zerlegung eines Auswahlvorgangs in mehrere Stufen reduziert
die Kosten, erhöht aber bei konstanten n (Stichprobenumfang) den
Auswahlfehler. Die Schichtung der Gesamtheit vor der Auswahl reduziert dagegen den Auswahlfehler, ohne die Kosten zu erhöhen
( n konstant). Es ist daher üblich, in der Praxis Schichtung
und Stufung zu kombinieren, so daß der Schichtungseffekt dem
Stufungseffekt entgegenwirkt und ein rationeller und leistungs-
fähiger Stichprobenplan entsteht.

In der Bundesrepublik geht man bei der Bildung einer Zufallsstichprobe meist so vor, daß man die Grundgesamtheit (erwachsene
Bevölkerung des Bundesgebietes) in Schichten nach Ländern und
Ortsgrößen zerlegt (etwa 50 Schichten) und aus jeder Schicht in
einer ersten Auswahlstufe Gemeinden mit einer Auswahlchance proportional zu ihrer Größe auswählt. Auf jede Gemeine entfällt
dann die gleiche Anzahl Haushalte innerhalb einer Schicht. Dies
kommt dem praktischen Erfordernis entgegen, jedem Interviewer
eine konstante Zahl von Interviews zu geben, was die Synchroni-
sierung der Feldarbeit erheblich erleichtert. Umgekehrt geht man
rationellerweise oft von einem "Paket" von 10 Interviews aus,
so daß man bei n = 4000 genau 400 Pakete auf 80 Schichten zu verteilen hat. Pro Schicht sind also etwa 5 Pakete zu plazieren.
Besteht eine Schicht aus einer einzigen Großstadt, so enthält
diese alle 5 Pakete. Nach einem Zufallsziffernverfahren sind
dann Gemeinden so zu wählen, daß alle Pakete verteilt sind,
wobei wegen des großen Anteils der Landbevölkerung die meisten

Orte genau ein Paket erhalten. Die Gemeinde mit 200 Einwohnern
liefert also vielleicht genau soviele Fälle (etwa 10) wie eine
Großstadt, die 1000mal so groß ist, weil beide Gemeinen nicht
selbst größenproporional repräsentiert werden, sondern in ihrer
Schicht andere Städte nach deren Gesamteinwohnersumme wieder-
spiegeln.

Die Auswahl der Haushalte kann nach der Einwohnermeldekartei erfolgen, wobei dieselben Prinzipien der Chancengleichheit einge-
halten werden müssen. Man kann jedem Haushalt die gleiche Chance
ohne Rücksicht auf Haushaltsgröße geben und die darin liegende
Unterrepräsentanz der Personen in überdurchschnittlich großen
Haushalten dadurch ausgleichen, daß man ein geeignetes Abzähl-
Verfahren [1] verwendet.

## 5. Wegfall von Vereinfachungen in der Praxis

Die angenommenen Vereinfachungen zugunsten der Anwendbarkeit der
Formeln sind wegen

   a) der Ungleichheit von Primäreinheiten, Sekundärein-
      heiten usw. und
   b) der Ungleichheit der Schichtenumfänge oft unrealistisch,
      können aber zum Teil konstruktiv berücksichtigt werden.

Ein wesentlicher Nachteil aller Formeln für s ist, daß sie nur
für ein Merkmal gelten. Dies behindert die Berechnung optimaler
Schichten und Stufen oft absolut. Die Optimierung der Schichtung
für die eine Gruppe gleichläufiger korrelierter Merkmale kann
eine "Pessimierung" für eine andere Gruppe mit sich bringen. Hier
ist der Nachteil, den die Unkenntnis von Schätzwerten schon bei
einem Merkmal bedeutet, besonders gravierend. Dieses Nichtwissen
hat für die Forschungsstrategie die Konsequenz,

   a) in mehreren Phasen vorzugehen, erste Schätzwerte
      beim ersten - meist proportionalen - Auswählen zu
      bilden und die von Phase zu Phase zu verbessern,

---

1) Hier ist das Lahiri-Verfahren zu nennen: siehe D.B. Lahiri
   "A method of sample selection providing umbiased ratio
   estimates", in: Bulletin of the International Statistical
   Institute, 33/2 S. 133-14o

b) Untersuchungen in bestimmten Abständen zu wieder-
holen, wobei durch panels reale Änderungen in der
Grundgesamtheit gelegentlich zu kontrollieren sind,

c) in Antizipation künftiger Stichprobenerhebungen in
die Fragebogen der gegenwärtigen solche Merkmale auf-
zunehmen, die für die Stichprobenanlage entscheidend
werden können.

d) auf jeden Fall Forschungserfahrung und Sekundärdaten
für ein Gebiet vorher einzusehen und auszuwerten
(Sekundäranalyse),

e) für die Anlage der Stichprobe in allen strittigen
Fällen einen Fachmann heranzuziehen, der die viel-
fältigen Möglichkeiten der rechnerischen Kontrolle
über Schätzwerte aller Art kennt.

## 6. Schlußbemerkung

Der Sinn dieser Ausführungen war es, mögliche Funktionen der
Stichprobenexperten erkennbar zu machen und die Verbindungs-
stellen praktischen Vorgehens und formelmäßiger Hilfsmittel zu
zeigen. Bewußt wurde hierbei auf die Darstellung der wahrschein-
lichkeitstheoretischen Grundlagen verzichtet, die den Rahmen
einer solchen Skizze sprengen. Absichtlich wurde auch auf
solche Ersatzverfahren wir die Quotenauswahl nicht Bezug genommen, deren Anwendung in Ländern mit weniger geschultem Per-
sonal noch problematischer ist als bei uns.

## K A P I T E L   III

### Skalen
======

Die Verfahren der Skalierung seien hier nur auszugsweise dargestellt. Wir gehen dabei von der erhebungstechnischen Seite des
sogenannten "Polaritätenprofils" aus.

Der Interviewer legt dem Befragten ein Schema vor, das etwa aus
15 Zeilen besteht. Jede Zeile enthält eine 5-stufige Skala, die
links durch ein Wort (etwa: modern) und rechts durch dessen Gegenteil (etwa: althergebracht) abgegrenzt ist.

modern $\quad \underset{,}{1} \underset{,}{\underline{\quad}} \underset{,}{\overset{2}{\underline{\quad}}} \underset{,}{\overset{3}{\underline{\quad}}} \underset{,}{\overset{4}{\underline{\quad}}} \overset{5}{\underline{\quad}} \quad$ althergebracht

Der Befragte soll die Stufe "1" der Skala wählen, wenn ihm der
Meinungsgegenstand - etwa eine Firma - besonders modern vorkommt,
"2", wenn sie ihm einigermaßen modern erscheint usw. und schließlich "5", wenn die Firma einen sehr althergebrachten Eindruck
macht. Will man die Zahlenbezeichnung der Stufen symmetisieren,
so verwendet man die Form

$$\underset{,}{2} \underset{,}{\underline{\quad}} \underset{,}{\overset{1}{\underline{\quad}}} \underset{,}{\overset{0}{\underline{\quad}}} \underset{,}{\overset{1}{\underline{\quad}}} \overset{2}{\underline{\quad}}$$

Zur Vermeidung von Schulnoten-Assoziationen und einer entsprechenden zahlenbedingten Verzerrung kann man jegliche Ziffer weglassen und stattdessen vorschreiben, daß der Befragte die von
ihm gemeinte Skalenstufe mit dem Finger zeigt.

Wie man auch vorgeht, im Ergebnis erhält man eine Verteilung
aller Befragten über die 5 Stufen i = 1,2,3,4,5 mit den Stufen-
werten $x_i$ und der prozentualen Häufigkeit $h_i$, im Beispiel

| modern Stufennummer | Stufenwert | Häufigkeit |
|---|---|---|
| 1 | $x_1$ | $h_1 = 0$ |
| 2 | $x_2$ | $h_2 = 20$ |
| 3 | $x_3$ | $h_3 = 30$ |
| 4 | $x_4$ | $h_4 = 40$ |
| 5 | $x_5$ | $h_5 = 10$ |

althergebracht.

Die Stufenzahl stellt lediglich eine Numerierung dar, der Stufenwert dagegen eine Meßzahl. Im allgemeinen werden beide bei Berechnungen gleichgesetzt, also

$$(1) \qquad x_i = i \qquad (i = 1, 2, 3, 4, 5)$$

Nach dieser (willkürlichen) Festlegung der Metrik kann man den
Durchschnitt [1] angeben:

$$\bar{x} = \frac{1}{100} \sum_{i=1}^{5} x_i h_i = \frac{1}{100} \sum x_i h_i = 3,4$$

Setzt man die Metrik anders fest, so ergibt sich natürlich ein
anderer Durchschnitt. Aus $x_i = 2i$ etwa folgt: $\bar{x} = 6,8$, da jeder
Summand im ersten Beispiel verdoppelt wurde. Verallgemeinert ist
$\bar{x} = 3,4\ a + b$, wenn $x_i = ai + b$ gesetzt wird. Für den Sonderfall
$b = 0$ und $a = 1$ hat man wieder $x_i = i$, unseren ersten Fall
einer Metrik. Offensichtlich mißt a den Stufenabstand und b die
Verschiebung der ersten Stufe gegen den Nullpunkt. Man kann aus
$\bar{x} = 6,8$ nicht schließen, die Firma erscheine mehr althergebracht
als bei $\bar{x} = 3,4$ (und anderer Metrik). Vielmehr sind beide Mittelwerte - auf den Stufenabstand und denselben Nullpunkt bezogen -
gleich. Aus

$$(2) \qquad x_i = ai + b$$

folgt ja

$$\bar{x} = \frac{1}{100} \sum x_i h_i = \frac{1}{100} \sum a i h_i + \frac{1}{100} b \sum h_i$$

und da $\sum h_i = 100$, so ist

$$(3) \qquad \bar{x} = a\left(\frac{1}{100} \sum i h_i\right) + b = a \bar{x}_0 + b$$

wenn $\bar{x}_0$ der Durchschnitt bei $a = 1$ und $b = 0$ ist. Aus (3) ergibt
sich

$$\frac{\bar{x} - b}{a} = \bar{x}_0$$

---

1) Durchschnitt (arithmetisches Mittel) und Standardabweichung
   waren bereits Gegenstand der deskriptiven Statistik in Technik I.

also, daß $\bar{x}$ - auf a bezogen und um b verschoben - wieder $\bar{x}_o$ ergibt.

Alle Metriken von der Form (2) besagen also in diesem Sinne dasselbe. Es liegt daher nahe, eine Standardumrechnung aller wie auch immer gemessenen $x_i$ - Werte vorzunehmen, so daß immer dasselbe herauskommt.

Dies leistet bekanntlich die Standardisierung

$$(4) \qquad y_i = \frac{x_i - \bar{x}}{\sigma_x}$$

Der Nenner (sigma) enthält die Standardabweichung, die in unserem Zahlenbeispiel = 0,92 ist. Dies ist ein Maß für die Streuung der Einzelwerte um den Durchschnitt von $\bar{x}$ = 3,4. Durch die Standardisierung wird also $x_i$ durch $y_i$ ersetzt, und zwar nach Maßgabe von (4), so daß wir erhalten

$$(4)' \qquad y_i = \frac{x_i - 3,4}{0,92}$$

$y_i$ ändert sich nicht, wenn man eine lineare Metrik für $x_i$ durch eine andere vom selben Typ, nämlich (2) nimmt (ersetzt). Setzt man nämlich $x_i$ = ai + b in (4) ein, so ist das entstehende $y_i$

$$(5) \qquad y_i = \frac{i - \bar{i}}{\sqrt{\frac{1}{n} \sum (i - \bar{i})^2}}$$

Hierin kommt a und b nicht vor, also ist $y_i$ gegenüber Änderungen in a und b unveränderlich. Man sagt auch, $y_i$ sei invariant gegenüber linearen Transformationen vom Typ (2).

Dies ist zwar ein Argument für die Verwendung von $y_i$, aber nicht für die Wahl von linearen Metriken wie in (2). Es bleibt durchaus offen, ob die Befragten ganzzahlige Abstände oder gleiche Abstände meinen, wenn sie die Stufen auf den Skalen im Interview wählen. Jeder Befragte wählt ja zu einem Gegenstand auf einer Skala nur eine Stufe. Welche Metrik vorliegt, ist nur durch das

Verhalten vieler Befragter zu entscheiden. Ihr Verhalten (behaviour = Beantwortung der Fragen im Interview) resultiert aber
nur in den Häufigkeiten $h_i$. Die $x_i$ enthalten dagegen keine
empirische Information und sind in diesem Sinne unbestimmt.

Man könnte hiergegen einwenden, die Unbestimmtheit der $x_i$ - also
der Metrik - mache bei der Durchschnittsbildung nichts oder doch
nur wenig aus. Wir prüfen diesen Einwand zunächst an einem Beispiel.

Statt (2) sei die Metrik nun

$$(6) \qquad x_i = \frac{1}{4} \left( -5 + 10i - i^2 \right)$$

Der Vektor der 5 Werte von $x_i$ ist dann in Gegenüberstellung mit
$x_i = i$:

Bezeichnung

| $x_{ai}$ | $x_i = i$ | 1 | 2 | 3 | 4 | 5 |
|---|---|---|---|---|---|---|
| $x_{bi}$ | $x_i$ wie (6) | 1,00 | 2,75 | 4,00 | 4,75 | 5,00 |

Es seien zwei Meinungsgegenstände verglichen, und zwar A und B.
Die Verteilung $h_i$ auf der Skala "aggressiv-zurückhaltend" sei

| $i =$ | 1 | 2 | 3 | 4 | 5 |
|---|---|---|---|---|---|
| Für A | 0,3 | 0,1 | 0 | 0,2 | 0,4 |
| Für B | 0,1 | 0,2 | 0,3 | 0,3 | 0,1 |

Die Vektoren $h_{Ai}$ und $h_{Bi}$ sind hier nicht als Prozente, sondern
als echte Brüche ausgedrückt. Die 4 Mittelwerte berechnen sich
wie folgt:

$$\overline{x}_{aA} = 3,3 \qquad \overline{x}_{bA} = 3,525$$

$$\overline{x}_{aB} = 3,1 \qquad \overline{x}_{bB} = 3,775$$

Auf der Skala

aggressiv $\overset{a}{\underset{b}{}}$ ... wird also die Metrik

Auf der Skala

aggressiv
$$\begin{array}{c|ccccc} a & 1 & 2 & 3 & 4 & 5 \\ b & 1,0 & 2,75 & 4,00 & 4,75 & 5,0 \end{array}$$ zurückhaltend

wird also B im Durchschnitt der Befragten mit 3,1 als aggressiver angesehen als A mit 3,3, wenn man die Metrik a ($x_{ai}$ = i) verwendet. Umgekehrt ist A "aggressiver" als B, wenn die Metrik b der Gleichung (6) angenommen wird.

Die willkürliche Wahl der Metrik hat also neben den empirischen Informationen $h_{Ai}$ und $h_{Bi}$ einen Einfluß auf die Richtung vergleichender Aussagen. Da aber Durchschnittsvergleiche zwischen

    a. verschiedenen Polpaaren
    b. Meinungs- oder Einstellungsgegenständen
    c. verschiedenen Zeitpunkten
    d. Teilgruppen der Befragten

den Kern der elementaren Analyse solcher Polaritätendaten bilden, das Ergebnis solcher Vergleiche aber auch von nicht-empirischen Sachverhalten, nämlich der Wahl der Metrik, abhängt, sind alle solche Ergebnisse vom Umschlagseffekt wie im Beispiel bedroht.

Diese Gefahr besteht unabhängig davon, ob man die Metrik in einer Formal ausdrückt wie in (6) oder als Vektor [1] mit diskreten Werten. Sie besteht auch unabhängig davon, ob man mit

    a. Zahlenwertenauf der Skala
    b. verbalen Intensitätsbezeichnungen wie "sehr",
       "etwas", "weniger" usw. arbeitet oder
    c. ziffern- und sprachfreien Skalen (z. B. Stapel [2]-
       Skalen).

---

1) Vektoren werden im Kapitel "Einfache Matrizenoperationen" erklärt.

2) Die Stapel-Skala besteht aus einem Schema von der Form

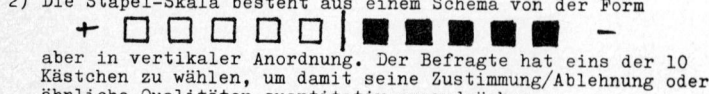

aber in vertikaler Anordnung. Der Befragte hat eins der 10 Kästchen zu wählen, um damit seine Zustimmung/Ablehnung oder ähnliche Qualitäten quantitativ auszudrücken.

Die in der Markt- und Meinungsforschung verbreitete Anwendung
des Polaritätenprofils ist also nicht unbedenklich, und zwar
aus meßtechnischen Gründen allein schon, unabhängig von psychologischen Einwänden. Das Problem, auf das wir gestoßen sind,
läßt sich als die Frage zusammenfassen: "Wie findet man die
einwandfreie Metrik ursprünglich nicht-metrischer Merkmale?"
Die Skalierungsverfahren versuchen unter anderem, diese Frage
konstruktiv zu beantworten. Es ist klar, daß die Antwort von
der Definition der "einwandfreien" Metrik abhängt.


## I. Erster Lösungsansatz: Likert-Skalen

R. Likert brachte 1932 in einem Aufsatz eine Technik, die auf
der Berechnung der $x_i$ aufgrund

> a) der empirisch gefundenen $h_i$ und
> b) einer Annahme über die Verteilung der $x_i$

beruht. Wenn man nämlich vorschreibt, wie die kumulierte Summe
$\sum_{s=1}^{i} h_s$ in Abhängigkeit von den i wachsen soll, so wird jedem $h_s$
ein bestimmter Wert $x_i$ zugeordnet. Wir nehmen als empirische Verteilung an

$$h_s = (0,20 \quad 0,40 \quad 0,20 \quad 0,10 \quad 0,10)$$

Die kumulierten Summen lauten:

$$q_i = \sum_{s=1}^{i} h_s = (0,20 \quad 0,60 \quad 0,80 \quad 0,90 \quad 1,00)$$

Das heißt, die ersten beiden ursprünglichen Skalenstufen umfassen
60 %, die ersten drei 80 % aller Befragten, usw.

Die Verteilung ist linkssteil, was aus der Zuordnung folgt:

| s | $h_s$ | $q_s$ |
|---|-------|-------|
| 1 | 0,20 | 0,20 |
| 2 | 0,40 | 0,60 |
| 3 | 0,20 | 0,80 |
| 4 | 0,10 | 0,90 |
| 5 | 0,10 | 1,00 |

Es sei jetzt eine andere Zuordnung vorgeschrieben:

| $x_s$ | $d_s$ | $f(x_s)$ [statt $g_s$] |
|-------|-------|------------------------|
| 1 | 10 | 10 |
| 2 | 20 | 30 |
| 3 | 30 | 60 |
| 4 | 20 | 80 |
| 5 | 10 | 90 |
| 6 | 6 | 96 |
| 7 | 4 | 100 |

Diese Zuordnung ist symmetrischer als die alte. Sie schreibt vor,
daß z. B. die ersten 60 % der Befragten nicht bis $x_s$ = s = 2
reichen sollen, sondern bis $x_s$ = 3. Es gilt also nicht mehr
$x_s$ = s, da jetzt einem s = 2 (2. Stufe) ein Skalenwert $x_s$ = 3
entspricht. Die Aufgabe der Skalierung ist also gelöst, wenn für
jedes s das passende $x_s$ gefunden ist. Man geht dabei so vor,
daß man für s = 3 (etwa) in der ersten Tabelle $g_s$ = 0,80 findet.
In der zweiten Tabelle ist f ($x_s$) = 0,80 mit $x_s$ = 4 verbunden.
Also ist $x_s$ = 4 der Skalen- oder Stufenwert der 3. Stufe (s = 3).
Ähnlich erhält man die anderen Werte:

| s | $g_s$ | $f(x_s)$ | $x_s$ |
|---|-------|----------|-------|
| - | - | 10 | 1 |
| 1 | 20 | 20 | 1,5 [interpoliert] |
| 2 | 60 | 60 | 3 |
| 3 | 80 | 80 | 4 |
| 4 | 90 | 90 | 5 |
| 5 | 100 | 100 | 7 |

Hiermit ist die Skalierung für ein Polpaar und einen Meinungsgegenstand abgeschlossen. Die Metrik ist nicht mehr linear, sondern an den Enden etwas gedehnt.

Likert hat nun keine willkürliche Zuordnung $x_i$ = f(i) dieser
Art vorgenommen, sondern für die $d_s$ die Normalverteilung [1]

1) Die Normalverteilung ist eine theoretische Verteilung, die
   einen Grenzfall der Binomialverteilung darstellt. Siehe hierzu
   das Kapitel über statistische Teste.

gewählt. Die $f(x_s)$ stellen dann Integralwerte der Gauss'schen
Kurve bis zur oberen Grenze $x_s$ dar. Die Werte können aus jeder
Tabelle der Normalverteilungsfläche abgelesen werden.

Wir führen nun schrittweise eine Normalskalierung für das erste
Zahlenbeispiel durch. Bei der Kumulierung ist wegen der Mitten-
bildung zunächst nur die halbe Häufigkeit $1/2$ h, zu nehmen. Man
sieht das leicht anhand der folgenden Graphik ein:

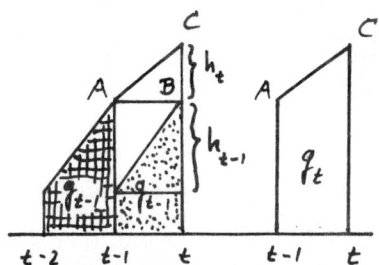

Die gesuchte Fläche $g_t$ setzt sich aus der Summe oder gepunkteten
Fläche $g_{t-1}$ bis $_{t-1}$ (diese gepunktete Fläche ist gleich der links
daneben liegenden gerasterten Fläche) und dem Viereck darüber
zusammen. Dieses ist $1/2$ $(h_{t-1} + h_t)$.

Es gilt daher

$$(7) \qquad g_t = g_{t-1} + \frac{1}{2}(h_{t-1} + h_t)$$

Setzt man nun $h_0 = 0$ und $g_0 = 0$, beginnt also mit $h_1$ und $g_1$, so
erhält man

$$g_1 = \frac{1}{2} h_1$$

Dies ist die Fläche des Dreiecks ABC für $t = 1$, wie man sofort
erkennt.

Wir wenden nun (7) auf die Verteilungen A und B unseres ersten
Beispiels an:

| $t$ | $h_t$ | | $g_t$ | | Normal vert. Werte | | Verschiebung ins Positive | |
|---|---|---|---|---|---|---|---|---|
| | A | B | A | B | A | B | A | B |
| 1 | 0,3 | 0,1 | 0,15 | 0,05 | -1,036 | -1,645 | 0 | 0 |
| 2 | 0,1 | 0,2 | 0,35 | 0,20 | -0,385 | -0,842 | 0,651 | 0,803 |
| 3 | 0 | 0,3 | 0,40 | 0,45 | -0,253 | -0,126 | 0,783 | 1,519 |
| 4 | 0,2 | 0,3 | 0,50 | 0,75 | 0,000 | 0,674 | 1,036 | 2,319 |
| 5 | 0,4 | 0,1 | 0,80 | 0,95 | +0,842 | 1,645 | 1,878 | 3,290 |

Die Skalierung lautet also in gerundeten Werten:

| $t$ | $x_t$ | | frühere Skala $x_{bi}$ | $x_{bi} - 1$ |
|---|---|---|---|---|
| | A | B | | |
| 1 | 0 | 0 | 1 | 0 |
| 2 | 0,7 | 0,8 | 2,8 | 1,8 |
| 3 | 0,8 | 1,5 | 4,0 | 3,0 |
| 4 | 1,0 | 2,3 | 4,8 | 3,8 |
| 5 | 1,9 | 3,3 | 5,0 | 4,0 |

Berechnet man die Durchschnitte, so erhält man 1,03 und 1,64, das
heißt: Die Durchschnitte geben einfach die Nullpunktverschiebung
an, da der Durchschnitt bei Normalverteilung ex definitione den
Wert 0 hat. Hiermit wäre also B weniger aggressiv als A, was
der quadratischen Skalierung $x_{bi}$ entspricht. Die Frage nach der
richtigen Skalierung wird hier so beantwortet, daß jeder Meinungsgegenstand, A und B, seine eigene Skala oder Metrik erhält.

Die gezeigte Umformung nach Likert wird nicht nur mit einem
statement, sondern mit etwa 25 verschiedenen vorgenommen. In
diesem Falle hätte man 25 verschiedene Metriken. In der Praxis
hat Likert sich entschieden, nur eine zu nehmen und zwar

0 stark abgelehnt

1 abgelehnt

2 unsicher

3 akzeptiert

4 sehr dafür

Das Arbeiten mit dieser einfachen Metrik führte zu so hohen Korrelationen mit den exakt bestimmten Werten, daß es gerechtfertigt erschien.

Jeder Befragte wählt eine Stufe pro statement, so daß für ihn 25 Zahlenwerte vorliegen. Die Summe dieser Werte sei $S_i$. Um diesen individuellen Skalenwert in Relation zu denen einer ganzen Gruppe (Stichprobe) von Befragten zu setzen, wird folgende der Standardisierung praktisch gleichwertige Umformung vorgenommen:

$$(8) \qquad T_i = 50 + 10 \, \frac{S_i - \bar{S}}{\sigma_s}$$

Hierin ist $T_i$ der Gesamt-Skalenwert des Individuums i

$$S_i \quad \text{die Summe} \quad \sum_{p=1}^{25} x_{ip}$$

$$\bar{S} \quad \text{der Durchschnitt} \quad \frac{1}{n} \sum_{i=1}^{n} S_i \text{ für n Personen}$$

$$\sigma = \sqrt{\frac{1}{n} \sum (S_i - \bar{S})^2} \quad \text{(Standardabweichung)}$$

Diese Gleichung (8) gibt an, wie individuelle Skalenwerte berechnet werden. Die "50" entspricht dem Nullpunkt, das heißt für $\bar{S} = S_i$ (der Mitte zwischen 0 und 4) ist $T_i = 50$ (der Durchschnitt von $T_i$) und die Streuung von $T_i$ ist auf 10 normiert.

## II. Umgehung des Metrik-Problems: Thurstone-Skalen

Im angegebenen Beispiel wurde zunächst nur ein Polpaar von Eigenschaften, dann eine Intensitätsskala mit 5 Stufen (von "sehr dagegen" bis "sehr dafür") behandelt. Bei beiden ist das erste Problem das gleiche, nämlich die Auffindung einer Metrik für Normal-Skalen. Likert hat die Lösung nach Gleichung (7) bei gegebener Verteilung $h_t$ (t = 1,2,3,4,5) mit anschließender Umformung der so erhaltenen $g_t$-Werte

     a) nach der Normalverteilung

     b) mit Nullpunktsetzung für t = 1

eingeführt. Das Ergebnis ist die Metrik $x_t$ oder $x_{tip}$ (t = Skalenstufe, i = Individuum, p = statement, item, Imageaspekt, usw.) für das item p (p = 1,2,...,m). Die Summe der vom Individuum i gewählten Werte X ist $S_i$, das nach (8) umgeformt wird.

In diesem Beispiel erscheint nur ein Meinungsgegenstand, was für viele psychologische Skalen typisch ist. So gibt es Skalen, die

     Autoritarismus –

     Atheismus –

     Ethnozentrismus –

     Patriotismus –

     Rechtsradikalismus –

messen und viele andere. Jede besteht aus etwa einem bis zu vielen Dutzend Aussagen (statements), die zusammen die Einstellung zu dem fraglichen Gegenstand, also

     der Religion

     dem Staat

     dem eigenen Land

und anderen messen. Das Wort "Skala" wird also im zweifachen Sinne gebraucht:

1. Stufenleiter eines statements
2. Gesamtheit solcher statements (etwa 25) zur Messung einer Einstellung.

Die nötigen Schritte einer Skalierung lassen sich als Wahlakte des Untersuchenden beschreiben:

1. Auswahl des zu messenden Gegenstandes
2. Auswahl der geeigneten statements
3. (Aus)wahl der Metrik
4. Wahl eines Verfahrens zur Berechnung des Gesamtskalenwertes pro Individuum.

Die befragte Person hat pro statement und Gegenstand nur <u>eine</u>
Wahl zu treffen, nämlich die Stufe auf der Stufenleiter. Aus dem
Ergebnis dieser Wahl für alle statements und Individuen wird
dann nach dem 3. und 4. Schritt der Skalenwert für Einzelne und
Gruppen berechnet.

Wir sind also von dem speziellen Problem der Metrik ausgegangen,
haben gezeigt, wie es im Bereich der psychologischen Einstellungs-
messung von Likert-Skalen gelöst wird und könnten nun fortfahren,
andere psychologische Verfahren der Skalierung zu beschreiben
und dabei auf das weitere Problem der Auswahl der statements
oder Indikatoren und der Eichung von Skalen einzugehen. Wir beschränken uns jedoch auf die Erwähnung solcher weiterer Verfahren.

Zunächst ist die Form der <u>Thurstone-Skala</u> als Gegenstück zu
Likert-Skala zu nennen (L.L. Thurstone und E.J. Chave, The
measurement of attitude, Chicago 1929). Hierbei werden sogenannte "Experten" oder "Richter" veranlaßt, 50. 60 oder sogar über
100 statements in 11 Gruppen abgestufter Nähe zu einem Meinungsgegenstand von "paßt ausgezeichnet" bis zu "paßt überhaupt nicht"
aufzuteilen. Bei 300 Experten ergibt sich pro statement eine
Häufungsverteilung $h_t$ (t = 1,2,...,11) über 300 Fälle. Die Metrik
wird einfach als $x_t$ = t angenommen. Dann ist der Skalenwert des
statements p der Median dieser Verteilung. Als Kriterium für
die in der Skala endgültig aufzunehmenden statements wird Q benutzt, das die Differenz zwischen den Werten des 3. und 1.
Quartils (Q = $C_{75}$ - $C_{25}$) darstellt, also ein Maß für die Konformität der Experten-Urteile. Je besser die Übereinstimmung der
Richter, desto größer die Chance für das statement, in die Skala
eingebaut zu werden. Bei der Anwendung der Thurstone-Skala nehmen die "eigentlichen" Befragten Stellung zu jedem bereits
quantifizierten statement, indem sie es akzeptieren oder ab-
lehnen. Der Median oder das arithmetische Mittel der akzeptierten items ist dann der Gesamtskalenwert des Individuums.

Von der Datenverarbeitung her gesehen ist das Wesentliche an
der Thurstone-Skala die Perzentil-Berechnung:

$$(9) \qquad C_p = w + 0{,}5 + \frac{p - q_w}{q_{w+1} - q_w} \, v$$

Hierin ist $C_p$ der Perzentil-Wert für p % darunter liegender
Fälle, w die untere Grenze der Klasse, in die $C_p$ fällt, $q_w$ die
kumulierte Summe $\sum\limits_{i=1}^{w} h_i$ und v die Intervalleinheit (meist v = 1).

Als Beispiel nehmen wir folgende Verteilung mit nur 5 Stufen-
werten:

$$h_t = (10 \quad 20 \quad 30 \quad 30 \quad 10\phi)$$

Es sei zuerst p = 50, was dem Median $C_{50}$ entspricht. Es ist:

$$q_t = (10 \quad 30 \quad 60 \quad 90 \quad 100)$$

$C_{50}$ fällt also in das Intervall zwischen t = 2 und t = 3, also
ist w = 2, $q_w$ = 30, $q_{w+1}$ = 60, v = 1 und

$$C_{50} = 2{,}5 + \frac{50 - 30}{60 - 30} = 2{,}5 + \frac{20}{30} = 3{,}17$$

Der Median ist nur ein Sonderfall (nämlich p = 50) von Perzenti-
len. Die Berechnung anderer Perzentile folgt demselben Schema
nach (9).

Das Kennzeichen der Thurstone-Skala, auch als Q-Sortierungs-
Verfahren bezeichnet, ist der Einsatz von Experten. Dieser ist
im allgemeinen aufwendig. Ein Vorteil liegt in der Trennung der
Eichung von der Erhebung selbst. Die Verläßlichkeit von Likert-
und Thurstone-Skalen ist praktisch gleich groß.

## III. Individuelle Prüfbarkeit der Konsistenz: Paarvergleich

Likert- und Thurstone-Skalen werden in der Sozialforschung hauptsächlich in ihrer Erhebungsweise, aber kaum nach ihren Kon-
struktionsprinzipien und Verrechnungen angewandt.

Anders verhält es sich mit dem Paarvergleich, der als Analyse-
und als Erhebungsform gängig ist. Seine Besonderheit liegt in
der Prüfbarkeit der Konsistenz der Antworten für jeden einzelnen
Befragten. Wir bilden zunächst ein Beispiel aus der Marktforschung. Einer Stichprobe von Befragten werden 4 Aspekte als
paarweise Alternativen mit der Frage vorgelegt: "Worauf kommt es
Ihnen beim PKW-Kauf mehr an, auf

     Wirtschaftlichkeit oder Form und Aussehen

     Wirtschaftlichkeit oder Leistung des Motors

     .

     .

     .

     Leistung des Motors oder Geräumigkeit

Die 4 Aspekte sind

     A Wirtschaftlichkeit

     B Form und Aussehen

     C Leistung des Motors

     D Geräumigkeit

Dies ergibt 6 paarweise Vergleiche. Jedesmal hat der Befragte
nur eine Alternative zu wählen. Bei dem Befragten Nr. 213 ergibt sich

|   | A | B | C | D |
|---|---|---|---|---|
| A | - | 1 | 1 | 1 |
| B | 0 | - | 1 | 1 |
| C | 0 | 0 | - | 1 |
| D | 0 | 0 | 0 | - |

Wenn X (X = A,B,C,D) Y vorgezogen wird (Y = A,B,C,D), steht in
der Zeile von X und in der Spalte von Y eine 1, sonst eine 0.
Wie die Tabelle zeigt, ist der Befragte Nr. 213 vollkommen konsistent in seinen Präferenzen. Ein anderer, Nr. 480, habe folgende Präferenzstruktur:

|   | A | B | C | D |
|---|---|---|---|---|
| A | - | 1 | 0 | 1 |
| B | 0 | - | 1 | 0 |
| C | 1 | 0 | - | 1 |
| D | 0 | 1 | 0 | - |

Er stellt A über B, B über C und C über A, also ein Widerspruch!
Insgesamt gibt es 2 widersprüchliche Dreierkombinationen oder
Zirkelpräferenzen. (- Der zweite ist der zwischen B,C und D,
während ABD - A $>$ D $>$ B - und ACD - C $>$ A $>$ D - transitiv und damit
konsistent sind -). Der Befragte 480 macht damit alle Fehler,
die überhaupt möglich sind.

Die Zählung der Zirkelpräferenzen oder Transivitäten von Hand
wäre sehr aufwendig. Eine einfache Überlegung [1] führt zu folgender Formel:

$$(10) \qquad z_n = \frac{n}{12}(n-1)(2n-1) - \frac{1}{2}\sum_{i=1}^{n} a_i^2$$

Hierin ist n die Zahl der verglichenen Aspekte und $a_i$ (i =
1,2,...,n) die Zahl der Einsen in der i-ten Spalte oder Zeile.
Da jeder Paarvergleich in der Grundtabelle zweimal n notiert
ist - einmal durch eine 1 (für x $>$ y), dann im spiegelbildlich
gelegenen Feld durch eine 0 (für dieselbe paarweise Beziehung
umgekehrt ausgedrückt, als Y $<$ x) - ist die Summe der Einsen
gleich der Summe der Nullen, und zwar

$$a_i = \binom{n}{2} = \frac{n(n-1)}{2}$$

---

[1] Wenn zwei Objekte, A und B, beide einem dritten, C, vorgezogen
werden, so kann es keinen Widerspruch zwischen den dreien
geben. Dies wird durch zwei Einsen in der zu C gehörenden
Spalte ausgedrückt. Entzält die Spalte i etwa $a_i$ Einsen, so
kann man nach (3) im Kombinatorik-Kapitel darauf $\binom{a_i}{2}$ (AB)-
Paare (mit wechselnden A und B) bilden. Die Zahl der wider-
spruchsfreien Tripel ist für alle n Spalten also y = $\sum_{i=1}^{n}\binom{a_i}{2}$
Insgesamt gibt es $\binom{n}{3}$ = T Tripel von Objekten oder
Eigenschaften. Da $\sum a_i = \binom{n}{2}$, so folgt, daß die Zahl der
Widersprüche Z = T-y ist und den Ausdruck in (10) ergibt.

Diese Bedingung gilt immer, auch bei der Minimierung von
was gleichbedeutend mit der Maximierung von $Z_n$ in (10) ist.

ist ein Minimum, wenn alle $a_i$ gleich sind. Die maximale
Zahl der Inkonsistenzen ist dann:

$$(11) \qquad Z_{n\,max} = \begin{cases} \dfrac{n^3 - n}{24} & \text{für ungerade } n \\[2mm] \dfrac{n^3 - 4n}{24} & \text{für gerade } n \end{cases}$$

Daraus folgt als plausibles Konsistenzmaß

$$(12) \qquad K = 1 - \frac{Z_n}{Z_{n\,max}}$$

K ist 1, wenn kein Widerspruch vorliegt, $K = 0$, wenn alle Widersprüche vorkommen, die überhaupt möglich sind. Die "Kapazität"
für solche Widersprüche ist nach (11) bei verschiedenen n:

| $n$ | $Z_{n\,max}$ | Zahl der Paarvergleiche |
|-----|------|------|
| 2 | 0 | 1 |
| 3 | 1 | 3 |
| 4 | 2 | 6 |
| 5 | 5 | 10 |
| 6 | 8 | 15 |
| 7 | 14 | 21 |
| 8 | 20 | 28 |
| 9 | 30 | 36 |
| 10 | 40 | 45 |
| 11 | 55 | 55 |
| 20 | 330 | 190 |
| 30 | 1120 | 435 |

Man kann den einfachen Selbstversuch machen, wieviele Aspekte
oder Objekte man ohne Widerspruch aus dem Kopf paarweise vergleichen kann, das heißt ohne Notierung einer Rangordnung.

Eine absolute Konsistenz ist zu vermuten

    a. bei photographischem Gedächtnis
    b. bei Ordnungssystemen bestimmter Art
       (z. B. Zahlenfolgen)
    c. bei extrem eindeutigem Wert- oder Perzeptionssystem.

Gemessen werden soll durch den Paarvergleich nur das System im
Sinne von c. Aus der Tabelle geht hervor, daß die Zahl der be-
wußten Wahlakte (der Paarvergleiche) hinter den durch sie er-
möglichten Inkonsistenzen von n " 12 ab zurückbleibt. Bei n = 30
kann man mit einem einzigen Wahlakt maximal fast drei Widersprüche begehen.

Es dürfte allerdings ähnlich schwierig sein, gar keine oder
maximal viele Inkonsistenzen hervorzubringen. Kendall hat in
seinem Buch "Rank Correlation Methods" (London 1948) den $chi^2$-
Test [1] auf den Einzelfall beim Paarvergleich angewandt, wobei
er vom Gedanken der zufällig produzierten Konsistenzquote aus-
geht. Damit kann man signifikant vom Zufall abweichende Grade
der Konsistenz und Inkonsistenz feststellen.

So hat man ein Verfahren, zwischen Individuen nach der Güte
ihrer Auskünfte zu unterscheiden und nicht alle gleich ernst zu
nehmen. Schließlich kann man von den n Aspekten Untergruppen
danach bilden, wie stark Widersprüche sich bei ihnen häufen. Indem so die Konfusion oder Konsistenz auf diese Weise nicht nur
Eigenschaft von Personen, sondern ein vermittelnder Aspekt ist,
der auch die Kategorien oder Gegenstände betrifft, tritt eine
fundamentale Charakteristik von Skalen hervor, nämlich Ordnungs-
schemata für Personen und items (Attribute, Dinge) gleichzeitig
zu sein und diesen Skalenpositionen zuzuordnen.

Natürlich kann man auf die Individualauswertung der Grund-
tabellen beim Paarvergleich auch verzichten und direkt mit
Aggregatdaten, also Summen über Individuen und deren Transformationen arbeiten. Man erhält dann einen Zahlenwert pro

---

1) Siehe das Kapitel über statistische Teste.

statement oder item ähnlich wie bei Thurstone-Skalen.

## IV. Die Rangordnung als reine Ordinalskala

Man kann beim Paarvergleich totale Konsistenz erzielen, wenn
man die items in eine Rangordnung brigt. Von ihr kann man alle
paarweisen Relationen widerspruchsfrei ablesen. Insofern ist der
Paarvergleich ein unökonomisches Verfahren: Die gefragte Information ist eigentlich nur die Rangordnung der items. Ihr paar-
weiser Vergleich bringt überflüssige Information hinsichtlich
der latenten Rangordnung hervor. Das Ausmaß an Inkonsistenz ist
Ausdruck dieser Überinformation. Sie informiert über individuelle Konfusion.

Oft wird in der Sozialforschung die Rangordnung direkt gefragt.
Der Befragte hat dann bis zu etwa 12 Eigenschaften nach ihrer
Wichtigkeit etwa für den Kaufentschluß zu ordnen. Oder es ist
die Reihenfolge zu bilden, in der man verschiedene Massen-
kommunikationsmittel für am verläßlichsten hält. Auch Politiker,
Markennamen, Länder usw. pflegen in Rangordnungen gebracht zu
werden.

Mit diesem Vorgehen wird solange nichts über die Metrik, also
den Abstand oder die Ähnlichkeit der Gegenstände oder Aspekte
(items) ausgesagt, wie man lediglich die Häufigkeiten feststellt.
Die entsprechende quadratische Tabelle sieht dann so aus:

| | 1. Stelle | 2. Stelle | 3. Stelle | 4. Stelle | 5. Stelle |
|---|---|---|---|---|---|
| AEG | 40 | 25 | 15 | 15 | 5 |
| Siemens | 38 | 30 | 20 | 10 | 2 |
| Bosch | 12 | 31 | 35 | 22 | 10 |
| Philips | 7 | 10 | 16 | 30 | 27 |
| Braun | 3 | 4 | 14 | 23 | 56 |

(Dieses Beispiel ist nur realistisch, aber nicht empirisch). Die
Zahlen können Prozentanteile einer Stichprobe der Gesamtbevölkerung
sein, die den Firmen einen bestimmten Rang nach irgendeiner

Eigenschaft ihrer Erzeugnisse zuweisen. Alle Zeilen- und Spalten-
nummern sind 100. Daher sind 9 Zahlenwerte überflüssig. 16 Werte
drücken alles aus, was die Tabelle enthält (= 16 Freiheitsgrade).

Sowie man nun durchschnittliche Rangplätze berechnet, begeht man
wieder die Grenzüberschreitung der Thurnstone-Skala und fingiert
die Gleichheit der Abstände. Man setzt damit eine Metrik willkürlich fest und rechnet mit Ordinalzahlen als wären sie Kardi-
nalzahlen. Desselbe geschieht natürlich, wenn man die Varianzen
pro Firma berechnet.

Soweit es gerechtfertigt ist, Rangplatzzahlen wie echte Quanti-
täten zu behandeln, kann man auch den Rangkorrelationskoeffi-
zienten [1] berechnen. Bekanntlich ist dieser

$$(13) \qquad \varrho = rho = 1 - \frac{6 \, \Sigma d_i^2}{n(n^2-1)}$$

Es sei die Ähnlichkeit des Urteils zweier Personen A und B berechnet:

| | Rangstellen bei A | B | $d_i$ | $d_i^2$ |
|---|---|---|---|---|
| A E G | 1 | 3 | −2 | 4 |
| Siemens | 2 | 1 | 1 | 1 |
| Bosch | 3 | 5 | −2 | 4 |
| Philips | 4 | 2 | 2 | 4 |
| Braun | 5 | 4 | 1 | 1 |
| | | | Summe: | 14 |

Es ist also rho = $1 - \frac{6 \cdot 14}{5 \cdot 24}$ = 1 - 0,7 = 0,3. Die Auffassungen
von A und B decken sich nur schwach.

---

1) rho ist derjenige Sonderfall von $r = \dfrac{\Sigma xy - n \, \bar{x} \, \bar{y}}{\sqrt{\Sigma x^2 - n \bar{x}^2} \, \sqrt{\Sigma y^2 - n \bar{y}^2}}$

also dem Korrelationskoeffizienten, für den $\Sigma x = \Sigma y = \binom{n+1}{2}$

und $\Sigma x^2 = \Sigma y^2 = \frac{1}{6} n (n+1)(2n+1)$, wobei $x_i - y_i = d_i$.

Man könnte alle Interkorrelationen zwischen einer Unterstichprobe von etwa 100 Befragten berechnen (was 4950 Werte ergäbe) und aus der Korrelationsmatrix die Faktoren herausziehen, die dann Typen ähnlich urteilender Gruppen der Bevölkerung ergäben. Möglicherweise würden sich in diesem Beispiel aber nur die Anhängerschaften zu bestimmten Firmen herauskristallisieren. Es sei hier auf die Kapitel über Korrelations- und Faktorenanalysen verwiesen.

## V. Guttman-Skalen

Wir betrachten folgende 5 Eigenschaften von Personen:

E1    in Gütersloh sein
E2    im Kreise Wiedenbrück sein
E3    in NRW sein
E4    in der BRD sein
E5    in Europa sein

Diese 5 Eigenschaften stellen eine perfekte Guttman-Skala dar. Wer immer $E_i$ hat, der hat auch die Eigenschaft Ej mit j i. Für i=1 (Gütersloh) ist klar, daß auch alle anderen $E_i$ gegeben sind. Setzen wir für das Vorliegen einer Eigenschaft eine 1 und für das Nicht-Vorliegen eine 0, so gibt es nur 5 Typen innerhalb Europas:

| Typen | $E_1$ | $E_2$ | $E_3$ | $E_4$ | $E_5$ |
|-------|-------|-------|-------|-------|-------|
| 1 | 1 | 1 | 1 | 1 | 1 |
| 2 | 0 | 1 | 1 | 1 | 1 |
| 3 | 0 | 0 | 1 | 1 | 1 |
| 4 | 0 | 0 | 0 | 1 | 1 |
| 5 | 0 | 0 | 0 | 0 | 1 |

Typ 2 enthält die Leute in Rheda, Typ drei die in Köln, Typ 4 die in Rott am Inn usw. Räumliche Inklusivität hat eben die Eigenschaft, perfekt Guttman-skalierbar zu sein.

Deuten wir die $E_i$ als Kreis, der in $E_{i+1}$ liegt (i = 1,2,3,4), so ist dies eine graphische Veranschaulichung der Guttman-Skala. Deuten wir dagegen die $E_i$ als Kreise, die sich in jeder möglichen

Weise überschneiden, so ergeben sich 31 Teilflächen und entsprechend 31 Typen, wenn man den Typ 0 0 0 0 0 ausschließt.

Das Ziel bei Guttman-Skalen ist es, einen möglichst großen Anteil einer Personengesamtheit oder -stichprobe den 5 Typen (innerhalb unseres Beispiels gesprochen) zuzuordnen, so daß auf die übrigen 26 oder 27 ein möglichst kleiner Rest von Personen entfällt.

Deutet man die $E_i$ als statements (und zwar gelte 1 bei Bejahung und 0 bei Verneinung durch die jeweilige Person), die für die Einstellung zu einem bestimmten Gegenstand relevant sind, so ist etwa folgende Struktur denkbar:

| Person Nr. | E1 1 | E1 0 | E2 1 | E2 0 | E3 1 | E3 0 | E4 1 | E4 0 | Summe der Einsen |
|---|---|---|---|---|---|---|---|---|---|
| 1 | x |  | x |  | x |  | x |  | 4 |
| 2 | x |  |  | x | x |  | x |  | 3 |
| 3 | x |  | x |  |  | x | x |  | 3 |
| 4 | x |  | x |  |  | x | x |  | 3 |
| 5 | x |  |  | x | x |  | x |  | 3 |
| 6 | x |  | x |  | x |  | x |  | 3 |
| 7 | x |  | x |  | x |  | x |  | 3 |
| 8 | x |  | x |  | x |  | x |  | 3 |
| 9 | x |  |  | x | x |  | x |  | 2 |
| 10 |  | x | x |  | x |  | x |  | 2 |
| 11 | x |  |  | x | x |  | x |  | 2 |
| 12 | x |  |  | x | x |  | x |  | 2 |
| 13 |  | x | x |  | x |  | x |  | 2 |
| 14 |  | x | x |  | x |  | x |  | 2 |
| 15 |  | x | x |  |  | x | x |  | 1 |
| 16 |  | x | x |  | x |  | x |  | 1 |
| 17 | x |  |  | x | x |  |  | x | 1 |
| 18 |  | x | x |  | x |  |  | x | 1 |
| 19 |  | x | x |  | x |  | x |  | 1 |
| 20 |  | x |  | x |  | x |  | x | 0 |

Die Summen der abweichenden Fälle sind:

| | E1 1 | E1 0 | E2 1 | E2 0 | E3 1 | E3 0 | E4 1 | E4 0 | |
|---|---|---|---|---|---|---|---|---|---|
| Summen | 1 | 1 | 3 | 1 | 2 | 2 | 2 | 0 | Gesamtsumme = 12 |

Von 4mal 20 = 8o Feldern in der Tabelle sind also 12 oder 15 %
mit abweichenden Fällen besetzt. Umgekehrt sind also 85 % mit
Guttman-konsistenten Fällen besetzt. Man sagt auch, der Koeffizient
der Reproduzierbarkeit sei 0,85. Damit ist gemeint, daß im Idealfalle die ganze Tabelle reproduzierbar ist, wenn nur die Häufigkeit der Skalenwerte (= Summe der Einsen) bekannt ist. Die Nicht-
erfülltheit des Idealfalles liegt z. B. darin, daß etwa die Personen 4 und 5 je den Skalenwert 3 haben, sich aber strukturell
unterscheiden (Nr. 4 hat 1 1 0 1 und Nr. 5 hat 1 0 1 1). Das Auftreten solcher strukturellen Ungleichheiten bei gleichem Skalenwert sind auch ein Haupteinwand gegen das Modell der Guttman-
Skalen. Genauer: Dieser Einwand richtet sich gegen das Kriterium
der Reproduzierbarkeit. [1]

Die Vorteile der Guttman-Skala liegen vor allem in der Einfachheit
der Kennzeichnung von Personen (nur ein Skalenwert), der Wahrung
des Ordinalitätscharakters der Rohdaten (keine Pseudometrik) und
simultanen Ordnung von Personen und items oder statements. Diese
Vorteile kommen aber nur zum Tragen, wenn die Guttman-Skalierbarkeit eines inhaltlichen Bereichs (universe of content) und des
dazu gewählten Bevölkerungsausschnitts gegeben sind.

Die Guttman-Skalierbarkeit hängt natürlich von der Auswahl der
statements und von der Homogenität der Population ab. Sofern die
Datenerhebung abgeschlossen ist, geht es "nur" noch um die beste
Aufteilung der Population in homogenere Teilgruppen und die mechanische Ordnung der items pro Teilgruppe.

Eine wichtige Voraussetzung für die Skalierbarkeit ist außerdem
die Eindimensionalität der zu skalierenden Einstellung. Auf dieses Problem wird im Rahmen der Faktorenanalyse zurückzukommen sein.

---

1) Eine eingehendere Darstellung findet sich bei Allen L. Edwards,
   Techniques of Attitute Scale Construction, New York 1957, dem
   auch die Tabelle entnommen ist (Seite 183).

# KAPITEL IV

## Kontingenzen und Korrelationen
=================================

Die Rohform, in der die Sozialforschung ihre Daten zuerst zu Gesicht bekommt, ist die von Strichlisten, ausgefüllten Fragebogen, Beobachtungsprotokollen, Tonbändern oder Filmen. Normalerweise werden diese Rohdaten dann in eine Form gebracht, so daß sie ohne technische Schwierigkeiten auf Lochkarten gestanzt werden können.

Die auf der nächsten Seite beschriebene Lochkarte enthält als Beispiel das Ergebnis des Paarvergleichs zum Test der Zielvorstellungen von Ehe für eine von 24 befragten Personen. Die Lochkarte hat 10 bzw. 12 Zeilen und 80 Spalten. Je nachdem, welche Verlochungsart man wählt, können pro Spalte 1 oder 4o95 (maximal) Informationseinheiten angebracht werden. (4096 = $2^{12}$-1). Gewöhnlich braucht man diese maximale Speicherkapazität der Lochkarte aber nicht, sondern beschränkt sich auf 1 bis 12 Lochungen pro Spalte. Für viele maschinelle Auswertungen ist sogar nur ein Loch pro Spalte vorgeschrieben. Hat man solche Merkmale wie Alter, Geschlecht, usw, wo jeder Befragte nur eine Merkmalsausprägung aufweist, so ist einfach eine Spalte pro Merkmal festzulegen.

Sind dagegen Mehrfachnennungen möglich, wie etwa beim Listenfragen ("Welche Politiker auf dieser Liste sind Ihnen bekannt?"), so können bis zu 12 Antworten gleichzeitig auf einer Spalte abgelocht werden. Jedem Politiker (im Beispiel) wird dann genau ein Loch zugeordnet, so daß bei der Beantwortung 4095 Politikerkombinationen vorkommen und eindeutig identifiziert werden können. Indem man sich mit diesen Kombinationen beschäftigt, hat man allerdings den Arbeitsgang der Ablochung schon verlassen und befindet sich bereits im Vorfeld der Datenanalyse.

So kann man auch etwa feststellen, daß alle, die den Politiker 3 nennen, zu 85 % auch den Politiker 7 nennen, dagegen nur zu 13 % den Politiker 9.

Ein solches Zusammenkommen etwa von Politiker 3 und 7 bei einem Befragten führt zum Begriff der Kontingenz (von con-tingere = berühren, contingo contigi, contactus).

<u>Erklärung zur Lochkarte:</u>

Die Lochkarte enthält auf Spalte 1 und 2 die Numerierung der Befragten von 1 bis 24, auf Spalte 3 - 66 die Eintragungen durch
die Befragten und auf Spalte 67 bis 74 die Summen der Einsen
(= der Zahl der Einsen gemäß dem Schema auf Seite 50 bzw. Seite
49). Schließlich geben die Spalten 75, 76 und 77 den dreistelli-
gen Wert von $a_1{}^2$ in Gleichung (10), Seite 50 an, so daß man
$Z_n$ berechnen kann. Die Spaltenzuordnung zu der 8 x 8 - Matrix
des Antwortschemas lautet dann wie folgt:

|       | 1  | 2  | 3  | 4  | 5  | 6  | 7  | 8  |
|-------|----|----|----|----|----|----|----|----|
| 1     | 3  | 4  | 5  | 6  | 7  | 8  | 9  | 10 |
| 2     | 11 | 12 | 13 | 14 | 15 | 16 | 17 | 18 |
| 3     | 19 | 20 | 21 | 22 | 23 | 24 | 25 | 26 |
| 4     | 27 | 28 | 29 | 30 | 31 | 32 | 33 | 34 |
| 5     | 35 | 36 | 37 | 38 | 39 | 40 | 41 | 42 |
| 6     | 43 | 44 | 45 | 46 | 47 | 48 | 49 | 50 |
| 7     | 51 | 52 | 53 | 54 | 55 | 56 | 57 | 58 |
| 8     | 59 | 60 | 61 | 62 | 63 | 64 | 65 | 66 |
| Summe | 67 | 68 | 69 | 70 | 71 | 72 | 73 | 74 |

Die Spalten der Hauptdiagonale (3, 12, 21, 30, ... 66) sind leer,
bei allen anderen Spalten 4 - 65 ist entweder eine 1 oder eine
0 gelocht (siehe Seite 49 - 50 zum Paarvergleich).

Die Kontingenz von zwei Merkmalen wird (im einfachsten Falle von
je zwei Ausprägungen) in der Vierfeldertafel dargestellt:

| | | Politiker 3 genannt | nicht genannt | Summe |
|---|---|---|---|---|
| | genannt | 20 | 30 | 50 |
| Tabelle 1   Pol.7 | nicht genannt | 5 | 45 | 50 |
| | Summe | 25 | 75 | 100 |

Von 100 Befragten nennen 25 Politiker 3 und 50 Politiker 7.
20 nennen beide, 35 nennen genau einen und 45 keinen. Damit
ist der Inhalt von Tabelle 1 vollständig beschrieben.

Diese Beschreibung ist keine Analyse, weder eine statistische
noch eine sozialwissenschaftliche, obwohl die Lektüre von Ta-
bellenkommentaren dies manchmal so erscheinen lassen möchte.

Faßt man Tab. 1 kürzer, so schreibt man einfach[1)]

$$(1) \qquad K = \begin{pmatrix} 20 & 30 \\ 5 & 45 \end{pmatrix}$$

Sowie man Zeilen und Spalten von (1) inhaltlich definiert hat,
drückt (1) dasselbe aus wie Tab. 1.

Die einfachste analytische Betrachtung geht nun von der größen-
mäßigen Relativierung uas, die etwa durch Prozentuierung von
oben nach unten rechnerisch realisiert wird:

$$(2) \qquad P = \begin{pmatrix} 80 & 40 \\ 20 & 60 \end{pmatrix}$$

In Worten: 80 % derer, die Pol. 3 nennen, nennen auch Pol. 7,
aber nur 40 % derer, die Pol. 3 nicht nennen, nennen Pol. 7.
Während (1) also nur etwas über die absolute Bekanntheit aussagt, die Randsummen von Tabelle 1 nur etwas über die Einzel-
bekanntheit, drückt (2) schon etwa über die Gleichläufigkeit
und Gegenläufigkeit der Bekanntheit beider Politiker aus.
Offensichtlich gibt es so etwas wie "Politiker kennen" und
"Politiker nicht kennen" bzw. ein Mehr oder Weniger des "Politi-
ker-Kennens", also einen gemeinsamen Faktor,[2)] der hinter den

---

1) K ist eine 2 x 2-Matrix. Siehe das Kapitel über Matrix-
Operationen.

2) Die Faktorenanalyse gilt solchen Situationen.

Nennungen im einzelnen steht. Man spricht auch einfacher von einem Zusammenhang der beiden Bekanntheiten.

Das Folgende gilt der Messung solcher und der Aufdeckung weiterer Zusammenhänge.

Ein einfaches Maß für die Kontingenz ist der phi-Koeffizient. Bei der Vierfeldmatrix

$$(3) \qquad K = \begin{pmatrix} a & b \\ c & d \end{pmatrix}$$

ist

$$(4) \qquad phi = \frac{(ad-bc)}{\sqrt{(a+b)\ (a+c)(b+d)(c+d)}}$$

Angewandt auf die Daten in (1) ergibt sich hier

$$phi = + 0,58$$

Da phi ein Sonderfall[1] des einfachen Korrelationskoeffizienten r ist, kann es ebenfalls zwischen -1 und +1 liegen. Wir werden uns weiter unten mit r noch genauer beschäftigen.

In (4) muß die Wurzel als positiv definiert sein. Dann entscheidet der Zähler allein über das Vorzeichen. In unserem Beispiel ist es positiv, was eine Gleichläufigkeit der Bekanntheit der beiden Politiker anzeigt, und zwar keine ganz kleine.

Sind b und c im Produkt - als bc - größer als ad (das Produkt der Elemente der Hauptdiagonalen), so ist phi negativ und die

---

1) phi erhält man, wenn man für jedes X und jedes Y nur zwei Merkmalsausprägungen zuläßt, etwa U und V. Es gibt dann 4 Kombinationen:

| X | Y | Häufigkeit |
|---|---|---|
| U | U | $h_{11} = a$ |
| U | V | $h_{12} = b$ |
| V | U | $h_{21} = c$ |
| V | V | $h_{22} = d$ |

Fortsetzung der Fußnote 1), Seite 60:

Die a, b, c und d haben denselben Sinn wie in (3) und (4).
Die Standartwerte von X und Y sind dann (siehe (4), Seite 38):

$$x_u = \frac{X - \bar{X}}{x} = \sqrt{\frac{c + d}{a + b}} \quad \text{für } X = U$$

$$x_v = - \sqrt{\frac{a + b}{c + d}} \quad \text{für } X = V$$

$$Y_u = \sqrt{\frac{b + d}{a + c}}$$

$$Y_v = - \sqrt{\frac{a + c}{b + d}}$$

Es ergibt sich dann:

$$r = \frac{1}{n} \quad xy = \frac{1}{n}(ax_u y_u + bx_u y_v + cx_v y_u + dx_v y_v) = phi$$

x und y bestimmen r hier so wie in der Gleichung $R = \frac{1}{n}XX'$ der Faktorenanalyse.

Kontingenz zwischen beiden Merkmalen gegenläufig. Man kann die
Richtung der Kontingenz also stets mit dem Auge aus solchen Vier-
feldern wie (1) oder allgemein (3) abschätzen, ohne rechnen zu
müssen.

Wir wollen nun 28 verschiedene phi-Werte ausrechnen und vergle-
chen, um

        a) den Zusammenhang von r und phi empirisch über-
           prüfen zu können

        b) Zusammenhänge über zwei Merkmale hinaus intuitiv
           zu erkennen.

Wir verwenden dazu das Zahlenmaterial des Paarvergleichs, dessen
Summen (von Einsen vertikal im Schema Seite 63) pro Person i und
item K = A,B,C,...H in der Tabelle 2 auf Seite 64 aufgeführt sind.

Diese 24x8-Matrix stellt natürlich schon das Ergebnis einer ersten
Datenreduktion dar. Die detaillierte Information der 28 Paarent-
scheidungen pro Person in der Erhebungssituation ist auf 8 Summen
pro Person reduziert. Diese Summen lassen die Struktur der 28
Zweierentscheidungen nicht mehr rekonstruieren. Die Summen-
bildung ist reduktiv, sie vernichtet Information. Warum betreibt
man sie dann?

Frage: Worauf kommt es (Ihnen) bei der Ehe jeweils mehr an?
      Kreuzen Sie bitte die rechte oder linkte Leitziffer an.

                                     Leitziffern[1]

| | | | |
|---|---|---|---|
| 1 | Wirtschaftliche Sicherheit | - Viel zus. erleben | 1 5 |
| 2 | Seelische Hilfe | - Kinderreichtum | 7 3 |
| 3 | Neue Bekannte | - Gemeinsame Fam.Leistung | 4 8 |
| 4 | Gesprächsaustausch | - Liebe, Romantik | 6 2 |
| 5 | Kinderreichtum | - Wirtsch. Sicherheit | 3 1 |
| 6 | Viel zus. erleben | - Gesprächsaustausch | 5 6 |
| 7 | Liebe, Romantik | - Kinderreichtum | 2 3 |
| 8 | Gemeins.Fam.Leistungen | - Sicherheit | 8 1 |
| 9 | Seel. Hilfe | - Liebe, Romantik | 7 2 |
| 10 | Gesprächsaustausch | - Kinderreichtum | 6 3 |
| 11 | Viel zus. erleben | - Neue Bekannte | 5 4 |
| 12 | Sicherheit | - Seelische Hilfe | 1 7 |
| 13 | Liebe, Romantik | - Gemeins. Fam. Leistungen | 2 8 |
| 14 | Neue Bekannte | - Kinderreichtum | 4 3 |

1) Zur Erleichterung bei der Eintragung in das Schema gemäß der
Anweisung Seite 49 unten

| | | | | | | |
|---|---|---|---|---|---|---|
| 15 Sicherheit | | – Liebe, Romantik | | | 1 | 2 |
| 16 Gemeins. Fam.Lesitungen | | – Viel zus. erleben | | | 8 | 5 |
| 17 Seelische Hilfe | | – Gesprächsaustausch | | | 7 | 6 |
| 18 Viel zus. erleben | | – Kinderreichtum | | | 5 | 3 |
| 19 Liebe, Romantik | | – Neue Bekannte | | | 2 | 4 |
| 20 Gesprächsaustausch | | – Sicherheit | | | 6 | 1 |
| 21 Gemeins. Fam.Leistungen | | – Seelische Hilfe | | | 8 | 7 |
| 22 Neue Bekannte | | – Gesprächsaustausch | | | 4 | 6 |
| 23 Sicherheit | | – Neue Bekannte | | | 1 | 4 |
| 24 Viel zus. erleben | | – Liebe, Romantik | | | 5 | 2 |
| 25 Seelische Hilfe | | Viel zus. erleben | | | 7 | 5 |
| 26 Kinderreichtum | | – Gemeinsame Fam.Leistungen | | | 3 | 8 |
| 27 Neue Bekannte | | – Seelische Hilfe | | | 4 | 7 |
| 28 Gemeinsame Fam.Leistungen | | – Gesprächsaustausch | | | 8 | 6 |

| A | B | C | D | E | F | G | H |
|---|---|---|---|---|---|---|---|
| 1 | 2 | 3 | 4 | 5 | 6 | 7 | 8 |

| | | | | | | | |
|---|---|---|---|---|---|---|---|
| 1 A | | | | | | | |
| 2 B | | | | | | | |
| 3 C | | | | | | | |
| 4 D | | | | | | | |
| 5 E | | | | | | | |
| 6 F | | | | | | | |
| 7 G | | | | | | | |
| 8 H | | | | | | | |

| Summen | Summe der Summen |
|---|---|
| Quadrate | Summe der Quadrate |

## Rohergebnisse des Paarvergleichs

(Zielvorstellungen von der Ehe)

A  Wirtschaftliche Sicherheit    E  Viel zusammen erleben
B  Liebe und Romantik    F  Gesprächsaustausch
C  Kinderreichtum    G  Seelische Hilfe
D  Bekanntenkreis erweitern    H  Gemeinsame Fam.Leistungen

(Die Zahl $X_{iK}$ zeigt an, wie oft das item K (K=A,B,C,...H)
von der Person Nr. i (i=1,2,3,...24) nicht vorgezogen wurde).

| i | K = A | B | C | D | E | F | G | H | z = Zahl der Widersprüche[1] |
|---|---|---|---|---|---|---|---|---|---|
| 1 | 6 | 5 | 3 | 7 | 4 | 2 | 1 | 0 | 0 |
| 2 | 2 | 4 | 7 | 1 | 4 | 1 | 4 | 5 | 6 |
| 3 | 2 | 7 | 5 | 1 | 5 | 3 | 3 | 2 | 7 |
| 4 | 5 | 1 | 7 | 6 | 1 | 4 | 1 | 3 | 1 |
| 5 | 3 | 1 | 4 | 7 | 2 | 5 | 0 | 6 | 0 |
| 6 | 6 | 4 | 5 | 5 | 2 | 4 | 1 | 1 | 8 |
| 7 | 2 | 6 | 2 | 6 | 4 | 2 | 4 | 4 | 10 |
| 8 | 2 | 0 | 7 | 4 | 1 | 3 | 5 | 6 | 0 |
| 9 | 6 | 3 | 7 | 5 | 1 | 1 | 2 | 3 | 3 |
| 10 | 4 | 0 | 7 | 5 | 2 | 2 | 2 | 6 | 1 |
| 11 | 1 | 4 | 7 | 5 | 1 | 4 | 5 | 1 | 3 |
| 12 | 1 | 5 | 7 | 5 | 1 | 5 | 2 | 2 | 3 |
| 13 | 3 | 1 | 4 | 5 | 4 | 4 | 3 | 4 | 16 |
| 14 | 6 | 3 | 5 | 6 | 2 | 1 | 3 | 2 | 8 |
| 15 | 5 | 1 | 6 | 5 | 1 | 1 | 3 | 6 | 3 |
| 16 | 7 | 2 | 4 | 4 | 4 | 1 | 2 | 4 | 9 |
| 17 | 6 | 1 | 3 | 6 | 4 | 2 | 0 | 6 | 1 |
| 18 | 4 | 6 | 2 | 3 | 3 | 2 | 4 | 4 | 15 |
| 19 | 0 | 3 | 1 | 6 | 3 | 5 | 6 | 4 | 4 |
| 20 | 7 | 6 | 3 | 2 | 4 | 2 | 2 | 2 | 7 |
| 21 | 4 | 2 | 3 | 7 | 6 | 1 | 0 | 5 | 0 |
| 22 | 4 | 1 | 6 | 7 | 2 | 2 | 2 | 4 | 5 |
| 23 | 0 | 6 | 7 | 1 | 4 | 2 | 5 | 3 | 0 |
| 24 | 2 | 6 | 1 | 5 | 5 | 5 | 3 | 1 | 7 |
| Summe | 91 | 78 | 113 | 114 | 70 | 64 | 61 | 84 | 117 |
| Durchschnitt | 3,8 | 3,3 | 4,7 | 4,7 | 2,9 | 2,7 | 2,5 | 3,5 | 4,9 |

Tabelle 2
=========

1) Z ist gleich $Z_n$ in (10), Seite 50

Man reduziert Daten, um einen besseren Überblick über und Durch-
blick durch die Daten zu erhalten. Wie bei der Skalierung, so
geht es allgemein bei der Datenverarbeitung und Analyse um die
Aufdeckung von relativ latenter Information. Latent ist Information insoweit, als sie den Daten nicht direkt anzusehen ist.
Die Information, die beim Forscher "ankommt", wird notwendig
immer geringer sein müssen als die, die potentiell etwa in einem
Lochkartensatz steckt. Je genauer die Wirklichkeit in den Daten
abgebildet wird, umso umfangreicher und komplexer und daher re-
duktionsbedürftiger sind diese hinsichtlich analytischer Fragestellungen.

In Tabelle 3 wird das Ergebnis einer weiteren Reduktion angegeben, und zwar sind die Zahlen 4 bis 6 in Tabelle 2 durch eine 1,
die Zahlen 0, 1, 2 und 3 durch eine 0 ersetzt worden. Statt mit
7 Ziffern wird also nur noch mit zwei Zeichen gearbeitet. Maßzahlen wurden durch eine einfache Dichotomie (hoch oder niedrig)
ersetzt. Entsprechend enthält Tabelle 3 noch weniger Information
als Tabelle 2:

Tabelle 3
=========

| i | A | B | C | D | E | F | G | H | | i | A | B | C | D | E | F | G | H |
|---|---|---|---|---|---|---|---|---|---|---|---|---|---|---|---|---|---|---|
| 1 | 1 | 1 | 0 | 1 | 1 | 0 | 0 | 0 | | 13 | 0 | 0 | 1 | 1 | 1 | 1 | 0 | 1 |
| 2 | 0 | 1 | 1 | 0 | 1 | 0 | 1 | 1 | | 14 | 1 | 0 | 1 | 1 | 0 | 0 | 0 | 0 |
| 3 | 0 | 1 | 1 | 0 | 1 | 0 | 0 | 0 | | 15 | 1 | 0 | 1 | 1 | 0 | 0 | 0 | 1 |
| 4 | 1 | 0 | 1 | 1 | 0 | 1 | 0 | 0 | | 16 | 1 | 0 | 1 | 1 | 1 | 0 | 0 | 1 |
| 5 | 0 | 0 | 1 | 1 | 0 | 1 | 0 | 1 | | 17 | 1 | 0 | 0 | 1 | 1 | 0 | 0 | 1 |
| 6 | 1 | 1 | 1 | 1 | 0 | 1 | 0 | 0 | | 18 | 1 | 1 | 0 | 0 | 0 | 0 | 1 | 1 |
| 7 | 0 | 1 | 0 | 1 | 1 | 0 | 1 | 1 | | 19 | 0 | 0 | 0 | 1 | 0 | 1 | 1 | 1 |
| 8 | 0 | 0 | 1 | 1 | 0 | 0 | 1 | 1 | | 20 | 1 | 1 | 0 | 0 | 1 | 0 | 0 | 0 |
| 9 | 1 | 0 | 1 | 1 | 0 | 0 | 0 | 0 | | 21 | 1 | 0 | 0 | 1 | 1 | 0 | 0 | 1 |
| 10 | 1 | 0 | 1 | 1 | 0 | 0 | 0 | 1 | | 22 | 1 | 0 | 1 | 0 | 0 | 0 | 0 | 1 |
| 11 | 0 | 1 | 1 | 1 | 0 | 1 | 1 | 0 | | 23 | 0 | 1 | 1 | 0 | 1 | 0 | 1 | 0 |
| 12 | 0 | 1 | 1 | 1 | 0 | 1 | 0 | 0 | | 24 | 0 | 1 | 0 | 1 | 1 | 1 | 0 | 0 |

Um zu Daten von nur diesem Detaillierungsgrad zu kommen, hätte
man natürlich den aufwendigen Paarvergleich nicht gebraucht.
Eine Frage wie: "Würden Sie bitte bis zu 5 von diesen 8 Aspekten
aussuchen, die Ihnen für die Ehe wichtig erscheinen?" hätte dazu
ausgereicht. Eine 1 bedeutet dann einen ausgesuchten Aspekt (item).

Wir nennen jetzt die Zahl der Personen (von insgesamt 24), die Aspekt A <u>und</u> B nennen, a, die, die A, aber nicht B nennen, c, die, die B, aber nicht A nennen, b und den Rest d. Dann ergibt sich das Vierfeld:

$$(5) \qquad (AB) = \begin{pmatrix} 4 & 7 \\ 9 & 4 \end{pmatrix}$$

mit einem phi = - 0,33. Der Zusammenhang zwischen A und B (Wirtschaftliche Sicherheit und Liebe) ist also negativ. Tabelle 4 enthält alle 28 paarweisen phi-Werte (mal 100 genommen):

|  | A | B | C | D | E | F | G | H |
|---|---|---|---|---|---|---|---|---|
| A | 100 | -33 | -12 | +15 | -16 | -42 | -52 | - 1 |
| B | -33 | 100 | -22 | -56 | +33 | + 6 | +33 | -50 |
| C | -12 | -22 | 100 | + 7 | -42 | +12 | -13 | -12 |
| D | +15 | -56 | + 7 | 100 | -35 | +26 | -38 | -14 |
| E | -16 | +33 | -42 | -35 | 100 | -30 | - 4 | + 1 |
| F | -42 | + 6 | +12 | +26 | -30 | 100 | - 7 | -24 |
| G | -52 | +33 | -13 | -38 | - 4 | - 7 | 100 | +22 |
| H | - 1 | -50 | -12 | -14 | + 1 | -24 | +22 | 100 |

Tab. 4 ====

A Wirtschl. Sicherheit     E Viel zus. erleben
B Liebe     F Gesprächsaustausch
C Kinder     G Seelische Hilfe
D Bekannte     H Gem. Fam.Leistungen

Man sieht, daß der negativste Zusammenhang zwischen B und D besteht, der positivste zwischen B und G. Dieser ist aber nicht besonders ausgeprägt. Trotzdem könnte man vorgreifend fragen, ob sich nicht hinter dieser Verbindung Liebe - Seelische Hilfe ein gemeinsamer Faktor, etwa "Affektivität", verbirgt (latere = verborgen sein).

Wenn man Tabelle 3 und 4 vergleicht, glaubt man kaum, daß in Tabelle 4 weniger Information steckt als in Tabelle 3. Trotzdem ist es so. Man kann aus Tabelle 3 mittels (4) die Werte der Tabelle 4 berechnen, aber nicht umgekehrt.
Tabelle 4 erfüllt die Anforderung an Datenreduktion. Aus ihr ist

etwas ersichtlich, was man aus Tabelle 3 nicht ablesen kann, obwohl es informatorisch vollkommen in Tabelle 3 enthalten ist.

## Korrelationen

Wir gehen jetzt einen Schritt zurück und fragen, ob man so etwas wie den paarweisen Zusammenhang zwischen allen 8 items wie er strukturell in Tabelle 4 vorliegt, nicht auch aufgrund der vollständigeren Information der Tabelle 2 anstatt aufgrund von Tabelle 3 ermitteln kann. Die positive Antwort liegt in dem Produkt-Moment-Korrelations-Koeffizienten r:

$$(6) \qquad r = \frac{\sum (x_i - \bar{x})(Y_i - \bar{Y})}{\sqrt{\sum_i (x_i - \bar{x})^2 \cdot \sum_i (Y_i - \bar{Y})^2}}$$

Hierin ist, wenn man mit X und Y ein beliebiges Paar von den 8 K-Werten einer Zeile der Tabelle 2 bezeichnet, so daß etwa

$$X_{ia} = X_i \qquad und \qquad X_{if} = Y_i$$

sowie X und Y als deren Durchschnitte, i die Person Nr. i wie in Tabelle 2 und 3.

Den Zusammenhang zwischen den items A und F zeigt diese Graphik:

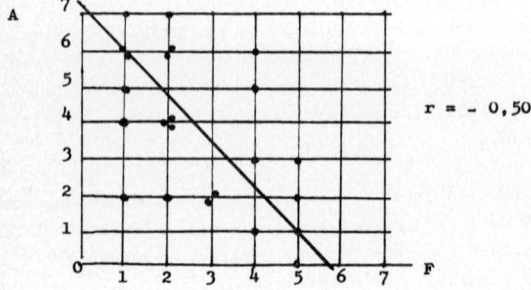

r = - 0,50

Die Lage der Punkte entnimmt man Tabelle 2. Die 24 Punkte liegen
in Richtung von links oben nach rechts unten: je mehr einer von
wirtschaftlicher Sicherheit angetan ist, umso weniger von Gesprächsaustausch mit dem Ehepartner und umgekehrt.

Setzt man die Abstände (in cm) der Punkte von der A- und der F-
Achse als Zahlen für $X_i$ und $Y_i$ in (6) ein, so erhält man r =
-0,50, wie neben der Graphik angegeben.

In Tabelle 5 stehen alle 28 r-Werte. In der Hauptdiagonalen
(links oben nach rechts unten) steht stets eine 100, was 1 bedeuten soll. Es ist klar, daß die Korrelation zwischen einem
item und sich selber ($X_i$ und $X_i$) perfekt und positiv ist, also
r = +1,00. Wie in Tabelle 4 sind auch hier alle r mal 100 genommen, um die Koeffizienten ohne Kommata schreiben zu können.

|  | A | B | C | D | E | F | G | H |
|---|---|---|---|---|---|---|---|---|
| A | 100 | -25 | - 8 | +21 | - 4 | -50 | -66 | - 4 |
| B | -25 | 100 | -32 | -51 | +43 | + 7 | +29 | -68 |
| C | - 8 | -32 | 100 | -24 | -62 | -15 | + 5 | -10 |
| D | +21 | -51 | -24 | 100 | -24 | +19 | -45 | + 7 |
| E | - 4 | -43 | -62 | -24 | 100 | -19 | -10 | - 8 |
| F | -50 | + 7 | -15 | +19 | -19 | 100 | +11 | -26 |
| G | -66 | +29 | + 5 | -45 | -10 | +11 | 100 | + 5 |
| H | - 4 | -68 | +10 | + 7 | - 8 | -26 | + 5 | 100 |

Tab.
5
====

Der Vergleich mit Tabelle 4 zeigt, daß es bestimmte Unterschiede
gibt. Die r sind etwas kontrastreicher als die phi. Die Gesamt-
struktur ist aber sehr ähnlich. Es ist also zu vermuten, daß
durch die Datenreduktion von Tabelle 2 zu 3, nämlich die Dichotomisierung der Präferenzskala, die Fähigkeit des Zusammenhangs-
maßes (Übergang von r zu phi), den Gesamtzusammenhang oder die
Struktur der Präferenzen zu messen, nicht wesentlich beein-
trächtigt hat.

Die weitere Reduktion solcher Korrelationsmatrizen wie Tabelle 4
und 5 erfolgt im Rahmen der Faktorenanalyse. Hierbei werden die

Dimensionen ermittelt, die in den Daten versteckt sind. Dadurch
wird eine mehrdimensionale Skalierung möglich. Die einfache eindimensionale Auflistung des Durchschnittsergebnisses enthält davon nur wenig oder gar nichts:

| | | | |
|---|---|---|---|
| G | Seelische Hilfe | 2,5 | 1,8 |
| F | Gesprächsaustausch | 2,7 | 1,4 |
| E | Viel zusammen erleben | 2,9 | 1,5 |
| B | Liebe und Romantik | 3,3 | 2,3 |
| H | Gem. Fam.Leistungen | 3,5 | 1,8 |
| A | Wirtschaftliche Sicherheit | 3,8 | 1,9 |
| D | Bekanntenkreis | 4,7 | 2,3 |
| C | Kinderreichtum | 4,7 | 2,1 |

Die erste Zahl ist der Durchschnitt (wie oft wird der Aspekt
nicht vorgezogen,), der zweite die durchschnittliche Abweichung
der 24 Einzelwerte von diesem Durchschnitt.

Man erkennt lediglich, daß G am wichtigsten und C am unwichtig-
sten zu sein scheint. Die Konformität der 24 Personen ist klein,
wie die Standardabweichungen zeigen.

## Der Aussagewert von Korrelationsmaßen

Wir haben gesehen, daß phi als Kontingenzmaß ein Sonderfall des
Korrelationskoeffizienten r ist. r wird zu phi, wenn X und Y je
nur noch zwei Werte "realisieren" können, sich also auf qualitative, dichotome Merkmale beziehen. Die 4 Zahlen a, b, c und d
des Vierfelds

$$K = \begin{pmatrix} a & b \\ c & d \end{pmatrix}$$

sind die einzige empirische Information über das getrennte und
gemeinsame Auftreten der Realisationen $R_u$ und $R_v$. U und V können
beliebige Zahlenwerte annehmen. Da sie in phi sowieso nicht vorkommen, ist phi ihnen gegenüber unveränderlich oder invariant.
Es ist also gleichgültig, ob man dem Merkmal "Geschlecht" die
beiden Maßzahlen U = 1 für "männlich" und V = o für weiblich zuordnet oder andere Zahlen oder gar keine.

phi ist zwar der Metrik von X (den Werten U und V) gegenüber invariant, nicht aber gegenüber Veränderungen in den Randverteilungen a+b, c+d, a+c und b+d. Wir nehmen die erste Zeile in K mit p, die zweite mit q, die erste Spalte mit u, die zweite mit v mal und erhalten:

$$K' = \begin{pmatrix} apu & bpv \\ cqu & dqv \end{pmatrix} = \begin{pmatrix} \alpha & \beta \\ \gamma & \delta \end{pmatrix}$$

Es ist klar, daß phi (a,b,c,d) = phi $(\alpha \beta \gamma \delta)$, was sich durch Einsetzen in die Formel für phi unmittelbar bestätigt. Die Ungleichheit gilt auch dann, wenn nur einer der 4 Multiplikatoren ungleich 1 ist, etwa p:

$$K'' = \begin{pmatrix} ap & bp \\ c & d \end{pmatrix}$$

Bei K = $\begin{pmatrix} 4 & 7 \\ 9 & 4 \end{pmatrix}$ und phi = - 0,33 tritt folgende Abhängigkeit ein:

$$phi = \frac{-47p}{\sqrt{(9 + 4p)(4 + 7p) \cdot p \cdot 11 \cdot 13}} =$$

$$\frac{-3,9\sqrt{p}}{\sqrt{(9 + 4p) \cdot (4 + 7p)}}$$

phi hat ein Minimum bei p = 1,135 und besitzt dort den Wert phi = - 0,35. Durch eine nur 13,5-prozentige Änderung der ersten Zeile in K kann also phi erkennbar verringert werden.

Wenn also die Häufigkeit etwa von Abiturienten in der Gesamtbevölkerung oder einer Teilgruppe nicht bekannt ist, so ist phi nicht bestimmbar.

Um von p, q, u und v unabhängig den Zusammenhang zwischen X und Y zu messen, verwendet man häufig das Yule'sche Q. Es lautet:

$$Q = \frac{ad - bc}{ad + bc}$$

Man kann es auch so umformen:

$$Q = \frac{1 - \dfrac{bc}{ad}}{1 + \dfrac{bc}{ad}}$$

Der Ausdruck $m = \frac{bc}{ad}$ ist gegenüber Veränderungen von p, q, u und v invariant, was man durch Einsetzen der Größen aus K' leicht prüft:

$$m' = \frac{\beta\,\gamma}{\alpha\,\delta} = \frac{bc \cdot p\,q\,u\,v}{ad \cdot p\,q\,u\,v} = \frac{bc}{ad} = m$$

und damit ist auch Q' = Q. Natürlich kann man viele Maßzahlen bilden, in denen nur m vorkommt und die darum die Bedingung der Invarianz gegenüber Randwertveränderungen erfüllen.

Hiermit haben wir das Problem der geeigneten Maßzahl für Kontingenzen angeschnitten. Offenbar kann man viele Maßzahlen bilden, die stets für dieselben Rohdaten verschieden groß sind. Mit dem Invarianzkriterium ist eine Bedingung genannt, die die Zahl der möglichen Formeln einschränkt und gleichzeitig eine Beurteilung solcher rechnerischer Reduktionen von Daten erleichtert.

Ein anderer Gesichtspunkt ist aber noch wichtiger. Sozialwissenschaftliche Daten haben einen stochastischen oder zufallsbedingten Charakter. Da die Werte eines Vierfelds K auch zufällig etwas anders lauten können als sie sich gerade bei einer Erhebung ergeben haben, fragt sich, ob der gesamte durch phi, Q oder r gemessene Zusammenhang nicht auch rein zufällig zustande gekommen sein könnte, als Produkt der "natürlichen" Unschärfe der Zahlen oder der hinter ihnen stehenden Variablen. Dieses Problem wird in der statistischen Testtheorie behandelt. Das Kapitel über Teste geht darauf ein.

Schließlich sei auf den häufig anzutreffenden Fehlschluß verwiesen, Kontingenzen und Korrelationen kausal zu deuten. Wenn Bildung und religiöse Bindung negativ korrelieren, so ist nicht daraus zu schließen, daß die eine die andere verursacht. Es kann auch eine oder mehrere "dritte" Ursachen geben, die Bildung und Unglauben gleichzeitig hervorbringen. Die Berechnung zweiseitiger Kontingenzmaße erlaubt keine kausalen Schlüsse. Sie ist auch noch keine Analyse. Dazu bedarf es multivariater Verfahren, die mit quantitativen oder anderen formalen Modellen die Denkschritte der

Theorie genau formulieren, kontrollieren und mit den Daten
konfrontieren können.

## Korrelationen bei mehr als zwei Variablen

Wir verwenden weiterhin den Begriff Korrelation als Oberbegriff
zu Kontingenz. Wenn $Y$ ein quantitatives Maß ist und von den Variablen $X_1$, $X_2$,...$X_m$ abhängt, so kann man dies durch eine Funktion $y = f(x_1, X_2,...X_m)$ symbolisieren. Unter allen möglichen
Funktionsformen ist die einfachste und gebräuchlichste die lineare:

$$(7) \qquad Y_i = \sum_{j=1}^{m} a_j X_{ij} + u_i$$

$i$ sei der Index des i-ten Individuums, $a_j$ der Koeffizient der
j-ten Variablen und $u_i$ die Rest- oder Störgröße, die den Unterschied zwischen dem empirischen $y_i$ und dessen linearer Schätzung
aus den $X_{ij}$ ausdrückt. Diese Schätzung bezeichnen wir mit $Y_i'$,
so daß statt (7)

$$(8) \qquad Y_i = Y_i' + u_i$$

entsteht. Die $a_j$ werden durch Realisierung der Forderung
$\sum u_i^2$ = min! geschätzt. Dann ist der multiple Korrelationskoeffizient

$$(9) \qquad r_{y\,1,\,2,...m} = \frac{\sum yy' - n\bar{y}\bar{y}'}{n\,\sigma_y \cdot \sigma_{y'}} = r_{yy'}$$

also nichts weiter als die Korrelation zwischen y und dessen
Schätzung y' aufgrund einer Linearkombination der Prädiktoren
$X_1$, $X_2$,...$X_m$.

Hiermit hat man praktisch ein Maß für die Voraussagegüte des
Ansatzes (7) und der Schätzwerte $A_j$.

Hiermit sind nocht nicht die Beziehungen zwischen den X berück-

sichtigt. Wir beschränken uns im folgenden auf die drei
Variablen X, Y und Z, um diese Beziehungen und ihre Analyse
zu zeigen. Dazu dient der partielle Korrelationskoeffizient
$r_{xy.z}$. Es wird angenommen, X und Y hingen beide von Z ab:

(10)
$$X_i = a Z_i + u_i = X_i' + u_i$$
$$Y_i = b Z_i + v_i = Y_i' + v_i$$

Die $X_i'$ und $Y_i'$ sind wieder die Schätzwerte oder Voraussagen von
$X_i$ und $Y_i$. $X_i'$ ist also der lineare Anteil von $X_i$, der durch
Z "erklärt" wird. $u_i$ ist der unerklärte Rest. Es gilt - nach
entsprechender Deutung von $v_i$ - nun

(11)
$$r_{xy.z} = r_{uv} = \frac{\sum u\,v}{n\sigma_u \cdot \sigma_v}$$

Das partielle r miß also genau den Teil des Zusammenhangs zwischen
X und Y, der (noch) nicht durch Z beeinflußt wird. Man sagt auch,
$r_{xy.z}$ messe die Korrelation zwischen X und Y unter Konstanthaltung von Z bzw. von dessen Einfluß auf X und Y. Durch Umformung
ergibt sich

(12)
$$r_{xy.z} = \frac{r_{xy} - r_{xz}\,r_{yx}}{\sqrt{1 - r_{xz}^2}\sqrt{1 - r_{yz}^2}}$$

Dies folgt, wenn man (10) in (11) einsetzt. (12) zeigt, daß eine
Null-Korrelation ($r_{xy} = 0$) durch mangelnde Drittvariablenkon-
trolle auftreten kann. Ein mittels (12) zu klärender Effekt ist
der der Scheinkorrelation. Wir veranschaulichen das durch folgendes Beispiel, wo

  X   die religiöse Bindung
  Y   die Einkommenshöhe
und Z   der Bildungsstand

der Personen einer Stichprobe sei. Die Korrelation zwischen Religiosität und Einkommen sei negativ, etwa $r_{xy} = -.50$. Verbale
Erklärungen dazu sind leicht auszudenken. Stellt man von jeder Per-

son als dritte Variable die Bildung fest, so möge sich ergeben:

$$r_{xz} = -.60$$
und
$$r_{yz} = +.80$$

Wieder liegt eine Deutung nahe: Bildung löst Religion ab
($r_{xz}$) und erhöht Einkommenschancen ($r_{yz}$). In Wirklichkeit können
diese paarweisen r wieder auf dahinterstehende Variablen zurückgeführt werden. Bleibt man aber hier stehen, so ergibt (12)

$$r_{xy.z} = \frac{-0,50 + 0,48}{0,60 \cdot 0,80} = -0,04$$

Kontrolliert man also die Drittvariable "Bildung", so besteht *fast*
keine negative Beziehung mehr zwischen Religiosität und Einkommen.

Diese Analysetechnik der partiellen Korrelation kann auf mehr als
3 Variable erweitert werden. Interessanter ist der Fall qualita-
tiver Merkmale, die ähnlich analysierbar sind.


## Dichotome Algebra

Paul F. Lazarsfeld hat die Grundformeln der sogenannten "dichotomen Algebra" angegeben,[1] mit denen man sozialwissenschaftlichen
Daten näherkommt, da sie ja meist nicht auf quantitativen Merkmalen aufbauen. Solche Variable wie X, A und Z im letzten Beispiel setzen eine gelungene Skalierung voraus (mit Ausnahme des
Einkommens), die aber selbst wieder viele Meßprobleme in die Analyse hineinbringt. Es ist daher von Vorteil, Rohdaten möglichst
wenig weiterverarbeitet einer rechnerischen Korrelationsanalyse
zu unterziehen. Wir skizzieren dazu das Grundgerüst der dichotomen Algebra. Es sei statt X der Index i, statt y j und statt Z k
geschrieben. Dann ist $p_{ijk}$ die Wahrscheinlichkeit, daß eine Person gleichzeitig religiös, reich und gebildet ist, $p_{ij\bar{k}}$ die Wahr-

1) The Analysis of Attitude Data, in: International Encyclopaedia
   of the Social Sciences, 1968, Vol. 15, S. 419-429.

scheinlichkeit, daß sie religiös, reich und ungebildet ist
usw. Jeder Index kann zwei Alternativen ausdrücken:

| i religiös | $\bar{i}$ unreligiös |
| j reich | $\bar{j}$ arm |
| k gebildet | $\bar{k}$ ungebildet |

Damit ergeben sich 8 verschiedene Gruppen mit den zugehörigen
p-Werten. Enthält p nur zwei Indices, etwa wie in $p_{ik}$, so besagt das nur, daß es sich um religiöse, gebildete Personen handelt, die sich aus reichen (j) und armen ($\bar{j}$) zusammensetzen:

$$(13) \qquad p_{ik} = p_{ijk} + p_{i\bar{j}k}$$

Das Vierfeld

$$\begin{pmatrix} p_{ij} & p_{i\bar{j}} \\ p_{\bar{i}j} & p_{\bar{i}\bar{j}} \end{pmatrix} = \frac{1}{n} \begin{pmatrix} a & b \\ c & d \end{pmatrix}$$

gibt den Zusammenhang mit (3) und (4) an. Da phi und Q beide den
Ausdruck (ad - bc) enthalten, liegt es nahe, ihn auch hier zu verwenden. Dann ergibt sich

$$(14) \qquad [ij] = \begin{vmatrix} p_{ij} & p_{i\bar{j}} \\ p_{\bar{i}j} & p_{\bar{i}\bar{j}} \end{vmatrix} = p_{ij}p_{\bar{i}\bar{j}} - p_{i\bar{j}}p_{\bar{i}j}$$

Es kann gezeigt werden, daß man (14) zu (15) umformen kann:

$$(15) \qquad [ij] = \begin{vmatrix} p_{ij} & p_i \\ p_j & 1 \end{vmatrix} = p_{ij} - p_i p_j$$

Hierin bedeutet das Vierfeld zwischen geraden Strichen dessen
Determinante[1], und $[ij]$ wird als symmetrischer Parameter bezeichnet. Wir führen als Drittvariable k ein und geben als be-
dingten Parameter

$$(16) \qquad [ij;k] = \begin{vmatrix} p_{ijk} & p_{ik} \\ p_{jk} & p_k \end{vmatrix}$$

---

1) Siehe Kapitel über Matrizen.

an. Ein symmetrischer Parameter $[ijk]$ dritter Ordnung ist impliziert definiert in

(17) $\qquad p_{ijk} = p_i p_j p_k + p_i[jk] + p_j[ik] + p_k[ij] + [ijk]$

Beachtet man noch, daß

(18) $\qquad [ij] = -[i\bar{j}]$ und $[ijk] = -[ij\bar{k}]$

so folgt aus (17), (18), (16), (15) und (13)

(19) $\qquad [ij] = \dfrac{[ij;k]}{p_k} + \dfrac{[ij;\bar{k}]}{p_{\bar{k}}} + \dfrac{[ik]\cdot[jk]}{p_k \; p_{\bar{k}}}$

Dies ist ein Analogon zu (12), nämlich dessen dichotome, nicht-quantitative Entsprechung, wenn man dort nach $r_{xy}$ auflöst. $[ij;k]$ und $[ij;\bar{k}]$ entsprechen dem partiellen $r_{xy.z}$. Während dieses aber die n Personen i = 1, 2, ...n vermischt enthält (als Summen über alle i), zerlegten die Klammerausdrücke der dichotomen Algebra die n Personen in zwei Gruppen, die Gebildeten (k) und die Ungebildeten ($\bar{k}$). $[ij]$ ist ein Kontingenzmaß, das den Zusammenhang von i und j mißt und in (19) in drei Bestandteile zerlegt ist. Eine Scheinkorrelation $[ij]\neq 0$ liegt vor, wenn bei Gebildeten und Ungebildeten kein Zusammenhang zwischen X und Y oder i und j gegeben ist. Es bleibt dann nur der 3. Summand von (19) zur Erklärung von ij übrig. Er besagt, daß Bildung auf Religiösität und Einkommen jeweils getrennt einwirkt und dadurch den Wert für $[ij]$ hervorruft.

Der umgekehrte Fall ist dann gegeben, wenn $[ik]$ oder $[jk] = 0$. Die Korrelation oder Kontingenz ist dann echt. k ruft den Zusammenhang nicht hervor, sondern spezifiziert und differenziert ihn lediglich.

Die dichotome Algebra sollte hier nur bis zu (19) entwickelt werden. Sie bildet nicht nur eine Ergänzung der Korrelationsrechnung für qualitative (nominale) Daten, sondern ist auch die Basis der Latent Structure Analysis, die in anderem Zusammenhang darzustellen ist.

# KAPITEL V

## Statistische Teste
==================

Die Daten der empirischen Sozial- und Wirtschaftsforschung sind mit deren Theoremen nicht von vornherein kommensurabel. Es bedarf einiger Anstrengung, Theorien und Hypothesen in die Sprache der Daten, also meist von Zahlen und zahlenmäßigen Zusammenhängen zu übersetzen.

Dem entspricht die Schwierigkeit, Daten gegenüber Hypothesen "zu Worte kommen zu lassen", so daß jene für diese etwas besagen und womöglich sogar darüber entscheiden, welche Hypothese im Lichte bestimmter Daten haltbar oder doch wenigstens nicht unhaltbar ist.

Allgemeine Theorien überschreiten normalerweise den Gültigkeitsbereich der konkreten Daten. Echte zeitliche Prognosen unterliegen demselben Dilemma: sie beziehen sich auf Zeiträume, aus denen noch keine Daten vorliegen können. Gerade die deduktive Ableitung späterer oder hic et nunc nicht verfügbarer Daten ist aber der technische Kern von Prognosen und Theorien.

In der theoriegebundenen Sozialforschung werden also extrem formuliert die Daten auf zwei Wegen gewonnen, einmal durch deduktives Schließen aus Obersätzen und bekannten Daten und zum anderen durch Datenerhebung (Interview, Beobachtung usw.). Bei zeitlichen Prognosen liegt diese Datenerhebung in der Zukunft. Bei nicht-prognostischen Aussagen in diesem Sinne, also theoretischen Aussagen mit gegenwärtigem Gültigkeitsanspruch sind die Daten prinzipiell schon vor der Theoriebildung erhältlich. Die Wirklichkeit, auf die sich die Daten beziehen, liegt schon unabänderlich vor. Der Modellfall dieser allgemeinen methodologischen Situation des Sozialforschers ist der Schluß von einer Stichprobe auf die durch sie repräsentierte Grundgesamtheit.

Die Grundgesamtheit liegt unabänderlich vor. Einige Parameter (Durchschnitte von Meßgrößen, deren Streuungen usw.) kennzeichnen diese Gesamtheit, sie sind aber unbekannt. Der Stichprobenerhebung fällt die Aufgabe zu, diese unbekannten Parameter schätzbar zu machen.

In der analytisch vorgehenden Statistik wird diese Aufgabe so ge-
faßt, daß eine <u>Hypothese</u> über die <u>Grundgesamtheit</u> durch die <u>Daten</u>
der <u>Stichprobenerhebung testbar</u> werden soll.

Eine Voraussetzung der Testbarkeit besteht darin, daß die Stichprobe für diese ganz bestimmte Grundgesamtheit gilt. Diese Bedingung wird durch Zufallsauswahl realisiert. Mit solcher Sicherung der Repräsentanz ist aber in keiner Weise auch schon die Ver-
einbarkeit von Hypothese und Daten, also die "Richtigkeit" der
Hypothese, gemessen an den Daten, festgelegt. Repräsentanz ist
nicht einmal für die Entscheidbarkeit (= Testbarkeit mit eindeuti-
gem "richtig" oder "falsch") eine hinreichende Bedingung (eine
notwendige allerdings!). Diese liegt nur in der Faktizität der
Daten selbst, die aber als Stichprobendaten mit einer stichprobenbedingten Unschärfe oder Toleranz versehen sind.

Hier setzt das statistische Testen ein. Es gilt der Frage, ob ein
Stichprobendatum – etwa eine Prozentzahl – noch innerhalb der Toleranz oder des Schwankungsbereichs liegt, die oder der durch den
hypothetisch gesetzten Grundgesamtheitsparameter und das Stich-
probenauswahlverfahren größenmäßig bestimmbar (berechenbar) ist.

Allgemeiner gesagt, entscheidet man durch einen statistischen
Test, ob eine mittels einer Stichprobe (oder mehrerer Stichproben)
gegebene Datenstruktur mit einer Hypothese über die Grundgesamtheit verträglich ist. Der Test besteht u.a. in bestimmten Regeln, die "Verträglichkeit" definieren.

1. <u>Die Phasen statistischer Testung</u>

Als Beispiel sei angenommen (Hypothese), zwei Schachspieler seien
gleich gut. Dies soll durch 4 Spiele zwischen den Spielern (A und
B) entschieden werden. Der Ausgang ist 3 : 1 für A. Ist dies verträglich mit der Hypothese, A und B seien gleich gut?

Die Beantwortung erfolgt in mehreren Phasen.

    a. <u>Aufstellung der Hypothese</u> (A und B sind gleich gut).

b. <u>Numerisierung</u> oder <u>zahlenmäßige Formulierung</u> der Hypothese. (Die Wahrscheinlichkeit, daß A gewinnt, nämlich p, sei gleich der Restwahrscheinlichkeit 1 - p,
daß B gewinnt, wenn ein beliebiges Spiel gespielt wird.
Aus p = 1 - p folgt aber p = 0,5)

c. <u>Festlegung einer Stichprobe</u> für die Datenermittlung
(Der Stichprobenumfang sei n = 4 Spiele. Die Auswahl
dieser 4 Spiele sei für 4 aufeinanderfolgende Tage
festgelegt. Die Grundgesamtheit ist die Menge aller
möglichen Spiele zwischen A und B. Damit p wirklich
konstant ist, muß ein asymmetrischer Lerneffekt oder
ähnliche Störungen als nicht existent angenommen werden. Wenn nämlich A von B mehr lernt als umgekehrt,
so gilt p = 0,5 schon deswegen allein vom zweiten
Spiel ab nicht mehr.)

d. <u>Ableitung einer theoretischen Stichprobenverteilung</u> *aus*
<u>b. und c.</u> (Hierzu verwenden wir Gleichung (6) auf
Seite 4 des ersten Kapitels mit n = 4 und p = 0,5.
Die Anwendbarkeit der Binomialverteilung folgt aus
der Annahme einer praktisch unendlichen Anzahl möglicher Spiele. Die Verteilung lautet:

| Anzahl der Siege von A $i$ | Wahrscheinlichkeit B $(4, i, 0,5)$ | | |
|:---:|:---|:---:|:---:|
| 0 | 1/16 | = | 0,0625 |
| 1 | 4/16 | = | 0,2500 |
| 2 | 6/16 | = | 0,3750 |
| 3 | 4/16 | = | 0,2500 |
| 4 | 1/16 | = | 0,0625 |
| | Summe | = | 1,0000 |

Diese theoretische Stichprobenverteilung besagt, daß
bei sehr vielen Stichproben oder Runden von je 4 Spielen (eine Runde à 4 Spiele) bei 6,25 % der Runden der
Ausgang 0 : 4 (gegen A), bei 25 % 1 : 3, bei 37,5 %
2 : 2, bei 25 % 3 : 1 und bei 6,25 % 4 : 0 sein wird.)

e. <u>Festsetzung des Signifikanzniveaus</u> oder der statistischen Sicherheit S, mit der ein konkretes Ereignis i
oder mehrere solcher Ereignisse eintreten dürfen sollen, ohne daß die Hypothese verworfen wird.
Man kann etwa festlegen, das wie immer geartete Ergebnis der 4 Spiele (der Stichprobenerhebung) solle mindestens 30 % Wahrscheinlichkeit haben (S = 0,30). Hierdurch ist faktisch entschieden, daß nur der Fall i=2
oder 2 : 2 als Ausgang der 4 Spiele mit p = 0,5 verträglich sein soll. Senkt man das Signifikanzniveau,
so steigt die Zahl der akzeptierten Ausgänge und umgekehrt.
Man kann statt S = 0,30 für i = 3 auch ein ganzes Intervall festlegen und etwa fordern, daß A in mindestens
90 % aller theoretisch möglichen Runden nicht mehr als
$i_o$-mal gewinnen soll (von n = 4 Spielen). Formal ausgedrückt: Die Wahrscheinlichkeit für i = 0, i = 1,
i = 2, ... bis i = $i_o$ (also für das Auftreten irgend
eines dieser Fälle oder dafür, daß i = $i_o$ <u>nicht</u> überschritten wird) sei mindestens S = 0,90.
Das Signifikanzniveau S wird willkürlich vom Sozialforscher festgelegt. Von dieser Willkür hängt das Testergebnis ab.

f. <u>Festsetzung einer Prüfgrößengrenze</u> - In unserem letzten
Beispiel ist die Prüfgröße $i_o$, also diejenige Anzahl
der von A gewonnenen Spiele, die bei einem angenommenen Signifikanzniveau S nicht überschritten werden
darf. Diese Festsetzung einer Prüfgröße oder genauer
einer Prüfgrößengrenze oder eines Toleranzintervalls
folgt rein rechnerisch oder deduktiv aus der Festsetzung von S und der theoretischen Verteilung wie der
unter d. Man kann aus der Tabelle der Binomialverteilung ablesen, daß S = 90/100 = 0,90 den Fall i = 3 mit
einschließt.

g. <u>Berechnung einer empirischen Prüßgröße</u> - (In unserem
Beispiel entfällt eine solche Berechnung oder genauer

gesagt, i = 3 kann direkt als Erhebungsergebnis abgelesen werden.)

h. <u>Vergleich der empirischen Prüfgröße mit ihren theoretischen Grenzen</u>: Dies ist der Testakt selbst. Fällt der Wert der empirischen Prüfgröße unterhalb oder innerhalb einer durch d. und e. festgelegten Grenze, so weicht sie nur unwesentlich von der Parameterkonstellation unter b. ab. Sie ist nicht signifikant von p oder einer entsprechenden Größe verschieden. Man bezeichnet in der Statistik die Hypothese, daß die empirische Prüfgröße von p oder einem anderen Parameter wesentlich abweicht, auch als <u>Nullhypothese</u>. Sie wird angenommen, wenn die Prüfgröße in das kritische Intervall (die Prüfgrößengrenzen) fällt, sonst wird sie abgelehnt.

In Phase f. muß man entscheiden, ob man <u>einseitig oder zweiseitig</u> testen will. Will man sagen, daß A nicht mehr als dreimal bei 4 Spielen gewinnen soll, um als "nicht besser als B" zu gelten, so testet man <u>einseitig</u>, das heißt unter Festlegung nur <u>einer</u> Grenze, nämlich der Obergrenze $i_0$.

Dagegen testet man <u>zweiseitig</u>, wenn man eine Untergrenze $i_u = 1$ <u>und</u> eine Obergrenze $i_0 = 3$ festlegt, also ein Intervall. Hiermit meint man, A sei solange als gleichguter Spieler wie B anzusehen, wie er mindestens 1-mal und höchstens 3-mal gewinnt. Das Intervall von i = 1 bis i = 3 umfaßt 87,5 % Sicherheit. Es verbleibt also eine Unsicherheit von 12,5 %. Man nennt 1 _ S = 0,125 auch die <u>Irrtumswahrscheinlichkeit</u>.

Sie mißt die Wahrscheinlichkeit, daß man sich irrt, wenn man mit der <u>Entscheidungsregel</u> arbeitet: Wenn i = 1, 2 oder 3, dann sind diese Stichproben aus einer Grundgesamtheit mit p = 0,5 hervorgegangen, wenn dagegen i = 4 oder auch i = 0, dann wird die Nullhypothese (daß nämlich die jeweilige Stichprobe nicht aus einer Grundgesamtheit mit p = 0,5 stammt oder, daß p = 0,5 mit diesen

extremen Werten in der Stichprobe unvereinbar ist), verworfen.
Die Verteilung unter d. zeigt ja doch, daß die Fälle i = 4 und
i = 0 eben aufgrund und infolge der Annahme p = 0,5, die in die
Berechnung der Verteilung B $(4, i, 0,5)$ eingegangen ist, in 12,5 %
aller Viererstichproben $(n = 4)$ auftreten. In genau diesem Ausmaß irrt man sich also, wenn man die Stichprobenergebnisse i = 4
und i = 0 für unvereinbar mit der Grundhypothese p = 0,5 hält.

Zusammenfassung: Bei einem statistischen Test werden Hypothesen
und Daten konfrontiert. Die Sachhypothese wird numerisiert und
dient zur Aufstellung einer theoretischen Stichprobenverteilung.
Durch Wahl eines Signifikanzniveaus wird ein kritisches Intervall
von Prüfgrößen aufgrund der Stichprobenverteilung berechenbar.
Die Daten werden rechnerisch auf eine Prüfgröße reduziert. Fällt
diese Größe in das kritische Intervall, wird die Nullhypothese
akzeptiert, sonst verworfen.

(Diese Darstellung behandelt nur die hauptsächlichen Schritte beim
Vorgehen innerhalb der klassischen Testtheorie).

## 2. Der chi-Quadrat-Test

Im Kapitel "Kontingenzen und Korrelationen" finden wir auf Seite 59/
58 eine Vierfeldertafel in Tabelle 1 oder in (1). Ihre Zeilen unterscheiden, ob der Politiker 7 genannt oder nicht genannt wurde,
ihre Spalten dasselbe für Politiker 3:

$$K = \begin{pmatrix} 20 & 30 \\ 5 & 45 \end{pmatrix} \quad \text{oder allgemein} \quad \begin{pmatrix} a & b \\ c & d \end{pmatrix}$$

Die Frage ist, ob diese 4 Zahlen vom Zufall erzeugt worden sein
können oder ob sie einen Zusammenhang erkennen lassen. Wir folgen
den Phasen der Testung wie oben beschrieben.

a. Hypothese: Die Bekanntheit von Politiker 3 und 7 trifft
   mehr als zufällig bei denselben Personen zusammen.
b. Die Numerisierung entfällt hier.
c. Die Stichprobe mit n = 100 sei zufällig ausgewählt.
d. Die theoretische Verteilung aller möglichen Stichprobenergeb-

nisse von der Form K geht aus von der gegebenen Randsummen-
struktur

$$
\begin{array}{rr}
a & b & 50 \\
c & d & 50 \\
\hline
25 & 75 & 100
\end{array}
$$

Hätten die beiden Größen (Bekanntheit von 7 und von Politiker 3) nichts miteinander zu tun, so müßte a sich zu
c verhalten wie 50 : 50 und b : d = 50 : 50. Die Schätzwerte
für den Fall der völligen Unabhängigkeit wären also $\bar{a} = \bar{c} =$
$= 12,5$ und $\bar{b} = \bar{d} = 37,5$. Die auf diese Schätzwerte bezogenen Abweichungsquadrate ergeben summiert chi$^2$:

$$
(1) \quad chi^2 = \frac{(a-\bar{a})^2}{\bar{a}} + \frac{(b-\bar{b})^2}{\bar{b}} + \frac{(c-\bar{c})^2}{\bar{c}} + \frac{(d-\bar{d})^2}{\bar{d}}
$$

Da allgemein $\bar{a} = \frac{(a+b) \cdot (a+c)}{a+b+c+d}$ und entsprechend für die anderen 3 Felder, kann man (1) umformen zu:

$$
(2) \quad chi^2 = \frac{n \cdot (ad - bc)^2}{(a+b) \, (a+c) \, (b+d) \, (c+d)}
$$

Dies ist bereits die Prüfgröße gemäß Phase g. Ihr spezieller Wert ergibt sich durch Einsetzen der 4 Zahlen in K.
Die theoretische Verteilung von chi-Quadrat wird hier nicht
abgeleitet. Sie liegt in Tabellenform vor.

e. Das Signifikanzniveau sei S = 0,95.

f. Die Prüfgrößengrenze ist dann laut Tabelle der chi$^2$-Vertei-
lung bei 1 Freiheitsgrad $ch_0^2 = 3,8$.

g. Die Berechnung nach (2) ergibt chi$^2$ = 12

h. Da chi$^2$ den Wert von $chi_0^2$ überschreitet, ist die Abweichung
der empirischen Werte a, b, c und d von den theoretischen
(die den Fall völliger Unabhängigkeit beider Merkmale beschreiben) $\bar{a}$, $\bar{b}$, und $\bar{d}$ nicht zufällig, sondern zu mehr als 95 %
signifikant.

Hiermit ist der Test abgeschlossen. Die "Unabhängigkeits-Tabelle"
lautet übrigens:
$$
K_0 = \begin{pmatrix} 12,5 & 37,5 \\ 12,5 & 37,5 \end{pmatrix}
$$

Man sieht, daß die Randsummen gleich geblieben sind. In Wirklich-

keit können solche gebrochenen Zahlen natürlich in einer Stich_
probe nicht vorkommen.

Die stärkst_mögliche Abweichung von $K_0$ würde so aussehen:

$$K_m = \begin{pmatrix} 25 & 25 \\ 0 & 50 \end{pmatrix}$$

Wäre $K_m$ das empirische Ergebnis gewesen, so wäre nach (2)

$$chi^2 = 33,3$$

also noch wesentlich größer als bei K.

Im Kapitel "Kontingenzen und Korrelationen" hatten wir das Maß
phi eingeführt. Betrachtet man die dortige Gleichung (4) auf
Seite 60, so ergibt sich ein unmittelbarer formelmäßiger Zusam_
menhang mit $chi^2$, und zwar:

(3) $chi^2 = n \cdot phi^2$

Diese Gleichung verbindet zwei unterschiedliche Bereiche der Da_
tenanalyse, nämlich den Bereich der Signifikanzteste mit dem der
Messung von Kontingenzen und Korrelationen.
$chi^2$ erlaubt eine Aussage darüber, ob statistisch oder stichpro_
bentheoretisch überhaupt ein wesentlicher Zusammenhang (= wesent_
liche Abweichung von der Null-Hypothese) besteht, während phi
und damit auch $phi^2$ mißt, wie <u>stark</u> dieser Zusammenhang ist und
<u>welche Richtung</u> er hat. Insbesondere über die Richtung (phi
positiv oder negativ) sagt $chi^2$ nicht aus. ($chi^2$ ist definitions_
gemäß - siehe (2) - immer positiv).

Wir können also die signifikante Abweichung der Werte in Tabelle 4
(Seite 66 in "Kontingenzen und Korrelationen" mittels (3) fest_
stellen. Dazu lösen wir (3) nach phi und setzen für $chi^2$ die
Grenze $chi_0^2 = 3,8$ ein:

(4) $phi_0 = \sqrt{\dfrac{chi_0^2}{n}} = \sqrt{\dfrac{3,8}{n}} = \dfrac{1,95}{\sqrt{n}} = \dfrac{1,95}{\sqrt{24}} = \pm 0,397 \sim \pm 0,4$

Da n = 24 für alle 28 Vierfeldtafeln, die hinter der zitierten
Tabelle 4 der Kontingenzstruktur des Ehe-Paarvergleichs stehen,

gibt es nur diesen einen kritischen $phi_0$-Wert, der natürlich positiv und negativ genommen werden muß.

(4) besagt also, daß alle Kontingenzkoeffizienten, die in der Tabelle 4 des Paarvergleichs weniger als 0,40 oder in der Schreibweise der Tabelle 4 weniger als 40 im Positiven oder im Negativen von 0 abweichen, im statistischen Sinne auch nicht wesentlich davon abweichen, das heißt - da in die hier ausgelassene Berechnung von $chi_0^2$ die Sicherheit oder das Signifikanzniveau S = 0,95 einging - mit weniger als 95 % Sicherheit oder mit einer Irrtumswahrscheinlichkeit von mehr als 5 %.

Von den 28 phi-Werten bleiben dann nur 5 im Bereich einer signifikanten Abweichung von Null. Das ist die Konsequenz a) der kleinen Stichprobe von n = 24, b) der Festlegung des Signifikanzniveaus S = 0,95.

Ist daraus zu schließen, daß die anderen 23 Werte gar nichts besagen? Nein, nur das steht fest, daß sie weniger gesichert sind als die anderen 5.

Dies legt es nahe, auf ein allgemeineres Problem der empirischen Sozialforschung hinzuweisen. Neben den systematischen Fehlerquellen stört die Stichprobenbedingtheit die Schärfe der Daten. Was geschieht mit dieser Unschärfe bei der rechnerischen Datenreduktion? Kumulieren sich die Fehler oder kompensieren sie sich? In welchem Maße geschieht beides? Kann man durch nachträgliche rechnerische Manipulation unscharfe oder fehlerhafte Daten veredeln?

Falls diese letzte Frage für bestimmte Rechnungen oder Umformungen bejaht werden kann, dann stimmt offensichtlich der oft zu hörende Satz nicht, das Ergebnis von Rechnungen (etwa auf elektronischen Aggregaten) sei nie genauer oder brauchbarer als die eingegebenen Rohdaten.

Die Beantwortung der aufgeworfenen Fragen ist natürlich nicht abgeschlossen. Hier sollten nur einige Denkanstöße gegeben werden.

## 3. Der chi$^2$ - Test für größere Tabellen

Im allgemeinen gibt es in der Sozialforschung sicher nicht nur
Vierfeldertafeln. Vielmehr können Merkmale bis zu Hunderten von
Ausprägungen aufweisen, etwa bei sehr detaillierten Aufgliederungen von Beschäftigungsarten, Industriezweigen, Diensträngen
oder Positionen und vielen anderen. Aus praktischen Gründen der
Zeitersparnis und der besseren intuitiven Übersichtlichkeit bildet man zwar meist Gruppen, aber oft mehr als zwei. Ein Beispiel
mit Teilzusammenfassungen ist die folgende Tabelle:

| Bräutigam \ Braut | Kath. | Evang. | Sonst. | Keine Rel. | Summe |
|---|---|---|---|---|---|
| Kath. | 9919 (9395) | 693 (936) | 97 (227) | 293 (444) | 11002 |
| Evang. | 782 (1018) | 344 (101) | 22 ( 25) | 44 ( 48) | 1192 |
| Sonst. | 248 ( 368) | 27 ( 37) | 134 ( 9) | 22 ( 17) | 431 |
| Keine Rel. | 812 ( 980) | 108 ( 98) | 31 ( 24) | 197 ( 46) | 1148 |
| Summe | 11761 | 1172 | 284 | 556 | 13773 |

(Entnommen aus J. Pfanzagl, Allgemeine Methodenlehre der Statistik,
II. Sammlung Göschen, Band 747/747a, Berlin 1966, Seite 178)

Wie man sieht, besteht ein beträchtlicher Heiratsaustausch zwischen
den beiden großen Konfessionen. Nach den beiden Randsummen sollte
er aber noch größer sein. Nach dem Anteil der katholischen Bräuti-
game (11002) an allen Bräutigamen (dies ist gleich der Zahl aller
Bräute und aller Heiraten, nämlich 13773) müßten nicht nur 693
evangelische Bräute heiraten, sondern genau 936. (Siehe op. cit.
Seite *181* ). Ähnlich ist die Sollzahl der evangelischen Bräuti-
game, die katholische Bräute heiraten, 1018, also erheblich über
der tatsächlichen Zahl von 782. Die Soll- oder Erwartungszahlen
stehen in Klammern hinter den empirischen in obiger Tabelle.

Man kann nun eine Menge inhaltlicher Erwägungen anstellen, etwa,
daß der stärkste überproportionale Austausch innerhalb einer Konfession relativ bei den Evangelischen zu verzeichnen ist. Dies
könnte man wiederum mit der Minoritätenrolle dieser Konfession in
der Stadt, auf die sich die Tabelle bezieht, in Verbindung bringen.

Eine unscharf formulierte Hypothese besagte dann etwa, daß Angehörige von Minoritäten mit der Wahl des Ehepartners ihre Zugehörigkeit zu dieser Minorität in höherem Maße bekräftigen als Angehörige von Majoritäten. Die Daten der Tabelle würden dieser Hypothese auch für den Fall beiderseitiger Religionslosigkeit der Partner nicht widersprechen. Dann setzt man natürlich voraus, daß Religionslose sich nicht nur die Gretchen-Frage stellen, sondern sich auch als Minorität sehen oder doch so leben.

Diese Abschweifung soll zeigen, daß Kontingenztabellen von mehr als zwei Zeilen und Spalten bei weitem mehr Information enthalten als sich in einem einzigen Koeffizienten wie $\text{chi}^2$ ausdrücken läßt. Außerdem wird klarer, wie Daten zur Quelle von Hypothesen werden können.

In unserem Beispiel sei die Zahl in der i-ten Zeile und der j-ten Spalte $n_{ij}$, der in Klammern dahinter stehende lineare Schätzwert $m_{ij}$ genannt, dann ist

$$(5) \quad \text{chi}^2 = \sum_i \sum_j \frac{(n_{ij} - m_{ij})^2}{m_{ij}}$$

Man berechnet also $\text{chi}^2$, indem man die Differenz zwischen dem empirischen und dem zugehörigen Erwartungswert bildet, quadriert, durch den Erwartungswert teilt und über alle i (Zeilen) und j (Spalten) summiert. $m_{ij}$ berechnet sich nach den Randsummenproportionen:

$$(6) \quad m_{ij} = \frac{(\sum_i n_{ij}) \ (\sum_j n_{ij})}{n} \qquad (n = \text{Gesamtsumme})$$

Gleichung (1), bzw. (2) ist nur ein Sonderfall von (5). Es geht (5) in (2) über, wenn nur zwei Zeilen und zwei Spalten vorliegen und $m_{11} = a$, $n_{12} = b$, $n_{21} = c$, $n_{22} = d$ gesetzt wird.

Den formalen Test für die Tabelle kann man nun wieder nach den Phasen a. bis h. durchführen. Dabei ist eine Ergänzung nötig. Zur Festlegung der Prüfgrößengrenze $\text{chi}_0^2$ (Phase f.) ist außer dem

Signifikanzniveau S noch die Anzahl der Freiheitsgrade erforderlich. Sie ist df = $(u-1) \cdot (v-1)$, wenn u = Zahl der Zeilen und
v = Zahl der Spalten. In der Tabelle ist u = v = 4, also df = 3 .
. 3 = 9. (df = degrees of freedom).

Aus einer $chi^2$-Tabelle kann man nun ablesen, daß bei df = 9 und
S = 0,95

$$chi_0^2 = 16,9 \qquad \text{bei S = 0,95}$$

Für die Prüfgröße $chi^2$ erhält man durch Einsetzen der Daten in
(5) - nachdem man $m_{ij}$ durch (6) erhalten hat - den Wert

$$chi^2 = 3\ 168$$

Der Zusammenhang ist also überwältigend groß. Auch wenn man das
Signifikanzniveau S auf 0,99, 0,999 oder noch weiter steigert,
wird $chi^2$ doch noch lange nicht von dem ebenfalls steigenden
$chi_0^2$ erreicht. Es muß also geschlossen werden, daß mit fast
absoluter Sicherheit ein Zusammenhang zwischen der Religionszu-
gehörigkeit von Ehepaaren besteht.


## 4. Die Signifikanz bei Differenzen

Einer der elementarsten Akte der Datenanalyse ist der Vergleich
von Prozentzahlen. In einer Stichprobe von 50 Männern seien 60 %,
also 30 Männer Analphabeten, in einer anderen von 50 Frauen nur
20 %, also 10. Ist dieser Unterschied bedeutsam? Beim Vergleich
von nur zwei Zahlen kann man verschiedene Maßzahlen bilden, etwa
die Differenz, den Quotienten oder beliebige andere. Je nach der
gewählten Maßzahl erscheint der Unterschied größer oder kleiner.
Der "Eindruck", den man beim Lesen von Tabellen erhält, ist also
ein "relativer", das heißt, auf eine bestimmte Beziehung beschränkt oder davon abhängig. Indem man nun eine wie immer gebildete Maßzahl einem Test unterwirft, wie er in Abschnitt 1. als acht-
Phasen-Vorgehen beschrieben wurde, verschwindet die Relativität
der Maßzahl selbst.

Ob in unserem Beispiel - das übrigens in der "Stichprobenauswahl" bei der Diskussion der Schichtung (Seite 16) auftritt - der Unterschied von 20 und 60 % wesentlich ist, hängt sicher auch von der "Eigenschwankung" der beiden Einzelwerte und damit von ihrem Stichprobenumfang ($n_1 = n_2 = 50$) ab. Nach der Varianzformel der Binomialverteilung, die hier anzuwenden ist - siehe Stichprobenauswahl, Seite 12 und Kombinatorik, Seite 8 - gilt für die Männerstichprobe

$$s_1^2 = \frac{0,60 \cdot 0,40}{50} = 0,0048$$

und für die Frauenstichprobe:

$$s_2^2 = \frac{0,20 \cdot 0,80}{50} = 0,0032$$

Die Wurzeln aus diesen Ausdrücken sind die Standardabweichungen

$$s_1 = \pm 0,0692$$
$$s_2 = \pm 0,0566$$

Die zugehörigen p-Werte sind

$$p_1 = 0,60$$
$$p_2 = 0,20$$

Um den Unterschied zwischen $p_1$ und $p_2$ bewerten zu können, muß er zu den Streuungen $s_1^2$ und $s_2^2$ bzw. zu den Standardabweichungen $s_1$ und $s_2$ in Beziehung gesetzt werden. Der entscheidende Unterschied zur Binomialverteilung (Seiten 79/80) ist es nun, daß in Phase d. an ihre Stelle die Normalverteilung tritt. Diese ist ein Grenzfall der Binomialverteilung für wachsende n. Ihre theoretische Ableitung ist ebenso wie die der $chi^2$-Verteilung eine Aufgabe der mathematischen Statistik, die nicht unser Gegenstand ist.

Entscheidend ist lediglich das Ergebnis, daß bei Vorliegen einer normalen Stichprobenverteilung genau 95 % aller Stichproben mit ihrem Ergebnis p zwischen die Grenzen p - 1,96·s und p + 1,96·s fallen oder angenähert zwischen p - 2s und p + 2 s. Legt man also in Phase e. wieder S = 0,95 fest, so kann man die Hypothese

$p = p_1 = 0,60$ bei $n = 50$ Fällen testen, wenn man in einer anderen
Stichprobe $m = 25$ Analphabeten, also 50 % findet. Der kritische
Bereich liegt zwischen $60 - 14 = 46$ % (gerundet) und $60 + 14 = 74$%.
50 % liegt aber innerhalb dieses Bereiches, also ist das Stichprobenergebnis 0,50 mit der Hypothese $p = 0,60$ vereinbar. Man
sagt auch, beide Stichprobenergebnisse stammten aus derselben
Grundgesamtheit oder, sie seien nicht wesentlich verschieden.

Testet man in dieser Weise den Unterschied zwischen 0,60 und 0,20,
so sieht man sofort, daß dieser Unterschied wesentlich ist, da ja
das kritische Intervall von 46 % bis 74 % den Wert 20 % nicht enthält.

Der hier geschilderte Test einer Differenz geht bei der Konstruktion des kritischen Intervalls (Phase f.) von nur einem der beiden
zu vergleichenden Werte aus, hier von $p_1$ . $p_1$ führt dann durch Anwendung der Varianzformel zu $s_1$ und zur Berechnung der unteren
Grenze $p_1 - 2s_1$ und der oberen Grenze $p_1 + 2s_1$. Während $p_1$ als gedachter Grundgesamtheitswert und damit als Hypothese in die Testprozedur eingeführt wird, spielt dann $p_2$ die Rolle des speziell
in einer anderen Stichprobe erhobenen Datums, durch das über die
"Mit-Gültigkeit" von $p_1$ entschieden werden soll.

Diese Schwäche des Vorgehens, nämlich seine Asymmetrie, wird im
sogenannten Sigma-Differenz-Test behoben.

Hierbei wird in Phase d. die theoretische Stichprobenverteilung
nicht für den Parameter $p_1$ oder $p_2$ angesetzt, sondern die Verteilung der Differenz $d = p_1 - p_2$.

Aus der Theorie der Normalverteilung folgt, daß die Differenz
zweier normal verteilter Größen selbst normal verteilt ist. Man
hat also ein kompaktes $s_d$ zu berechnen, das die Werte von $s_1$ und
$s_2$ in sich aufgenommen hat, und zwar gilt:

$$(7) \qquad s_d^2 = s_1^2 + s_2^2 = \frac{p_1 \, (1-p_1)}{n_1} + \frac{p_2 (1-p_2)}{n_2}$$

Im Sigma-Differenz-Test (sigma ist der Parameter der Grundgesamt-

heit, der anstelle von s, der Stichprobengröße, zu stehen hat, sofern er durch ihn repräsentiert wird) wird d = $p_1 - p_2$ als empiri-
sches Datum mit t · $s_d$ verglichen. Bei S = 0,95 ist bekanntlich
t = 1,96 oder rund t = 2, bei dem Signifikanzniveau S = 0,997
ist t = 3 und so weiter.

In unserem Falle ist d = 0,60 - 0,20 = 0,40 und $s_d$ = 0,0895 oder
rund $s_d$ = 0,09. Auf der Basis der Normalverteilung wäre also bei
S = 0,95 ein t = 2 zu nehmen. $2s_d$ = 0,18 ist aber als Prüfgrößengrenze immer noch weit unterhalb von d = 0,4. Daher ist der Unterschied d signifikant von 0 verschieden.

Man drückt die kritische Grenze auch oft als t aus:

(8) $$t = \frac{d}{s_d}$$

Im Beispiel ist t = 4,4, was einem Signifikanzniveau von 99,999 %
spricht, wie aus einer Tabelle der Normalverteilung abzulesen ist.
Ist n kleiner als 30, so gilt die Normalverteilung nur noch so
ungenau, daß man eine bessere theoretische Verteilung, die sogenannte t-Verteilung für die Berechnung oder tabellarische Able-
sung der Prüfgrößengrenze benutzt. Hierbei muß man wie bei der
$chi^2$-Verteilung die Zahl der Freiheitsgrade wissen, um in der
Tabelle der t-Verteilung das entsprechende S finden zu können.
Beim Differenz-Test nach der t-Verteilung ist df = $n_1 + n_2 - 2$ =
= $n_1 - 1 + n_2 - 1$.

Die t-Verteilung geht mit wachsendem n = $n_1 + n_2$ in die Normalverteilung über.

## 5. Normalverteilung und statistische Entscheidung

Wir unterscheiden empirische und theoretische Verteilungen. Alle
empirischen Verteilungen sind unregelmäßige Häufigkeitsverteilungen. Sie sind Gegenstand der deskriptiven Statistik.

Theoretische Verteilungen gehen dagegen die Häufigkeit oder Wahr-

scheinlichkeit einer Merkmalsausprägung als deren Funktion an.
Beispiele sind die Binomial- und hypergeometrische Verteilung.
Beide sind diskontinuierliche Verteilungen, da die Merkmalsausprägungen, i und m (in (6) und (13) auf Seite 4 bzw. 8), nur
ganzzahlige Werte annehmen können. Faßt man allerdings die
Binomialverteilung B (n, i, p) als Funktion von p auf, so liegt
eine kontinuierliche Verteilung vor.

Die (theoretische) Normalverteilung geht aus B (n, i,p) hervor,
wenn n über alle Grenzen wächst und i - np = x eingeführt wird:

$$(9) \qquad y = \frac{1}{\sqrt{2\pi\sigma}}\, e^{-\frac{1}{2}\left(\frac{x}{\sigma}\right)^2}$$

Hierin ist $\sigma$ die Standardabweichung von x, e = 1,718... die
Basis der natürlichen Logarithmen und $\pi$ = 3,14159265... das bekannte Verhältnis vom Kreisumfang zum Durchmesser.

Standardisiert man x, so daß $\sigma = 1$, so vereinfacht sich (9) zu

$$(10) \qquad y = \frac{1}{\sqrt{2\pi}} \cdot e^{-\frac{x^2}{2}}$$

Dies ist die Standardform der Normalverteilung, deren Bild auch
"Gauss'sche Glockenkurve" genannt wird:

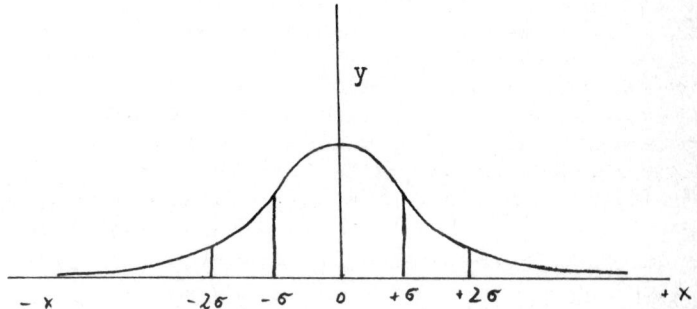

Sie hat ihr Maximum bei $x = 0$ und ist symmetrisch, da $y(x) = y(-x)$. Für (10) ist $\sigma = 1$. Allgemein gilt, daß die Wendestellen von $y$ bei $x = +\sigma$ und $x = -\sigma$ liegen.

Integriert man $y$ in (10) von -2 bis +2, so erhält man:

$$(11) \quad y_{\pm 2} = \frac{1}{\sqrt{2\pi}} \cdot \int_{-2}^{+2} e^{-\frac{x^2}{2}} dx = 0.955$$

Da die gesamte Fläche $\int_{-\infty}^{+\infty} y\,dx = 1$ ist, so bedeutet (11), daß innerhalb von $\pm 2$ um den Nullpunkt und unter der Kurve $y$ eine Fläche liegt, die 95,5 % der Gesamtfläche ausmacht. Man nennt 0,955 auch die Wahrscheinlichkeit dafür, daß $x$ zwischen - 2 und + 2 liegt. Erweitert man die Grenzen - etwa auf $\pm 3$ -, so wird die Fläche größer, und umgekehrt.

Die Phasen eines statistischen Tests lassen sich nun erheblich kürzer fassen, der Test besteht bei Annahme einer Normalverteilung (als theoretischer Verteilung) einfach in der Prüfung, ob ein empirischer Wert $x_o$ in ein vorgegebenes Intervall $\pm t \cdot \sigma$ fällt:

$$(12) \quad -t\sigma \leq x_o \leq +t\sigma$$

Wenn (12) der Fall ist, so wird die Nullhypothese, daß $x_o$ sich von 0 nicht wesentlich unterscheidet, angenommen. Ist (12) nicht der Fall, also entweder $x_o < -t\sigma$ oder $x_o > +t\sigma$, so wird sie verworfen. Da $\sigma^2$ die Streuung der Variablen $x$ in der Grundgesamtheit ist, muß es aus der Stichprobe geschätzt werden. $\sigma$ wird also empirisch geschätzt. Dagegen wird $t$ frei gewählt. Mit $t$ ist auch

$$(13) \quad Y_{\pm t} = \frac{1}{\sqrt{2\pi}} \int_{-t}^{+t} e^{-\frac{x^2}{2}} dx \quad ,$$

also die Wahrscheinlichkeit für das Zutreffen von (12) mitgewählt. Sie wurde oben auch als Signifikanzniveau bezeichnet.

Die restliche Fläche

(14)     $I = 1 - Y$

ist die oben bereits benannte Irrtumswahrscheinlichkeit. Man kann
also entweder I, Y oder t wählen. Der Test besteht einfach darin,
nachzusehen oder nachzurechnen, ob $x_o$ in das durch I oder Y oder
t festgelegte Intervall fällt. Dies ist der zweiseitige Test nach
(13).

Der einseitige Test prüft nur, ob $x_o \geq + t\sigma$ oder nicht. Das Integral in (13) wird dann von $-\infty$ bis $+ t\sigma$ genommen. Der andere Fall
des einseitigen Tests bezieht sich auf die Grenzen $- t$ bis $+\infty$.
Man kann also links oder rechts einseitig testen.

Wenn nicht zur Debatte steht, ob die Nullhypothese $H_o$ stimmt oder
nicht, sondern, ob $H_o$ oder $H_1$ stimmt - und entweder $H_o$ oder $H_1$
stimmen muß! -, so müssen zwei Normalverteilungen mit zwei verschiedenen Mittelwerten $\mu_o \neq o$ und $\mu_1 \neq o$ - statt $\mu_o = \mu_1 = 0$ -
und zwei verschiedenen Standardabweichungen $\sigma_o$ und $\sigma_1$ unterschieden
werden. Anstelle von x muß dann $x - \mu_o$ bzw. $x - \mu_1$ in (9) treten.
Es ergibt sich folgendes Bild:

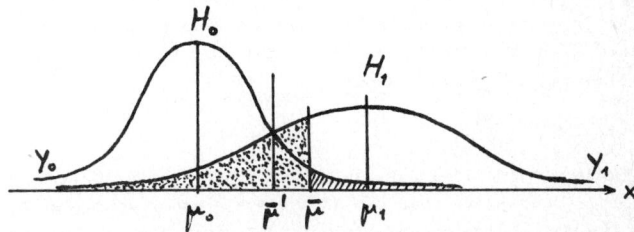

Um mittels des empirischen Faktums $x_o$ entscheiden zu können, ob
$H_o$ oder $H_1$ gilt, muß ein kritischer Wert $\bar{\mu}$ zwischen $\mu_o$ und $\mu_1$ ge-
wählt werden: $\mu_o < \bar{\mu} < \mu_1$. Wenn $x_o \geq \bar{\mu}$, so gilt $H_1$, sonst $H_o$.
Dies ist die Entscheidungsregel. Es geht nun darum, über diese
Regel selbst wieder eine Entscheidung zu treffen. Dazu muß der
Fehler oder die Irrtumswahrscheinlichkeit $I_o$ berechnet werden.

Sie ist gleich dem Integral

$$(15) \qquad T_o = \frac{1}{\sqrt{2 \pi \sigma_o}} \int_{\bar{\mu}}^{+\infty} e^{-\frac{1}{2\sigma_o}(x - \mu_o)^2} dx$$

oder der schraffierten Fläche unter der $y_o$-Kurve. $I_o$ mißt die
Wahrscheinlichkeit, daß $H_1$ akzeptiert wird, obwohl $H_o$ richtig ist.
Man bezeichnet den durch $I_o$ gemessenen Irrtum auch als den Fehler
der ersten Art. Will man $I_o$ klein machen, so muß man $\bar{\mu}$ groß wäh-
len. Dabei vergrößert sich aber der Fehler zweiter Art.
Dieser wird durch die gerasterte Fläche bzw. das Integral

$$(16) \qquad I_1 = \frac{1}{\sqrt{2 \pi \sigma_1}} \int_{-\infty}^{\bar{\mu}} e^{-\frac{1}{2\sigma_1}(x - \mu_1)^2} dx$$

gemessen. Er besteht darin, $H_1$ zu verwerfen, obwohl $H_1$ richtig
ist. (Dies geschieht aufgrund der Entscheidungsregel, bei $x_o$
$H_o$ zu akzeptieren, also $H_1$ zu verwerfen.)

Da man von vornherein (a priori) nicht weiß, ob $Y_o$ oder $Y_1$ die
Verteilung derjenigen Menge $M(x)$ ist, aus der auch $x_o$ stammt,
kann man beide Fehler nicht ausschließen. Je größer $I_o$ - die
Wahrscheinlichkeit, daß $H_o$ bei $x_o > \bar{\mu}$ immer noch gilt, desto kleiner $I_1$ - die Wahrscheinlichkeit, daß $H_1$ gilt, also $H_o$ falsch ist,
obwohl (wenn) $x_o \leqq \bar{\mu}$. Man könnte nun die Entscheidung A (die
Wahl von $\bar{\mu}$ ) über die Regel der Entscheidung B (ob $H_o$ oder $H_1$
gilt) so regeln, daß die Summe

$$I = I_o + I_1$$

ein Minimum wird. Dies ist zweifellos bei $\bar{\mu} = \bar{\mu}'$ der Fall, also
bei dem Abszissenwert, bei dem sich die $y_o$- und $y_1$-Kurve schnei-
den. Die Entscheidung A lautet nach der Regel $I = min!$ : wähle
$\bar{\mu} = \bar{\mu}'$. Setzt man dann $\bar{\mu}'$ in die Entscheidungsregel zu B für $\bar{\mu}$ ein,
so lautet diese jetzt: wenn $x_o \gtreqless \bar{\mu}'$, so gilt $H_1$, sonst $H_o$. Damit
ist festgelegt, wie $x_o$, das empirische Faktum, über $H_o$ und $H_1$
entscheidet.

Natürlich ist $I = min!$ nicht die einzig mögliche Regel für die Ent-

scheidung A. Es ist ja denkbar, daß der Fehler 1. und 2. Art.
ganz verschieden zu bewerten ist. Hierüber entscheiden meist
praktische Gesichtspunkte.

Was ein Test leistet, hängt auch von den Standardabweichungen $\sigma_o$
und $\sigma_1$ ab. Im graphischen Beispiel ist $\sigma_o < \sigma_1$, also $y_o$ steiler
als $y_1$. Würde man die Stichproben vergrößern, so würde
$\sigma = \sqrt{\dfrac{p(1-p)}{n}}$ verkleinert (siehe (12), Seite 8) ~~wo das Wur-~~
~~zelzeichen irrtümlich fehlt)~~, und die Kurven für $y_o$ und $y_1$ würden
steiler:

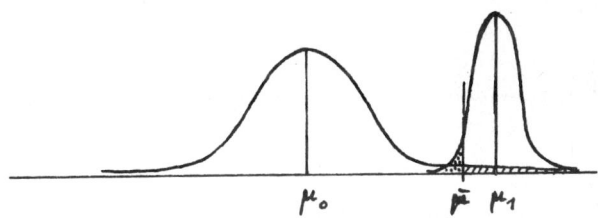

$$\mu_o \qquad \bar{\mu} \quad \mu_1$$

Sowohl $I_o$ (die schraffierte) wie $I_1$ (die gerasterte Fläche) sind
jetzt kleiner. Derselbe Test und mit demselben $\bar{\mu}$ leistet jetzt
mehr als vorher.


## Die Poisson-Verteilung

Ein statistischer Test wird aufgrund des bisher Gesagten erkennbar
als ein Entscheidungsprozess, bei dem Daten - etwa $x_o$ als Meßgröße
- in eine Entscheidungsregel eingehen. Während die Daten objektiv
sind - die Datenerhebungsverfahren zielen auf nicht voraussagbare,
echte Information ab, die nicht nur die Eigentümlichkeiten des
Verfahrens widerspiegeln - enthalten Entscheidungsregeln subjek-
tive Elemente. In der Hierarchie von Regeln über Regeln stecken
methodische Werturteile, ohne die nicht getestet werden kann. Ein
solches subjektives Urteil in Form eines "Verstehensentwurfs der
Wirklichkeit" ist die Wahl der theoretischen Stichprobenverteilung. Die Normalverteilung ist nur eine spezielle Möglichkeit.

Die $\chi^2$-Verteilung ist eine andere. In der Sozialforschung kommt einer anderen Verteilung eine besondere Rolle zu: der Poisson-Verteilung. Sie ergibt sich, wenn man in der Binomialverteilung ( (6), Seite 4) n beliebig wachsen läßt, np = a, die Zahl der Merkmalsträger pro Stichprobe, aber konstant hält:

$$P_a = \lim_{n \to \infty} \binom{n}{i} p^i (1 - p)^{n-1} \quad \text{bei } a = np = \text{const.}$$

$$\binom{n}{i} p^i (1 - p)^{n-i} = \frac{n (n - 1) (n - 2) \ldots (n - i + 1)}{i!} \cdot$$

$$\frac{a^i}{n^i} \cdot (1 - \frac{a}{n})^{n-i} = \frac{a^i}{i!} \cdot 1 \cdot (1 - \frac{1}{n}) (1 - \frac{2}{n}) \ldots$$

$$\ldots (1 - \frac{i-1}{n}) \cdot (1 - \frac{a}{n})^n \cdot (1 - \frac{a}{n})^{-i}$$

Alle Klammerausdrücke bis auf den vorletzten werden beim Grenz-übergang $n \to \infty$ gleich 1, der vorletzte wird

$$\lim_{n \to \infty} (1 - \frac{a}{n})^n = \lim_{n \to \infty} (1 - \frac{1}{n})^n \cdot a = e^{-a}$$

Also lautet die Poissonverteilung

(17) $$P_{ai} = \frac{a^i \cdot e^{-a}}{i!}$$

$P_{ai}$ ist die Wahrscheinlichkeit, daß bei einer sehr großen Stich-probe genau i Merkmalsfälle auftreten, wenn deren Erwartungswert (Durchschnitt) a ist. Nehmen wir als Beispiel die Zahl der Ehen, die eine Person im Leben eingeht. Einige heiraten nie (i = o), einige einmal (i = 1), einige zweimal (i = 2) usw., als Durchschnitt gelte a = 1. Die Wahrscheinlichkeit, daß jemand nicht (i = o) hei-ratet, ist (o! = 1, $a^o$ = 1, e = 2,718):

$$P_{10} = e^{-1} = 1 : 2,718 = 0,36 \ldots$$

also 36 %. Die Wahrscheinlichkeit für _eine_ Ehe ist

$$P_{11} = P_{10} = 0,36$$

für i = 2, 3, 4:

$$P_{12} = \frac{0,36}{2} = 0,18$$

$$P_{13} = \frac{0,36}{6} = 0,06$$

$$P_{14} = \frac{0,36}{24} = 0,015$$

Diese letzte Aussage, daß 1,5 % der Bevölkerung 4mal heiraten, wenn es jeder im Durchschnitt einmal tut, gilt natürlich auch nur dann, wenn Heiraten ein Poisson-Prozeß ist. Genau dies ist aber theoretisch zu begründen.

Die Poisson-Verteilung ist die typische Verteilung der seltenen Ereignisse. Sie spielt im Operations Research eine besondere Rolle, wenn es um Ereignisreihen geht, wobei eine kleine Anzahl jeweils verbunden oder benachbart auftritt.

Wir vermerken noch, daß die Streuung ebenso wie der Erwartungswert $E(i)$ genau $a$ ist:

$$\sigma^2 = E\big((i - a)^2\big) = \sum_{i=0}^{\infty} P_{ai}\,(i - a)^2 = a$$

Bei $a = 1$ ist also $= \pm 1$ und die Wahrscheinlichkeit für den Bereich $a - \sigma \leq i \leq a + \sigma$ ist nicht - wie bei der Normalverteilung - 68 %, sondern $P_{10} + P_{11} + P_{12} = 0,90$ %. Bei derselben Variationsbreite (in $\sigma$ gemessen) ist das Signifikanzniveau der Poisson-Verteilung also wesentlich höher als bei der Normalverteilung. Dies weist auf die Wichtigkeit der Wahl der "richtigen" Verteilung für den Test hin.

## Non-parametrische Teste

Die Darstellung statistischer Teste mit Hilfe der Normalverteilung hielt sich im Rahmen der parametrischen Testverfahren. Sie leiten ihre Bezeichnung von "Parameter" her. Ein Parameter ist eine statistische Kennzahl der Grundgesamtheit, z.B. $p_1$ oder $p_2$ in (7) (Seite 90) oder $\sigma_o$ und $\mu_o$ in (15) (Seite 95). Diese Parameter müssen bekannt sein, damit die statistische Entscheidung über die Nullhypothese $H_o$ gefällt werden kann.

Diese Parameter sind aber nur ein Kennzeichen der Verteilung, etwa der Normalverteilung. Sie enthalten nicht die ganze Information der Verteilung, die man aber braucht, um die Integrale $I_o$ oder $I_1$. also die Signifikanzniveaus zu berechnen.

In praktischen Fällen sind aber weder die Parameter noch (a forteriori) die durch sie charakterisierten Verteilungen bekannt. Beide müssen an sich aus Stichprobenwerten geschätzt werden. Die statistische Schätztheorie hat Kriterien entwickelt, denen Schätzverfahren genügen müssen. Sie sind nicht Gegenstand dieser Darstellung. Es sei lediglich vermerkt, daß die Schwierigkeiten, ganze Verteilungsformen zu schätzen, noch wesentlich über die der Parameterschätzung hinausgehen. Oft ist weder das eine noch das andere möglich.

Wie bei allem Handeln - und statistisches Entscheiden ist Handeln par excellence - wird auch beim Testen fehlende Information (über Parameter und Verteilungen) durch Annahmen ersetzt. Man nimmt also etwa beim Differenz-Test einfach an, es liege eine Normalverteilung zugrunde. Da diese Annahme selbst nicht Gegenstand des Tests ist, hat sie einen oft unabsehbaren Effekt auf das Testergebnis selbst. Daher liegt die Frage nahe, ob man nicht Teste entwerfen kann, die non-parametrisch oder überhaupt verteilungsfrei sind.

Solche Teste existieren seit einiger Zeit.[1] Wir führen als Beispiel den exakten Vierfelder-Test von Fisher an. Es handelt sich um eine Variante des $\chi^2$-Tests für den Fall, wo die Zahl der Fälle pro Feld klein (in mindestens einem Feld kleiner als 5) ist. Zwar läßt sich $\chi^2$ gemäß (2) (Seite 83 ) mechanisch berechnen. Verwendet man allerdings $\chi^2 = 3,8$ in Schritt f. (S. 83 ), so benutzt man (vielleicht unbewußt) die theoretische $\chi^2$-Verteilung bei $S = 0,95$ und $df = 1$, die aber nur näherungsweise für die Variationen von a im Vierfeld K gilt. Das heißt, man muß, um exakt zu testen, von der $\chi^2$-Verteilung unabhängig (frei) sein und die Wahrscheinlichkeit, mit der K auftreten kann, direkt berechnen können. Dies leistet die hypergeometrische Verteilung (siehe (13), Seite 8 uder

1) Siehe etwa Sidney Siegel, Nonparametric statistics for the Behavioral Sciences, McGraw-Hill Inc., New York, Toronto, London 1956

(4), Seite 14). die der Kern des exakten Fischer-Tests ist. Ersetzt man M, n und m in (13) (Seite 8) durch a+c, a+b und a, faßt also in dem Vierfeld

$$K = \begin{pmatrix} a & b \\ c & d \end{pmatrix}$$

die Randsumme a + b = n als Stichprobenumfang auf, a = m als Zahl der Merkmalsträger eines dichotomen Merkmals A und a + c = M als die Zahl der entsprechenden Merkmalsträger in der Grundgesamtheit vom Umfang N, so erhält man als Wahrscheinlichkeit für K:

$$(18) \qquad w = \frac{\binom{a+c}{a} \cdot \binom{b+d}{b}}{\binom{N}{a+b}} = \frac{(a+c)! \, (b+d)! \, (a+b)! \, (c+d)!}{N! \, a! \, b! \, c! \, d!}$$

Für das Vierfeld

$$K_2 = \begin{pmatrix} a & b \\ c & d \end{pmatrix} = \begin{pmatrix} 2 & 5 \\ 3 & 2 \end{pmatrix}$$

erhält man

$$w_2 = \frac{5! \cdot 7! \cdot 7! \cdot 5!}{12! \cdot 2! \cdot 5! \cdot 3! \cdot 2!} = 0,26515$$

Die Wahrscheinlichkeit für das Auftreten von $K_2$ oder a = 2 Fällen links oben ist also 26,5 %. Will man nun einseitig testen, so fragt man, wie wahrscheinlich es ist, daß a höchstens 2 ist, also entweder a = 2 oder a = 1 oder a = o. Es ergibt sich dann für $K_2$, $K_1$ und $K_o$:

$$w = w_2 + w_1 + w_0 = 0,265 + 0,044 + 0,001 = 0,310$$

Es ist also zu 31 % wahrscheinlich, daß a höchstens 2 ist. Die Hypothese, daß $K_2$ einen sehr ($< 5$ %) unwahrscheinlichen, also signifikanten Zusammenhang zwischen zwei Merkmalen zeige, muß also abgelehnt werden.

Anders ist es bei

$$K_1 = \begin{pmatrix} 1 & 6 \\ 4 & 1 \end{pmatrix}$$

wo die Randsummen konstant wie in $K_2$ gehalten wurden. Es ist dann

$$w = w_1 + w_0 = 0,044$$

Da $4,4 \% < 5,0 \%$, kann man den Zusammenhang in $K_1$ für nicht zufällig halten. Neben diesem Beispiel eines verteilungsfreien Tests für Nominaldaten könnte man andere Teste für ordinale und metrische Daten anführen. Für die zahlreichen nonparametrischen Teste ist jedoch hier kein Raum. Ihrer praktischen Bedeutung entsprechend sind sie hauptsächlich im psychologischen Schrifttum zu finden. Hierauf sei der Leser verwiesen.

## K A P I T E L    VI

### Matrix-Operationen
==================

Bei der Analyse sozialwissenschaftlicher Daten ist es zweckmäßig,
nicht nur die Übersichtlichkeit des Materials durch Datenreduktion zu steigern, sondern gleichzeitig dabei möglichst wenig Information zu verlieren.

Eine Quelle des Informationsverlustes ist Ungenauigkeit. Der Verlust selbst kann darin bestehen, daß eine Maßzahl überhaupt nicht
mehr berechenbar ist oder daß eine Differenz zweier solcher Zahlen in ihrem Aussagegehalt völlig unsicher wird. Wann dies der
Fall ist, darüber entscheiden entsprechende Tests.

Der Verlust kann aber auch darin liegen, daß bestimmte Strukturen
in den Daten nicht mehr erkennbar oder identifizierbar sind. Ein
wesentliches Merkmal einer Struktur ist ihre Dimensionalität.

Man spricht zum Beispiel vom Wachstum von Firmen. Denkt man nicht
weiter darüber nach, so suggeriert diese Ausdrucksweise eine unmittelbare Vergleichbarkeit der Firmen danach, welche schneller
und welche langsamer wächst. Je nach dem betriebswirtschaftlichen
Konzept, mit dem man dieses Wachstum theoretisch faßt, wächst
aber eine Firma gleichzeitig (oder schrumpft) in mehreren Dimensionen wie etwa: Anlagevermögen, Umsatz, Belegschaft, Energie-
verbrauch, Kapital, Marktanteile und so weiter.

Stehen die Dimensionen fest, so muß man also den Vergleich in jeder Dimension zunächst getrennt durchführen. Die entscheidende
Frage ist dann allerdings, ob diese Dimensionen stets getrennt
zu behandeln sind oder ob sie nicht vielmehr einen funktionellen
Zusammenhang aufweisen, der sich dann auch in der Gleich- oder Gegenläufigkeit ihrer Maßzahlen zeigt. So werden im allgemeinen Umsatz und Marktanteil gleichläufig sein, es sei denn, der Gesamt-
markt ist stärker rückläufig oder expansiv als der Umsatz der
Firma. Das Gefüge mehrdimensionaler Gebilde kann man grob als

dessen Struktur bezeichnen. Sowohl für die "Entdeckung" wie die Analyse solcher Strukturen kann man mit Hilfe der Matrizenrechnung weiter kommen als ohne sie. Wir werden dafür Beispiele geben.

Zunächst sei jedoch ein kurzer Überblick über einige elementarer Operationen und Definitionen gegeben.

## 1. Die Matrix: eine Anordnung von Dingen

Eine Matrix ist eine rechteckige Anordnung von Dingen in n Zeilen und m Spalten. Wir nehmen als Spezialfall von Dingen hier Zahlen und beschränken uns auch im folgenden darauf. Eine 2 x 3 - Matrix wäre etwa:

$$\begin{pmatrix} 5 & 2 & 8 \\ 4 & 0 & 1 \end{pmatrix}$$

Jeder Zahl kommt hier nicht nur ihre Größe zu, sondern auch ihre Position. Man kann die ganze Matrix durch einen einzigen Buchstaben bezeichnen, etwa A und schreibt dann

$$A = \begin{pmatrix} 5 & 2 & 8 \\ 4 & 0 & 1 \end{pmatrix}$$

A steht jetzt für alle sechs Zahlen <u>in ihrer spezifischen Anordnung</u>. Ändert man auch nur eine Zahl entweder ihrer Größe oder ihrer Anordnung nach, so ändert sich auch A als gesamte Matrix. Vertauscht man etwa die "4" mit der "5", so hat man im Ergebnis eine andere Matrix, etwa B, die verschieden von A ist.

Setzt man für die Zahlen Buchstaben, so hat man eine abstraktere Fassung von Matrizen:

$$A = \begin{pmatrix} a_{11} & a_{12} & a_{13} \\ a_{21} & a_{22} & a_{23} \end{pmatrix}$$

Man schreibt auch kurz $A = (a_{ij})$ und nennt i den Zeilen- und j den Spaltenindex. In unserem Beispiel kann i die Werte 1 und 2 und j die Werte 1, 2, und 3 annehmen.

Allgemein läuft i von 1 bis n und j von 1 bis m:
$i = 1, 2, 3, \ldots n; \quad j = 1, 2, 3, \ldots m.$

Natürlich kann man eine nxm-Matrix nicht aufschreiben, da es eine
allgemeine Anzahl von Zeilen und Spalten nicht gibt. Der erste
Schritt einer empirischen Spezifizierung muß also stets die Festlegung von n und m sein.


## 2. Zeilenvektoren und Spaltenvektoren

Wenn n = 1, so hat man eine Matrix, die nur aus einer Zeile besteht:

$$a_1 = (a_{11} \quad a_{12} \quad a_{13} \cdot \cdot \cdot a_{1m})$$

Dies ist ein Zeilenvektor mit m Elementen oder m Spalten. Für
m = 1 erhält man einen Spaltenvektor :

$$c_j = \begin{pmatrix} c_{1j} \\ c_{2j} \\ c_{nj} \end{pmatrix}$$

$a_1$ kann man als die 1ste Zeile einer umfassenderen Matrix A auffassen und $c_j$ als die j.te Spalte einer anderen größeren Matrix.

Will man einen Zeilen- oder Spaltenvektor nicht hinsichtlich
seiner Stellung in einer übergeordneten Matrix kennzeichnen, sondern isoliert betrachten, so kann man den zweiten (oder ersten)
Index einfach weglassen. Das allgemeine Element in $a_1$ lautet dann:
$a_j$ und in $c_j$ : $c_i$. Man kann also einen Spaltenvektor definieren
als

$$a = (a_i) \quad i = 1, 2, 3, \ldots m$$

Derselbe Ausdruck kann auch einen Zeilenvektor bezeichnen. Hat man
a bereits als Spaltenvektor definiert oder eingeführt, so bezeichnet $a^t$ den entsprechenden Zeilenvektor oder kurz:

$$\begin{pmatrix} a_1 \\ a_2 \\ a_n \end{pmatrix}' = (a_1 \quad a_2 \quad \cdots \quad a_n)$$

Der Strich (') an der ersten Klammer, also an dem Spaltenvektor, bezeichnet die Umwandlung in den Zeilenvektor. Diese Umwandlung bezeichnet man als Transposition oder Spiegelung.

## 3. Spiegelung und Symmetrie

Die Operation der Spiegelung ist allgemein für Matrizen definiert. Sie vertauscht Zeilen und Spalten, das heißt die erste Zeile mit der ersten Spalte, die zweite mit der zweiten und so weiter. Aus einer nxm-Matrix wird durch Spiegelung eine mxn-Matrix. Es sei A die ursprüngliche Matrix und B ihre Spiegelung, dann gilt

$$B = A' \qquad \text{und} \qquad B' = A$$

i sei weiterhin der Zeilenindex und j der Spaltenindex, dann gilt also:

$$A = (a_{ij}) \qquad \text{und} \qquad B = (b_{ij})$$

Die Spiegelung drückt sich nun einfach in der Vertauschung der Indices aus:

$$(a_{ij})' = (a_{ji}) = (b_{ji})' = ((b_{ij})')' = (b_{ij})$$

Eine zweimal hintereinander durchgeführte Spiegelung stellt die ursprüngliche Matrix wieder her. In der letzten Gleichungsreihe bedeutet i nicht notwendig den Zeilenindex und j nicht unbedingt den Spaltenindex, sondern in der Schreibweise ( ) ist der jeweils erste Index der Zeilenindex und der zweite der Spaltenindex. Umgekehrt ist es bei der gespiegelten Schreibweise ( )'.

Ist n = m, so haben wir eine quadratische Matrix vor uns. Ein Beispiel ist etwa eine input-output-Matrix zwischen 70 Branchen oder Wirtschaftszweigen. $a_{ij}$ ist dann die von i an j gelieferte Produktion. Spiegelt man diese Matrix, so steht an der ursprünglichen

Stelle von $a_{ij}$ jetzt die Menge $a_{ji}$, die umgekehrt von j an i geliefert wird. Wären die ausgetauschten Mengen bilateral gleich,
lieferte jede Branche also genausoviel an eine beliebige andere
wie sie von dieser erhielte, so läge Symmetrie vor oder kurz

$$A' \;=\; A \qquad\qquad \text{oder} \qquad\qquad (a_{ij})' \;=\; (a_{ij})$$

Symmetrisch ist eine Matrix also dann, wenn ihre Spiegelung sie
nicht verändert. Es ist klar, daß nur quadratische Matrizen symmetrisch sein können. Diese sind ein Sonderfall jener.

Ein Beispiel für symmetrische Matrizen sind alle Korrelationsmatrizen. Dies ist rein definitorisch so, da der Korrelationskoeffizient symmetrisch definiert ist.

Im Falle der input-output-Matrix ist es jedoch eine empirische
Frage, ob sie symmetrisch ist oder nicht. Das gleiche gilt für
soziometrische Aufgabenstellungen, die weiter unten erwähnt werden.

## 4. Matrix-Multiplikation

Ist n = m = 1, so hat man den einfachsten Fall einer Matrix, nämlich eine einfache Zahl, vor sich. Die Multiplikation von Zahlen
ist bekanntlich kommutativ, das heißt, man kann Multiplikand und
Multiplikator vertauschen, ohne daß sich das Ergebnis ändert. Das
Produkt bleibt gleich.

Bei der Matrizenrechnung ist die Reihenfolge der Faktoren dagegen
nicht beliebig. Sie sieht nämlich wie folgt aus:

$$(a \; b \; c) \;\cdot\; \begin{pmatrix} u \\ v \\ w \end{pmatrix} \;=\; (au + bv + cw)$$

Dreht man die Reihenfolge der Faktoren um, so erhält man:

$$\begin{pmatrix} u \\ v \\ w \end{pmatrix} \;\cdot\; (a \; b \; c) \;=\; \begin{pmatrix} ua & ub & uc \\ va & vb & vc \\ wa & wb & wc \end{pmatrix}$$

Im ersten Fall ergibt die Multiplikation einer 1x3-Matrix, also

einem Spaltenvektor, eine 1x1-Matrix, also eine einfache Zahl.
Diese Zahl besteht aus drei Summanden. Im zweiten Fall wird
eine 3x1-Matrix mit einer 1x3-Matrix malgenommen, was eine
3x3-Matrix ergibt.

Nach derselben Regel, die hier angewandt wurde, kann man auch
Matrizen, die keine Vektoren sind, miteinander multiplizieren.
Wir zeigen das an den Matrizen A und B:

$$\begin{pmatrix} a_{11} & a_{12} \\ a_{21} & a_{22} \end{pmatrix} \cdot \begin{pmatrix} b_{11} & b_{12} & b_{13} \\ b_{21} & b_{22} & b_{23} \end{pmatrix} = \begin{pmatrix} a_{11}b_{11}+a_{12}b_{21} & a_{11}b_{12}+a_{12}b_{22} & a_{11}b_{13}+a_{12}b_{23} \\ a_{21}b_{11}+a_{22}b_{21} & a_{21}b_{12}+a_{22}b_{22} & a_{21}b_{13}+a_{22}b_{23} \end{pmatrix}$$

Nennt man die Ergebnismatrix $C$, so kann man auch kurz schreiben:

$$A \cdot B = C$$

Oder explizit für die Elemente:

$$(1) \qquad c_{ik} = \sum_{t=1}^{h} a_{it}b_{tk} \qquad i = 1,2 \; ; \quad k = 1,2,3$$

Oder in Worten: Bei der Matrizenmultiplikation einer nxh- mit einer
hxm-Matrix erhält man eine nxm-Matrix als Ergebnis. In dieser
stellt das allgemeine Element der i.ten Zeile und der j.ten
(hier: k.ten) Spalte eine Summe aus h Summanden dar. Der t.te
dieser h Summanden (t = 1,2,3,...h) ist ein Produkt des Elements
der i.ten Zeile und t.ten Spalte der ersten (links stehenden)
Matrix und des Elements der t.ten Zeile und k.ten Spalte der
zweiten (rechts stehenden) Matrix.

Damit die Matrizenmultiplikation möglich ist, muß die Zahl der
Spalten der ersten (linken) Matrix gleich der Zahl der Zeilen der
zweiten (rechten) Matrix sein, hier also gleich h.

Eine Multiplikation B . A ist mit den oben definierten Matrizen
nicht möglich, da B drei Spalten, aber A nur zwei Zeilen hat.
Wären beide 3 x3-Matrizen, so wäre zwar die Multiplikation B . A
möglich, führte aber nicht notwendig zu demselben Ergebnis wie
A . B, da $a_{it}b_{tk}$ nicht allgemein $a_{kt}b_{ti}$ ist.

## 5. Determinanten

Eine Determinante ist eine Zahl - keine Matrix -, die sich durch
bestimmte Rechenoperationen aus einer quadratischen Matrix ergibt. Die einfachste quadratische Matrix ist das Vierfeld
(S. 59, 60, 69, 75, 82 - 84):

$$K = \begin{pmatrix} a & b \\ c & d \end{pmatrix}$$

Deren Determinante ist definiert als

$$D = |K| = \begin{vmatrix} a & b \\ c & d \end{vmatrix} = ad - bc$$

Die Determinante einer n-mal-n-Matrix $A = (a_{ij})$ ist allgemein
definiert wie folgt:

$$D = \sum_{j=1}^{n} a_{ij} \cdot T_{ij} \cdot (-1)^{i+j}$$

Hierbei ist i eine beliebige Zeile und $T_{ij}$ diejenige Unterdeter-
minante von D, die aus D durch Streichen der i-ten Zeile und der
j-ten Spalte hervorgeht. $T_{ij}$ ist dann als (n - 1)-mal-(n - 1)-De-
terminante analog zu D zu berechnen, ebenfalls die dabei auftre-
tenden weiteren Unterdeterminanten, bis der einfachste Fall von
1mal1-Determinanten erreicht ist. Bei n = 3 gilt dann:

$$\begin{vmatrix} a_{11} & a_{12} & a_{13} \\ a_{21} & a_{22} & a_{23} \\ a_{31} & a_{32} & a_{33} \end{vmatrix} = a_{11} \cdot \begin{vmatrix} a_{22} & a_{23} \\ a_{32} & a_{33} \end{vmatrix} - a_{12} \cdot \begin{vmatrix} a_{21} & a_{23} \\ a_{31} & a_{33} \end{vmatrix} + \cdots$$

$$\cdots + a_{13} \cdot \begin{vmatrix} a_{21} & a_{22} \\ a_{31} & a_{32} \end{vmatrix}$$

Die weitere Auflösung der 2-mal-2-Determinanten erfolgt wie bei
$D = |K|$. Es ergeben sich $3! = 6$ dreigliedrige Summanden, da allgemein jeder n-gliedrige Summand das Produkt aller zeilen- und
spaltenfremden Elemente ist. Davon aber gibt es genau n!. Denn
man kann n Elemente einer beliebigen Spalte oder Zeile entnehmen,
n - 1 einer zweitbeliebigen und so weiter bis 1. Die Überlegung
deckt sich mit der zu (1) (Seite 1).

Ein wichtiger Satz über Determinanten besagt, daß die Vertauschung zweier Spalten oder zweier Zeilen nur das Vorzeichen ändert. Daraus folgt, daß eine Determinante mit zwei gleichen Zeilen oder Spalten Null sein muß. Da Multiplikation einer Zeile oder Spalte mit einer Zahl k einen Wert k . D ergibt, was unmittelbar aus der Definition von D ersichtlich ist - sind auch alle solchen Determinanten Null, in denen irgendeine Zeile oder Spalte ein Vielfaches einer anderen ist.

Daraus folgt wiederum, daß der Wert einer Determinante, also die Zahl D, sich nicht verändert, wenn man von beliebigen Zeilen (oder Spalten) beliebige Vielfache beliebiger anderer Zeilen (oder Spalten) subtrahiert, oder kürzer gesagt, wenn man von einer Zeile (oder Spalte) eine Linearkombination anderer abzieht. Ist eine Zeile (oder Spalte) wertmäßig gleich einer Linearkombination anderer oder wie man sagt, sind die Zeilen linear abhängig, so muß die Differenz und damit wegen kD = oD = o die Determinante selbst Null werden oder, wie es heißt, verschwinden.

Lineare Abhängigkeit ist ein algebraischer Spezialfall der Tautologie. Sie führt zu interessanten Konsequenzen bei der Formalisierung von Theorien mittels matrix-algebraischer Notation, indem sie Nichtauflösbarkeit von Gleichungssystemen (etwa bei Parameterschätzungen) infolge mangelnder Information impliziert.

Die beschriebenen Eigenschaften von Determinanten sind von Bedeutung bei der Matrix-Inversion und der allgemeinen Lösung der Latent-Structure-Analysis.

## 6. Inversion einer Matrix

Matrizen sind unter anderem ein Hilfsmittel bei der Auflösung linearer Gleichungssysteme. Wir nehmen folgendes Beispiel:

$$
\begin{aligned}
4x + 2y + z &= 19 \\
3x + 2z &= 16 \\
2x + y + z &= 12
\end{aligned}
$$

Führt man folgende Matrix-Abkürzungen ein:

$$M = \begin{pmatrix} 4 & 2 & 1 \\ 3 & 0 & 2 \\ 2 & 1 & 1 \end{pmatrix} \qquad g = \begin{pmatrix} 19 \\ 16 \\ 12 \end{pmatrix} \qquad w = \begin{pmatrix} x \\ y \\ z \end{pmatrix}$$

so lautet das Gleichungssystem:

(2)     $M \cdot w = g$

Dieses System ist nach w zu lösen.

Man kann diese Forderung der Lösung auch so formulieren, daß man eine Matrix $P = M^{-1}$ sucht, für die

(3)     $w = P \cdot g = M^{-1} \cdot g$

gilt. In Worten: Es wird eine Matrix P gesucht, die g in w über-führt, also genau das Umgekehrte leistet wie M. Falls eine solche Matrix existiert, heißt sie die Inverse von M oder $M^{-1}$. In unserem Falle ist sie:

(4)     $P = M^{-1} = \frac{1}{3} \cdot \begin{pmatrix} 2 & 1 & -4 \\ -1 & -2 & 5 \\ -3 & 0 & 6 \end{pmatrix}$

Führt man die Multiplikation aus (gemäß (3)), so ergibt sich:

$$w = \begin{pmatrix} x \\ y \\ z \end{pmatrix} = \begin{pmatrix} 2 \\ 3 \\ 5 \end{pmatrix}$$

$M^{-1}$ läßt sich wie folgt definieren:

(5)     $M^{-1} = \frac{1}{|M|} (M_{ad})$

$M_{ad}$ wird als adjunkte Matrix zu M bezeichnet. Sie entsteht, wenn man an die Stelle von $m_{ij}$ in M die Determinante $(-1)^{i+j} \cdot T_{ij}$ (wie oben definiert) setzt und dann die entstehende Matrix spie-gelt. M ist die Determinante von M. Deshalb existiert $M^{-1}$ nur, wenn $|M| \neq o$. Der Nachweis für (5) ist leicht zu führen, wenn wir $D = |M|$ setzen und obige Definition $D = \sum_j a_{ij} T_{ij} (-1)^{i+j}$ mit der Setzung $a_{ij} = m_{ij}$ kombinieren:

$$M \cdot M^{-1} = \left( \sum_j a_{ij} \cdot \frac{1}{D} \cdot (-1)^{i+j} T_{ij} \right) = E$$

da $T'_{ij} = T_{ji}$. E ist die Einheitsmatrix. Damit das System (2) nach w lösbar ist, darf also die Determinante $|M|$ nicht verschwinden.

## 7. Kombination von Inversion, Spiegelung und Multiplikation

Die drei skizzierten Matrix-Operationen treten oft kombiniert auf. Dabei gelten die Regeln

(6) $(A.B.C.....N)' = N' ......C' . B' . A'$ und

(7) $(A.B.C.....N)^{-1} = N^{-1} .....C^{-1}. B^{-1}. A^{-1}$

Hiermit können Matrix-Operationen beliebig miteinander kombiniert werden. Dies ist von Vorteil bei der Regressionsanalyse, wo die Koeffizienten des unbekannten Vektors x mittels des bekannten y und der Koeffizienten der Matrix A zu schätzen sind. Gegeben ist also das überbestimmte System y = Ax und die Lösung lautet

(8) $x = (A'A)^{-1}A'.y$

Diese Kurzfassung der einfachen Regressionsrechnungsaufgabe beschleunigt die Behandlung der Faktorenanalyse erheblich.

Um (8) einzusehen, formulieren wir y = Ax stochastisch, also unter Hinzufügung des Störgrößenvektors u:

$$y = Ax + u$$

Die Forderung $u_i^2$ = min! kann jetzt in die Matrizenform u'u = min! gebracht werden - u ist ein Spalten-, u' ein Zeilenvektor, u'u ist eine 1-mal-1-Matrix, also eine einfache Zahl-. Wir haben nun $\frac{d\,u'u}{d\,x}$ = o zu setzen. Dann ergibt sich

$$\frac{d\,u'u}{d\,x} = \frac{d}{dx} ( (y' - x'A') (y - Ax))$$

$$= - 2A'y + 2A'Ax = o$$

Auflösung nach x ergibt (8).

8. Analyse der Soziomatrix

Vier Personen werden gefragt, welche von den drei anderen sie besonders schätzen. Person 1 nennt 2 und 3, Person 2,3 und 4, Person
3 nur 2 und Person 4 nur 3. Jeder schätzenden Person sei eine
Zeile, jeder geschätzten (oder nicht geschätzten) eine Spalte
zugeordnet. Wenn i j schätzt, ist $a_{ij}$ = 1, sonst 0. A lautet:

$$A = \begin{pmatrix} 0 & 1 & 1 & 0 \\ 0 & 0 & 1 & 1 \\ 0 & 1 & 0 & 0 \\ 0 & 0 & 1 & 0 \end{pmatrix}$$

Jede Spalte gibt an, von wem jeder geschätzt wird, jede Zeile,
wen jeder schätzt. Offensichtlich ist Person 3 am beliebtesten,
Person 1 am unbeliebtesten.

A ist nicht symmetrisch. Wenn i j schätzt, so folgt daraus nicht,
daß j auch i schätzt.[So folgt daraus nicht, daß j auch i schätzt].
Die Liebe kann einseitig sein. Die Präferenzstruktur zwischen den
4 Personen ist auch graphisch sehr gut überschaubar zu machen:

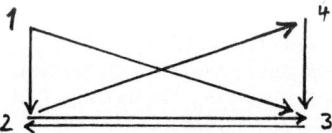

Dieses Bild legt es nahe, den Begriff einer Präferenz zweiter Ordnung einzuführen. So schätzt zum Beispiel Person1 die Person 4
nicht direkt. Sie schätzt aber 2 und 2 schätzt 4. Insofern schätzt
1 die Person 4 indirekt, nämlich über 2.

Dies kann durch eine Multiplikation von A mit sich selber ausgedrückt werden. Es wäre dann A = B in (1) und t wäre die Ordnungsnummer der Person, über welche die Präferenz liefe. In unserem
Beispiel ist t = 2, i = 1 und k = 4. Wendet man die Multiplika-
tionsregel an, so erhält man die Matrix der Präferenzen zweiter
Ordnung A . A = $A^2$:

$$A^2 = \begin{pmatrix} 0 & 1 & 1 & 1 \\ 0 & 1 & 1 & 0 \\ 0 & 0 & 1 & 1 \\ 0 & 1 & 0 & 0 \end{pmatrix}$$

Auch zwischen Person 1 und 2 besteht eine Präferenz zweiter Ordnung. Sie läuft über Person 3. Die Multiplikation der ersten Zeile (i = 1) von A in die zweite stößt nämlich auf eine Paarung von Einsen ($a_{13} = a_{32} = 1$).

Ähnlich erhält man die Anzahlen von Präferenzen dritter und höherer Ordnung durch Potenzierung von A zu $A^3$, $A^4$ und so weiter.

$$A^3 = \begin{pmatrix} 0 & 1 & 2 & 1 \\ 0 & 1 & 1 & 1 \\ 0 & 1 & 1 & 0 \\ 0 & 0 & 1 & 1 \end{pmatrix} \quad A^4 = \begin{pmatrix} 0 & 2 & 2 & 1 \\ 0 & 1 & 2 & 1 \\ 0 & 1 & 1 & 1 \\ 0 & 1 & 1 & 0 \end{pmatrix} \quad A^8 = \begin{pmatrix} 0 & 5 & 7 & 4 \\ 0 & 4 & 5 & 3 \\ 0 & 3 & 4 & 2 \\ 0 & 2 & 3 & 2 \end{pmatrix}$$

Zwischen Person 1 und 3 bestehen laut $A^3$ sogar zwei Präferenzen dritter Ordnung. Es sind dies die beiden Ketten

1 - 2   2-4   4-3        und        1-3   3-2   2-3

Die letzte Kette läuft über eine direkte Präferenz. Person 1 hängt also in ganz besonderer Weise an 3, einmal direkt gemäß A und dann indirekt über 3 selbst und 2 gemäß $A^3$.

Man sieht an $A^8$, daß Person 3 ihre Vorrangstellung voraussichtlich immer beibehält. Das muß nicht so sein. Eine Person kann durch indirekte Beziehungen zu sehr "einflußreichen" Personen, zu denen sie keinerlei direkte Beziehungen hat, selbst sehr viel Einfluß "höherer Ordnung" ausüben.

Die Analyse von Cliquen und kommunalen Eliten, von Schulklassen und anderer Kleingruppen bedient sich matrix-algebraischer Techniken, um Zusammenhänge zu finden oder zu prüfen, die mit dem bloßen Auge nicht erkennbar sind.

Wir können eine Clique als eine Menge von Individuen definieren, die aus mindestens 3 Individuen besteht, die alle reflexiv - $a_{ij}$ = $a_{ji}$ = 1 - miteinander zusammenhängen. Man identifiziert eine Clique dann, wenn man alle Einsen aus der Soziomatrix entfernt, für die $a_{ij}$ = $a_{ji}$ nicht gilt und die so reduzierte Matrix B zur dritten Potenz $B^3$ erlebt. Denn $B^2$ mißt ja die Beziehungen zweiter und $B^3$ die dritter Ordnung. In der Hauptdiagonalen von B stehen nur Nullen (einfache Beziehungen der Individuen zu sich selbst sind also ausgeschlossen), in der Hauptdiagonalen von $B^3$ sind die Zellen derjenigen nicht Null, die zu einer Clique gehören.

Dies ist eins der einfachsten Beispiele der Matrizenrechnung in der Kleingruppenforschung. Im Zusammenhang mit der Graphentheorie[1] sind ganze Theoriestücke matrizenalgebraisch analysierbar gemacht worden.

1) Harary, F. und R.Z. Norman: Graph Theory as a Mathematical Model in Social Science, Ann Arbor 1953

## 9. Wechselwählerverhalten

Während bei der Analyse der Daten in einer Doziomatrix eine zeitlich unveräбderliche Struktur untersucht wird, geht es bei vielen soziologischen, sozialpsychologischen und ökonomischen Sachverhalten um Prozesse oder zeitliche Abläufe. Die Unterscheidung "Statik-Dynamik" ist aber keine substantielle, sondern eine methodische. So läuft die Dynamisierung ökonomischer Theoriestücke darauf hinaus, Anpassungs-, Gleichgewichts- oder Ungleichgewichtslagen als Folgen schrittweiser Veränderung zu fassen.

Dieses analytische Vorgehen (procedere) ist typisch für alle Interaktionsmodelle, aber auch für Wahlhandlungen mit wechselnder Orientierung oder spezifischer für das Studium von Handlungssequenzen. Solche sind auf Märkten oder bei politischen Wahlen zu beobachten.

Die Daten[1] haben folgende Form:

|          |           | Juni 1940 |         |           |       |
|----------|-----------|-----------|---------|-----------|-------|
|          |           | Republ.   | Demokr. | Unentsch. | Summe |
|          | Republ.   | 125       | 5       | 16        | 146   |
| Mai 1940 | Demokr.   | 7         | 106     | 15        | 128   |
|          | Unentsch. | 11        | 18      | 142       | 171   |
|          | Summe     | 143       | 129     | 179       | 445   |

Von 146, die im Mai republikanisch wählen wollten, bekannten sich im Juni nur noch 125 dazu. In ähnlicher Weise ist die ganze Matrix zu lesen. Prozentuiert man nach rechts und nennt die entstehende Matrix P', so erhält man:

$$P' = \begin{pmatrix} 0,856 & 0,034 & 0,110 \\ 0,055 & 0,828 & 0,117 \\ 0,064 & 0,105 & 0,831 \end{pmatrix}$$

---

1) Entnommen aus: Lazarsfeld, Paul F., Bernard Berelson, Hazel Gaudet: The People's Choice, Columbia University Press 1948.

Entsprechende Matrizen mit sogenannten "Übergangswahrscheinlichkeiten" wurden für alle Paare aufeinander folgender Monate bis
zum Oktober 1940 erhoben. Dabei erhöhte sich nach und nach die
Wahrscheinlichkeit, bei der jeweils vorher bevorzugten Partei zu
bleiben. Entsprechend nahm die Tendenz zum Wechsel der Parteienpräferenz ab. Da nur eine verhältnismäßig kleine Stichprobe vorlag, wurde der Durchschnitt von 5 aufeinander folgenden Matrizen
P als Schätzwert für die "wahren" Übergangswahrscheinlichkeiten
genommen. Dieses durchschnittliche P lautete:

$$P' = \begin{matrix} 0,928 & 0,014 & 0,058 \\ 0,037 & 0,900 & 0,063 \\ 0,132 & 0,122 & 0,746 \end{matrix}$$

Nimmt man an, daß diese Struktur von Übergangswahrscheinlichkeiten
ab Oktober konstant bleibt, so kann man mittels Matrixmultiplika-
tion einen prognostischen Endwert errechnen, auf den schließlich
dieser Prozess hinausläuft. Der Grenzwert von $P^t$ für unbeschränkt
wachsendes t ist

$$P_e = \begin{pmatrix} 0,506 \\ 0,303 \\ 0,191 \end{pmatrix}$$

Man erhält diesen Endvektor $P_{e'}$, indem man den Vektor $p_t$ im Monat
t durch

(9)     $p_{t+1} = p \cdot p_t$

in $p_{t+1}$ übergehen läßt und annimmt, daß t = e so groß ist, daß
praktisch $p_t = p_{t+1}$. Dann wird (9) zu

(10)     $p_t = p \cdot p_t$     oder     $P_e = p \cdot p_e$

Der Endvektor $p_e$ ist also derjenige, der sich durch Multiplikation
mit der Matrix der Übergangswahrscheinlichkeiten nicht (mehr)
ändert. (10) wird auch die Eigengleichung zu p genannt, $p_e$ der
dazugehörige Eigenvektor.

In (10) ist nur P bekannt, während die n Elemente des Vektors $p_e$ unbekannt sind. Eine Auflösung von (10) nach $p_e$ (oder kurz p) führt zunächst zu

(11)     $(E - P) \, p = o$

da $E_p = p$, wobei E die Einheitsmatrix ist. (E überführt einen Vektor in sich selber.) (11) ist nur lösbar, wenn eine zusätzliche Gleichung für p existiert, denn $p = (E - p)^{-1}$. O ist unbestimmt und auch nur dann sinnvoll, wenn der Nenner von $(E - p)^{-1}$, nämlich $|E - P| = o$ ist. Wir nehmen zur Veranschaulichung den Fall n=2. Dann ist (11) bei $P' = \begin{pmatrix} a & b \\ c & d \end{pmatrix}$

$$\left[ \begin{pmatrix} 1 & 0 \\ 0 & 1 \end{pmatrix} - \begin{pmatrix} a & c \\ b & d \end{pmatrix} \right] \begin{pmatrix} p_1 \\ p_2 \end{pmatrix} = \begin{pmatrix} 1-a & c \\ b & 1-d \end{pmatrix} \begin{pmatrix} p_1 \\ p_2 \end{pmatrix} = \begin{pmatrix} 0 \\ 0 \end{pmatrix}$$

Da a + b = 1 und auch d + c = 1, wird $\begin{pmatrix} 1-a & c \\ b & 1-d \end{pmatrix}$ zu $\begin{pmatrix} b & c \\ b & c \end{pmatrix}$, so daß $\begin{vmatrix} b & c \\ b & c \end{vmatrix} = o$ gilt, wie gefordert. (E - P) ist eine nicht-invertierbare Matrix, da ihre Spalten linear abhängig sind. Anders ausgedrückt: Da alle Wahrscheinlichkeiten sich zeilenweise zu 1 summieren, muß eine zusätzliche Gleichung, und zwar die Normierungsbedingung $p_1 + p_2 = 1$ hinzutreten. Es ist also eine Zeile von (11) zu streichen und $p_1 + p_2 = 1$ an ihre Stelle zu setzen. Im Falle von n = 2 ergibt sich dann

$$\begin{pmatrix} b & c \\ 1 & 1 \end{pmatrix} \cdot \begin{pmatrix} p_1 \\ p_2 \end{pmatrix} = \begin{pmatrix} 0 \\ 1 \end{pmatrix}$$

und damit für die Gleichgewichtswerte von $p_1$ und $p_2$:

$$\begin{pmatrix} p_1 \\ p_2 \end{pmatrix} = \frac{1}{b-c} \cdot \begin{pmatrix} 1 & -c \\ -1 & b \end{pmatrix} \cdot \begin{pmatrix} 0 \\ 1 \end{pmatrix} = \frac{1}{b-c} \begin{pmatrix} -c \\ b \end{pmatrix}$$

Ähnlich sind allgemeinere Eigenwertprobleme lösbar. - Will man $p_t$ als Zeitfunktion beschreiben, so hat man (9) zu lösen und erhält

(12)     $p_t = p^t p_o$

wobei $p_o$ der Anfangsvektor ist.

10. Heiratsregeln bei den Natchez-Indianem[1]

Eine ähnliche Form der Analyse sei nun für ein anderes Gebiet gezeigt. Wir übernehmen die englischen Bezeichnungen.

Die Natchez haben 4 Klassen

A  die Suns
B  die Nobles
C  die Honored
D  die Stinkards

Die Heiratsregeln können in folgender Tabelle zusammengefaßt werden:

|  |  | Vater |  |  |
|---|---|---|---|---|
|  | A | B | C | D |
| A | X | X | X | A |
| B | X | X | X | B |
| C | X | X | X | C |
| D | B | C | D | D |

(Mutter steht links bei den Zeilen A, B, C, D)

Ein X bedeutet, daß eine Heirat zwischen den entsprechenden Klassenpartnem nicht erlaubt ist. Die übrigen Felder bezeichnen gleichzeitig die Klasse der Kinder der beiden Eltern.

Für die Analyse wurden die vereinfachenden Annahmen gemacht,
1. aus jeder Ehe gingen nur zwei Kinder hervor und zwar 1 Junge und 1 Mädchen,
2. jeder heiratet nur einmal,
3. jede Klasse enthält immer gleich viele Männer und Frauen.

Wir nennen die Anzahl der Personen in Klasse A, B, C und D in derselben Reihenfolge $x_{1t}$, $x_{2t}$, $x_{3t}$ und $x_{4t}$, wobei t die Generation anzeigt.

[1] Das Beispiel entstammt Samuel Goldberg: Introduction to Difference Equations, John Wiley and Sons 1958, S. 238-241.

Man kann dann die Tabelle in Form einer Matrizengleichung schreiben:

(13)    $x_{t+1} = Q \cdot x_t$

wobei $x_t$ der Spaltenvektor der $x_{it}$ ist $(i = 1, 2, 3, 4)$ und

$$Q = \begin{pmatrix} 1 & 0 & 0 & 0 \\ 1 & 1 & 0 & 0 \\ 0 & 1 & 1 & 0 \\ -1 & -1 & 0 & 1 \end{pmatrix}$$

Löst man nun (13) wie (9), so ergibt sich als Zustand im Zeitpunkt t der Vektor $x_t$:

$$(14) \quad x_t = \begin{pmatrix} 1 & 0 & 0 & 0 \\ t & 1 & 0 & 0 \\ \frac{t}{2}(t-1) & t & 1 & 0 \\ -\frac{t}{2}(t+1) & -t & 0 & 1 \end{pmatrix} \cdot \begin{pmatrix} x_{10} \\ x_{20} \\ x_{30} \\ x_{40} \end{pmatrix}$$

Hierin ist $x_{io}$ der Wert von $x_{it}$ im Zeitpunkt (in der Generation) t = o. Wir nennen die 4-mal-4-Matrix K und $x_t$ für t = o $x_o$ und erhalten die Kurzform

(15)    $x_t = K \cdot x_o$

Dies ist die formelle Lösung des Problems, welche Überlebenskonsequenzen sich aus den Heiratsregeln ergeben.

Aus dieser Kurzdarstellung geht nicht überschaubar hervor, wie Q und K zustande kommen. Dies ist auch nur ein Teil des methodischen Vorgehens, das man als mathematische Formalisierung bezeichnen könnte. Wir gehen alle Phasen einer Formalisierung jetzt nacheinander durch und holen dabei die Entwicklung von Q und K nach.

Die Phasen sind im einzelnen folgende:
1. Phänomenologische Beschreibung eines Sachverhalts, hier der

Gesellschaft der Natchez- Indianer.[1]

2. Herausgreifen eines theoretisch interessierenden Aspekts, hier der Heiratsregeln, die in einer Tabelle zusammengefaßt werden.

3. Entwicklung einer Aufgabenstellung, etwa der Erklärung, wie die Regeln entstanden sein könnten, wie sie durchgesetzt werden (welche Sanktionen bei Abweichungen eintreten) oder andere. Hier geht es nicht um eine theoretische Erklärung von Beobachtetem, sondern um eine Prognose der Besetzung der vier Klassen in Zukunft, also um die Zeitfunktion des Vektors $x_t$.

4. Spezifizierung von vereinfachenden Annahmen. Diese sollen die Formalisierung und die Lösung erleichtern, was allerdings auf Kosten der vollständigen Tatsachenbeschreibung geht. Die Annahmen sind hier:

a. Aus jeder Ehe geht genau 1 Junge und 1 Mädchen hervor,
b. jeder heiratet genau einmal,
c. die Sexualproportion ist konstant,
d. die Bevölkerungszahl ist konstant.

Konstant bedeutet hier: von Generation zu Generation gleich.

5. Übersetzung der Tabelle zu 2. unter Berücksichtigung von 4. in einem Kalkül, hier ein Matrix-Gleichungssystem. Wir führen dazu eine andere Schreibweise für die Tabelle ein: "MV→K" heißt: Mutter aus Klasse M und Vater aus Klasse V ergeben Kind aus Klasse K. Dabei stehen M, V und K als allgemeine Symbole für die 4 Klassen (M = A, B, C, D; V = A, B, C, D; K = A, B, C, D). Die Tabelle lautet dann übersetzt in die X ($\wedge$ bedeutet das logische "und"):

(u)      $AD \longrightarrow A$    :    $x_{1t+1} = x_{1t}$

(v)    $(DA \wedge BD) \longrightarrow B$   :   $x_{2t+1} = x_{1t} + x_{2t}$

(w)   $(DB \wedge CD) \longrightarrow C$   :   $x_{3t+1} = x_{2t} + x_{3t}$

(u) folgt aus der Tabelle und 4.a.: Es gibt genau soviele A-Mütter wie A-Töchter. (v) und (w) folgen aus a. bis c. Die

---

1) Siehe C.W.M. Hart, A Reconsideration of the Natchez Social Structure, in: American Anthropologist, New Series, 45 (1943), S. 374-386.

Angabe für $x_{4t-1}$ folgt aus d., nämlich aus

$$\sum_{i=1}^{4} x_{it+1} = \sum_{i=1}^{4} x_{it}$$

oder

$$(z) \quad x_{4t+1} = \sum_i x_{it} - (2\,x_{1t} + 2\,x_{2t} + x_{3t}) = \ldots$$

$$\ldots = -\,x_{1t} - x_{2t} + x_{4t}$$

Der Ausdruck in Klammern ist gleich $x_{1t+1} + x_{2t+1} + x_{3t+1}$ oder
gleich der Summe der rechten Seiten von (u), (v), (w). Die
Gleichungen (u), (v), (w) und (z) sind identisch mit (13),
das damit die Daten (Heiratsregeln) in einer aufgabengerech-
ten Form enthält.

6. Lösung der formalisierten Aufgabe, hier: Herleitung einer
   Form, die x als Funktion der Generationenzahl t angibt.
   Setzt man $t = o, 1, 2, \ldots 6$, so ist gemäß (13)

$$
\begin{aligned}
x_1 &= Q x_o \\
x_2 &= Q x_1 = Q \cdot Q \cdot x_o = Q^2 x_o \\
x_3 &= Q x_2 = Q^3 x_o \\
&\phantom{=}\ \cdot \\
&\phantom{=}\ \cdot \\
&\phantom{=}\ \cdot \\
x_t &= Q^t x_o
\end{aligned}
\qquad (16)
$$

Diese Lösung ist noch undurchsichtig, da $Q^t$ nicht anzusehen
ist, wie $x_t$ verläuft. Dazu zerlegen wir Q:

$$
Q = \begin{pmatrix} 1 & 0 & 0 & 0 \\ 0 & 1 & 0 & 0 \\ 0 & 0 & 1 & 0 \\ 0 & 0 & 0 & 1 \end{pmatrix} + \begin{pmatrix} 0 & 0 & 0 & 0 \\ 1 & 0 & 0 & 0 \\ 0 & 1 & 0 & 0 \\ -1 & -1 & 0 & 0 \end{pmatrix}
$$

Oder

$$(17) \quad Q = E + L$$

Die Potenzierung von Q folgt (s), Seite 4:

$$(18) \quad Q^t = (E + L)^t = E + t \cdot L + \binom{t}{2} L^2 + \ldots .$$

Dies gilt, weil die Einheitsmatrix E gleich ihren eigenen
Potenzen ist:

$$E = E^2 = E^3 = \ldots$$

Man kann nun leicht nach den Regeln der Matrizenmultiplikation nachrechnen, daß

$$L^2 = \begin{pmatrix} 0 & 0 & 0 & 0 \\ 0 & 0 & 0 & 0 \\ 1 & 0 & 0 & 0 \\ -1 & 0 & 0 & 0 \end{pmatrix} \text{und } L^k = 0 \text{ für } k > 2.$$

0 ist die Nullmatrix, die nur Nullen enthält. Setzt man
obigen Ausdruck für L und den für $L^2$ in (18) ein, so erhält man (14), womit die Lösung abgeschlossen ist.

7. Die letzte Phase wertet die Lösung aus und zieht Schlüsse
   gemäß der Aufgabenstellung. Aus (14) sieht man, daß die
   Klasse A immer gleich groß ist, die Klassen B und C dagegen stets auf Kosten der Klasse D (der stinkards) wachsen,
   bis diese erschöpft ist und damit Heiraten unmöglich wird.
   Die Bedingung d. ist also unvereinbar mit den Heiratsregeln der Tabelle.

Das Ergebnis, daß die Natchez-Indianer an ihren eigenen Heiratsregeln zugrunde gehen, gilt natürlich nur unter den angegebenen
Voraussetzungen. Zusätzlich muß angenommen werden, daß die Normen
der Heiratsregeln und Kennzeichnung der Kinder nicht strikt einge-
halten werden. Dies aber ist gerade das Problem, das hier überhaupt nicht behandelt wird.

Die Leistungsvorteile einer rechnerisch-formalen Behandlung von
Daten aller Art liegt auch nicht in der Problemanalyse, sondern
in der kontrollierten Deduktionstechnik. Striktes Folgern ist
Sache formalisierter Modelle, die elektronisch durchgerechnet werden. Sache des Sozialwissenschaftlers wird es in Zukunft mehr
als bisher sein, solche Modelle aufzustellen und kritisch ihre
einzelnen Phasen zu analysieren. Dem sollten die vorgeführten
Matrix-Beispiele dienen.

# K A P I T E L   VII

## FAKTOREN-ANALYSE
=====================

Die Faktoren-Analyse ist ein Instrument der Datenreduktion. Im
Idealfall - das heißt, wenn die Daten es erlauben - wird eine
bestimmte Menge von Daten auf eine geringere zurückgeführt, ohne
daß ein Informationsverlust eintritt. Diese Möglichkeit ist gleichbedeutend damit, daß die Daten Informationsüberlappungen oder
überflüssige Information enthalten. Genauer gesagt: ein Teil $T_1$
der gesamten Daten braucht nicht empirisch erhoben zu werden,
sondern könnte aus einem anderen Teil $T_2$ rechnerisch vorausgesagt werden.

Wenn man zum Beispiel die Diplom-Noten von Kölner Wiso-Studenten
aus ihren Abitur-Noten voraussagen könnte, so wäre die Diplom-
Prüfung dann überflüssig, wenn sie zur Feststellung der Diplom-
Noten und zu nichts anderem dienen sollte. Da Examen für Prüfende
und Prüfer einen Aufwand (in mehreren Dimensionen) darstellen,
läge der ökonomisierende Effekt auf der Hand.

Die Voraussage von Diplom-Noten aufgrund von Daten, die sich auf
die vor-studentische Phase beziehen, kann nur dann gelingen, wenn
das Studium entweder keinen Effekt auf die Noten beim Diplom hat
oder der Effekt der im Reifezeugnis gemessenen Sachverhalte den
Effekt des Studiums nicht stört. Die während des Studiums intervenierenden Variablen müssen sich anschaulich interpretieren.)

Rechnerisch zeigt sich Voraussagbarkeit einer Variablen aus einer
anderen an einem hohen Korrelationskoeffizienten, etwa r zwischen
den beiden. r mißt nur solche zweiseitigen Zusammenhänge. Die
Faktorenanalyse geht darüber hinaus und ermittelt die "Gesamt-
Zusammenhänge" zwischen allen Variablen. Dabei deckt sie die
Dimensionen auf, die in einem Material versteckt sind. Ist die
Zahl der (latenten) Dimensionen kleiner als die zu ihrer Ermittlung
gebrauchten Variablen, so tritt der Ökonomisierungseffekt ein:

man kann das ursprüngliche Datenfeld durch weniger Daten (neue Rechenwerte) ersetzen oder Ausdrücken. Wir zeigen das an Beispielen.

## Beispiel 1: Parteienpräferenz

Bei n = 766 Bundesbürgern wurde im November 1966 folgendes u.a. erhoben:

| | | |
|---|---|---|
| Soziale Schicht | 1 = obere Hälfte | 0 = untere |
| Konfession | 1 = katholisch, | 0 = nicht kath. |
| Geschlecht | 1 = weiblich, | 0 = männlich |
| Alter | 1 = unter 40 Jahren, | 0 = 40 und älter |

Parteienpräferenz

Die 4 demographischen Merkmale wurden dichotomisiert, damit alle 4 Dimensionen in ihrem Zusammenspiel und ihrer Bedeutung für die Parteienpräferenz ("Wenn am nächsten Sonntag Bundestagswahl wäre, welche Partei würden Sie dann wählen?") in folgender Tabelle 1 übersehbar werden:

| i | Schicht | Konfess. | Geschl. | Alter | $n_i$ | SPD | CDU | FDP | NPD |
|---|---|---|---|---|---|---|---|---|---|
| 1 | 1 | 1 | 1 | 1 | 31 | 20 | 74 | 3 | 3 |
| 2 | 1 | 1 | 1 | 0 | 30 | 20 | 70 | 10 | 0 |
| 3 | 1 | 1 | 0 | 1 | 24 | 21 | 71 | 4 | 4 |
| 4 | 1 | 0 | 1 | 1 | 46 | 43 | 26 | 22 | 9 |
| 5 | 0 | 1 | 1 | 1 | 30 | 17 | 80 | 3 | 0 |
| 6 | 1 | 1 | 0 | 0 | 47 | 13 | 74 | 11 | 2 |
| 7 | 1 | 0 | 1 | 0 | 69 | 39 | 45 | 15 | 1 |
| 8 | 1 | 0 | 0 | 1 | 53 | 38 | 30 | 26 | 6 |
| 9 | 0 | 1 | 1 | 0 | 57 | 28 | 63 | 7 | 2 |
| 10 | 0 | 1 | 0 | 1 | 39 | 44 | 46 | 3 | 7 |
| 11 | 0 | 0 | 1 | 1 | 49 | 53 | 29 | 8 | 10 |
| 12 | 1 | 0 | 0 | 0 | 75 | 33 | 36 | 20 | 11 |
| 13 | 0 | 1 | 0 | 0 | 45 | 29 | 67 | 2 | 2 |
| 14 | 0 | 0 | 1 | 0 | 56 | 57 | 31 | 7 | 5 |
| 15 | 0 | 0 | 0 | 1 | 49 | 63 | 23 | 4 | 10 |
| 16 | 0 | 0 | 0 | 0 | 66 | 70 | 20 | 8 | 2 |

Jede dieser 16 (i = 1, 2, 3,...16) Gruppen kann als "Schicht" im Sinne der Stichprobentheorie (siehe "Stichprobenauswahl", Seite 15 ff) aufgefaßt werden. Der Umfang der i-ten Schicht ist $n_i$. Die Summe aller $n_i$ ist n = 766. Die kleinste Schicht ist $n_3 = 24$, die größte $n_{12} = 75$. Um keine Verwechslung mit dem Merkmal "Soziale

Schicht" aufkommen zu lassen, nennen wir die Stichprobenschichten
im folgenden "Gruppen".

Gruppe 1 sind die jüngeren katholischen Wählerinnen der oberen
sozialen Schichthälfte, Gruppe 8 die nicht-katholischen, männlichen jüngeren Wähler der Oberschicht, Gruppe 13 die männlichen,
jüngeren Katholiken der Unterschicht. Entsprechend sind auch die
übrigen 13 Gruppen der Tabelle zu lesen.

Die 4 letzten Spalten der Matrix (= Tabelle 1)sind selbst eine
16-mal-4-Matrix (gemäß "Einfache Matrix-Operationen", S. 104 ist
m = 4 und n = 16), die wir X nennen. Ihre Elemente $x_{ij}$ sind Prozentzahlen auf der Basis $n_i$ (i = 1, 2, 3,...16).

Diese Prozentzahlen geben die Wahrscheinlichkeit für jede der 16
Gruppen an, SPD, CDU, FDP und NPD zu wählen. Nach der Fragestellung für die Ermittlung der Parteienpräferenz im Fragebogen
sind Nennungen der 4 Parteien exklusiv, jeder Befragte kann nur
eine einzige Partei nennen. Eine Vierfeld-Tafel für etwa SPD und
NPD würde daher wie folgt aussehen:

|  | NPD | | |
|  | genannt | nicht genannt | Summe |
|---|---|---|---|
| SPD genannt | o | b | b |
| nicht genannt | c | 0 | c |
| Summe | c | b | b+c |

b+c ist die Zahl der Befragten, die entweder NPD oder SPD genannt
haben.

Da in der Hauptdiagonalen nur Nullen stehen, würde sich hier
phi = -1 ergeben, also die Aussage, daß SPD und NPD absolut kon-
trär sind. Dieses Ergebnis ist jedoch ein Artefakt (= ein metho-
denbedingtes Scheinergebnis), da dem einzelnen Befragten keine
Gelegenheit gegeben wurde, sich zu beiden Parteien zugleich zu
äußern.

Da die Berechnung von phi hier sinnlos ist, muß man anders Beziehungen zwischen den 4 Parteien ermitteln. Eine "Entfaltung"
der Parteienpräferenz nach 4 demographischen Merkmalen wie in
Tabelle 1 ermöglicht nun tatsächlich die Berechnung von paarweisen Parteienbeziehungen. Man kann nämlich zwischen dem Spaltenvektor $x_1$ (SPD) und $x_4$ (NPD) die Korrelation errechnen, also
r (nach (6), Seite 67). Entsprechend lassen sich alle anderen
5 r-Werte errechnen. Wir erhalten dann Tabelle 2:

|            |     | j=1  SPD | j=2  CDU | j=3  FDP | j=4  NPD |
|------------|-----|------|------|------|------|
| k=1        | SPD | 1,00 | -0,91 | +0,05 | +0,46 |
| k=2        | CDU | -0,91 | 1,00 | -0,46 | -0,67 |
| k=3        | FDP | +0,05 | -0,46 | 1,00 | +0,33 |
| k=4        | NPD | +0,46 | -0,67 | +0,33 | 1,00 |

Tabelle 2

Um die Individuengruppen (i) von den Parteien zu unterscheiden,
wurden die Zeilen hier k und die Spalten weiterhin j genannt. Die
Matrix der paarweisen Korrelationen in Tabelle 2 wird in der Faktorenanalyse R genannt. R zeigt, daß eine Beziehung zwischen Partei 1 und 4 besteht. Natürlich drückt dieses r = +0,46 nur etwas
über die "demographische Verwandtschaft" zwischen den beiden
Parteien, nichts über Motive ihrer Wähler oder gar über die Par-
teienapparate aus. Dazu kommt noch, daß die $r_{kj}$ in R nichts über
die Größenordnungen der Gruppen der Tabelle 1 oder X aussagen,
da ja mit der Prozentuierung auf $n_i$ diese $n_i$ selbst aus der Rechnung verschwanden. Die Werte $r_{kj}$ sind also "häufigkeitsfrei" und
spiegeln nicht die Mehrheitsverhältnisse, sondern die rein demo-
graphisch-strukturellen Ähnlichkeiten zwischen den Parteien wider.

An die Berechnung der Korrelationen mit dem Ergebnis R schließt
sich nun die sogenannte "Extraktion" der Faktoren mit dem Ergebnis der Faktorenladungsmatrix A an.

Faktoren sind Bündel von Variablen (hier: die 4 Parteien), die
stark positiv oder negativ miteinander korreliert sind. Rechnerisch sind es Vektoren mit Faktorladungen, die zusammen A dar-

stellen. Diese abstrakte Umschreibung wird anhand des Beispiels
gleich klarer, wenn wir A als Tabelle 3 angeben:

|  | | Faktor I | Faktor II | Faktor III | $h_i^2$ |
|---|---|---|---|---|---|
| | SPD | +0,99 | -0,17 | +0,05 | 1,01 |
| Tabelle 3 | CDU | -0,93 | -0,17 | -0,35 | 1,00 |
| | FDP | +0,22 | +0,97 | +0,15 | 1,00 |
| | NPD | +0,41 | +0,11 | +0,91 | 1,00 |

Wenn man nun die 10 paarweisen r-Werte oder Korrelationen zwischen allen Parteien über die Faktoren (statt über die 16 Gruppen i) der Tabelle 3 berechnet, soll sich möglichst genau wieder
R mit seinen 10 bzw. 5 verschiedenen Werten ergeben (R ist
symmetrisch, da $r_{kj} = r_{jk}$).

Um dieser und folgenden Erklärungen eine kompaktere Fassung
geben zu können, standardisieren wir die $x_{ij}$ (siehe (4), S. 38
in "Skalen") und nennen die neue, standardisierte Größe $y_{ij}$:

$$y_{ij} = \frac{x_{ij} - \bar{x}_i}{s_i} \quad \text{mit } s_i = \sqrt{\sum_j (x_{ij} - \bar{x}_i)^2} \cdot \sqrt{\frac{1}{n}}$$

Unter Berücksichtigung der Definition von r (Kontingenzen und
Korrelationen, Seite 67) und der Matrix-Spiegelung (Einfache Matrix-Operationen, Seite 105 ) läßt sich die Gesamtheit der
r-Werte, nämlich R nun durch y (= $(y_{ij})$) so ausdrücken:

(1)     $R = \frac{1}{n} y \cdot y'$

Diese Gleichung sagt aus, wie die standardisierten Ursprungs-
größen zu den r-Werten in R werden. Die erwähnte Forderung, A
so zu bestimmen, daß man aus ihr (der Matrix A) R möglichst genauso errechnen kann wie aus y bzw. X, heißt in Matrix-Form:

(2)     $R = A \cdot A'$

Zur Probe berechnen wir $\hat{r}_{14} = a_1 \cdot a_4' = 0,99 \cdot 0,41 + (-0,17) \cdot$
$0,11 + 0,05 \cdot 0,91 = 0,4059 - 0,0187 + 0,0455 = 0,4327 = \hat{r}_{14}$.
Dieser "vorausgesagte" (mit Hilfe der $a_{jp}$ in A oder Tabelle 3)

Wert liegt ziemlich nahe an dem wahren $r_{14} = 0,46$ in R oder
Tabelle 2. ($a_1$ ist der erste Zeilenvektor in A oder Tabelle 3,
$a_4'$ der gespiegelte vierte, also ein Spaltenvektor.)

Die positive demographische Verwandtschaft zwischen NPD und SPD
kommt also auch heraus, wenn man sie über die 3 Faktoren (p =1,
2, 3) berechnet.

Wenn man die anderen Werte in $\hat{R}$ ebenfalls nach (2) berechnet,
stellt man fest, daß man R ziemlich genau trifft. Damit ist nachgewiesen, daß man Tabelle 1 oder die Matrix bzw. Y nicht braucht,
um R zu ermitteln. Das Gefüge der paarweisen demographischen
Verwandtschaft der Parteien untereinander kann auf die Faktor-
struktur A reduziert werden, womit die in den 16 Gruppen enthaltene Information fast vollwertig ersetzt ist.

Der in (1) und (2) enthaltene Vorgang der Reduktion erscheint
vielleicht nicht nur willkürlich, sondern auch unnötig abstrakt.
Beides ändert sich, wenn man die dahinter stehende "Theorie"
skizziert.

Danach soll die Datenmatrix $\mathbf{Y}$ durch ein Matrizenprodukt A . F ersetzt werden, wobei F eine orthogonale Matrix sei. Das heißt, die
Korrelationen zwischen den Vektoren in F sollen alle 0 sein, oder
genauer:

$$(3) \quad \frac{1}{n} F \cdot F' = E$$

E ist die Einheitsmatrix, die in der Hauptdiagonalen (links oben
nach rechts unten) nur Einsen, außerhalb dieser nur Nullen enthält. (3) besagt, daß ein rechtwinkliges mehrdimensionales Koordi-
natensystem gesucht wird, in dem die Variablen als (geometrische)
Vektoren realitätsgetreu (also wie in X oder Y) darstellbar sind.
Die Grundforderung

$$(4) \quad Y = A \cdot F$$

wird auch die Grundgleichung der Faktorenanalyse genannt. Aus ihr
und (3) sowie (6) Seite 110 und (1) ergibt sich (2).

Der Gewinn an Anschaulichkeit, den (3) verbirgt, geht aus der folgenden Graphik hervor:

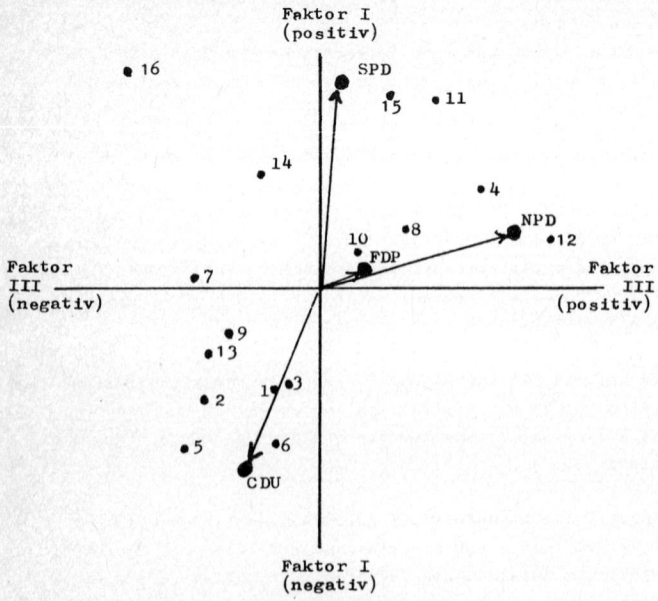

| | | |
|---|---|---|
| 14 + 16 | ältere evangelische Unterschicht | |
| 11 + 15 | junge evangelische Unterschicht | |
| 4 + 12 | evangelische Oberschicht | |
| 1 + 3 + 6 | katholische Oberschicht | |
| 2 + 5 | katholische Frauen | |
| 9 + 13 | ältere katholische Unterschicht | |
| 7 | ältere evangelische weibliche Oberschicht | |
| 8 + 10 | jüngere Männer | |

Der Faktor II steht senkrecht zur Faktor I / III - Ebene auf deren Schnittpunkt. Entsprechend ist der FDP-Vektor oder -Pfeil mit seiner Spitze 5 cm über der Papier-Ebene liegend zu denken.

Gemäß Tabelle 3 liegt der CDU-Vektor etwas unterhalb der Ebene, wie der SPD-Vektor. Der NPD-Vektor etwas darüber.

Mit diesen Angaben gibt die Graphik dieselbe Information wie die Matrix A (= Tabelle 3). Man erkennt jetzt unmittelbar, daß NPD und FDP je ihre eigene Dimension aufspannen, also voneinander und von den beiden großen Parteien fast völlig verschieden sind (demographisch). SPD und CDU, die im Monat nach dieser Erhebung groß koalierten, sind dagegen nicht unabhängig, sondern maximal antipodisch.

Es gibt keine Opposition zur NPD. Das linke Feld ihr gegenüber ist leer. Es fehlt am Vorabend der großen Koalition eine Links-partei. So könnte man das Bild deuten.

Berechnete man die cosinus' zwischen je zwei Pfeilrichtungen, so erhielte man die Korrelationen in $\hat{R}$. Stehen zwei Pfeile aufein-ander senkrecht, so ist $\hat{r}$ = 0, liegen sie in derselben Richtung, so ist $\hat{r}$ positiv (bei Deckungsgleichheit der Pfeile ist $\hat{r}$ sogar +1), zeigen sie in entgegengesetzte Richtung, so liegt $\hat{r}$ nahe bei -1.

Normalerweise versteht man bei der Faktorenanalyse unter "Inter-pretation der Faktoren" die verbale Benennung der Faktorachsen. Danach käme man hier zu der "Interpretation":

| Faktor I | SPD/CDU-Faktor |
| Faktor II | FDP-Faktor |
| Faktor III | NPD-Faktor |

Wie alle Interpretationen, so liefert auch diese keinen Informa-tionszuwachs. Man kann darauf verzichten. Einen Gewinn hat man jedoch von der Beachtung der 16 Punkte, die genau die Position der 16 Gruppen der Tabelle 1 im Parteien-Faktor-Raum abbilden. Die Gruppen 7 und 16 sind danach parteipolitisch relativ stark verwaist. Der Prototyp der CDU ist die katholische Oberschicht (Gruppen 1, 3 und 6). Die SPD liegt quer zwischen den älteren und jüngeren evangelischen Arbeitern (Gruppe 11/15 und - fernab von

Godesberg - Gruppe 16).

Mit diesen Erwägungen befindet man sich bereits in der dritten
Phase einer Faktorenanalyse, nämlich ihrer regressionsanalyti-
schen Umkehrung, durch die die n Punkte der X- oder Y-Vektoren
gemäß (8) auf Seite 113 bestimmt werden.


## Vorläufige Zusammenfassung: Phasen der Faktorenanalyse

Mit der Umkehrung der Faktorenermittlung durch die Positionsbe-
stimmung der Spalten in der Matrix X bzw. Y ist die Faktorenanalyse abgeschlossen.

Die erste Phase besteht aus der Berechnung der Korrelationen. Sie
beschränken sich auf die zweiseitigen Beziehungen zwischen den
Variablen und laufen über die "Realisationen" oder Stichprobenfälle (eine Spalte in X entspricht einem Fall oder einer Reali-
sation). In Beispiel 1 sind die n = 16 Fälle gegeben, die aber
schon Gruppen von Stichprobenfällen erster Ordnung darstellen.
Mit der Berechnung von R ist Phase 1 abgeschlossen.

Die zweite Phase gilt der Bestimmung von A, der Faktorladungsmatrix. Das rechnerische Vorgehen ist hierbei unwichtig, obwohl
in älteren Lehrbüchern auf die Faktorenextraktion übermäßig viel
Betonung gelegt wird. Das dabei meist geschilderte Handrechen-
verfahren ist die von Thurstone entwickelte Centroid-Methode, die
aber dadurch überholt ist, daß das mathematisch eindeutige Verfahren der Hauptachsenlösung (auch Komponentenanalyse genannt)
nun durch Elektronenrechner sehr gut zu bewältigen ist. (Siehe
Literatur Harman und Harder). Der ersten Extraktion folgt dann
die "Rotation" der X-Vektoren im Faktorraum, um ihnen eine günsti-
gere Lage zu den Faktorachsen zu geben. Dabei bleibt das ursprüngliche Pfeil- oder Vektorbündel unverändert, das heißt, die Lage
der Vektoren wird nach bestimmten Kriterien optimiert bei Fest-
haltung der r-Werte. Auch die Rotation erfolgt voll-maschinell.
Die Summe aller quadrierten Werte in A ist n, da immer soviel
Faktoren oder Komponenten herauskommen wie Variable eingegeben

wurden, nämlich n. Allerdings läßt man bereits beim Rotieren
die letzten Faktoren weg, da sie nur noch wenig zur Berechenbarkeit von R nach (2) - das immer nur (bei weggelassenen Faktoren)
R̂ erreicht - beitragen. Den Beitrag eines Faktors mißt dessen
Spaltenvektor in A, und zwar die zugehörige Quadratsumme
$a_p'$ . $a_p$ (für Faktor p).

Die dritte Phase bildet die Berechnung von F in (4). F ist die
p-mal-n-Matrix der individuellen Faktorwerte. Sind die Fälle,
über die r berechnet wird, nicht Gruppen, sondern Personen, so
erhält man für jede einzelne Person - etwa von 12.000 Personen -
einen Punkt im mehrdimensionalen Faktorraum. Man kann auch umgekehrt vorgehen und zuerst die Korrelationen zwischen Personen
berechnen, Personenfaktoren extrahieren und dann die Variablen-
positionen bestimmen. Das Ergebnis ist theoretisch gleichwertig.

Beispiel 2: Psychologische Typisierung von Befragten

Bei einer Verbraucherbefragung wurden 196 Personen durch die
interviewenden Psychologen nach 28 siebenstufigen Polpaaren nach
der Polaritätentechnik (Seite 36) eingestuft. Dadurch entstand
eine 28-mal-196-Matrix X, aus der über Y die Korrelationsmatrix
R berechnet wurde. 14 Variable - also die halbe Matrix R - wurden
eliminiert, um Rechenaufwand zu vermeiden. Für die restlichen 14
Variablen ergab sich folgende Faktorladungsmatrix A:

| Variable | Faktor I | Faktor II | Faktor III |
|---|---|---|---|
| gefestigt | 0,69 | -0,10 | 0,26 |
| wenig suggesti-bel | 0,68 | 0,10 | -0,05 |
| selbstsicher | 0,61 | 0,09 | 0,35 |
| diszipliniert | 0,52 | 0,24 | 0,10 |
| klar | 0,59 | 0,44 | 0,19 |
| entschlossen | 0,60 | 0,05 | 0,53 |
| aktiv | 0,46 | 0,16 | 0,60 |
| theoretisch | -0,05 | 0,84 | 0,09 |

(fortgesetzt S.133)

| | | | |
|---|---|---|---|
| abstrakt | -0,07 | 0,82 | 0,11 |
| differenziert | 0,14 | 0,78 | 0,16 |
| intelligent | 0,18 | 0,78 | 0,14 |
| antriebsstark | 0,29 | 0,07 | 0,70 |
| euphorisch | 0,25 | 0,01 | 0,54 |
| extravertiert | 0,11 | -0,40 | 0,54 |

Diese Struktur umfaßt 4 Variablenbündel in drei Faktoren oder Dimensionen:

| Bündel | Eigenschaften | Faktor | "Interpretation" |
|---|---|---|---|
| 1 | gefestigt bis disz. | I | Stabilität |
| 2 | klar, entschl.,aktiv | I, II, III | Mischungen aus I, II und III |
| 3 | theor. bis intell. | II | Intelligenz |
| 4 | antriebsstark bis extravertiert | III | Dynamik |

Die Regressionsanalyse ergab, daß sich die 196 Personen dreidimensional normal im Faktorraum verteilen. Eine Klumpung (= natürliche Typisierung) trat nicht ein. Jede Person konnte statt durch 14 Variablenwerte durch 3 Faktorenwerte beschrieben werden.

## Beispiel 3: Image von PKW-Typen

Im Dezember 1965 wurden 2000 Personen nach ihrem Vorstellungsbild von damals aktuellen 19 PKW-Typen gefragt. Die Typen waren: BMW 1600, Ford 12 M, DKW F 102, Opel Kapitän, VW 1200, Opel Admiral, Ford 17 M, VW 1500, Mercedes 200, Mercedes 300 SE, BMW 1800, Opel Diplomat, Mercedes 230, Opel Rekord, VW 1300, Ford 20 M, Audi, Opel Kadett, VW 1600.

Die Befragten hatten von 17 vorgegebenen Aspekten jedem Wagen die zuzuordnen, bei dem 1965 nach ihrer Auffassung Verbesserungen eingetreten waren. So entstand eine 17-mal-19-Matrix X.

In der zweiten Phase der Datenverarbeitung ergab sich folgende

Faktorladungsmatrix A (nach Rotation):

| Variable | Faktor I | Faktor II | Faktor III |
|---|---|---|---|
| Qualität | 0,858 | 0,442 | -0,003 |
| Haltbarkeit | 0,883 | 0,102 | 0,032 |
| Bremsen | 0,773 | 0,478 | 0,308 |
| Schaltung | 0,663 | 0,444 | 0,345 |
| Beschleunigung | 0,646 | 0,580 | 0,175 |
| Geräumigkeit | -0,005 | 0,902 | 0,323 |
| Höchstge- schwindigkeit | 0,349 | 0,847 | -0,047 |
| Kofferraum | -0,113 | 0,837 | 0,256 |
| Komfort | 0,298 | 0,808 | 0,054 |
| Sicht | 0,121 | 0,727 | -0,167 |
| Stärke des Motors | 0,354 | 0,688 | -0,061 |
| Geräuscharmut | 0,544 | 0,667 | 0,005 |
| Aussehen,Form | -0,005 | 0,650 | 0,517 |
| Wendigkeit | 0,547 | 0,038 | 0,753 |
| Wirtschaft- lichkeit | 0,318 | -0,495 | 0,606 |
| Straßenlage | 0,393 | 0,439 | 0,512 |
| Preis | 0,513 | -0,087 | 0,509 |

In der sich anschließenden Regressionsanalyse wurde jedem der 19 Typen ein Platz im Faktorraum zugewiesen. Um die Unterschiede der Auffassungen innerhalb der Bevölkerung zu erfassen, wurden Gruppen gebildet (Teilstichproben), mit denen dann getrennt in Phase 3 weitergearbeitet wurde. So konnte man zum Beispiel die Perzeption eigener und fremder Typen differenzieren (Auto- und Heterostereo- type).

## Beispiel 4: Dimensionale Prüfung der Riesman-Typologie [1]

In ("The Lonely Crowd" (Yale University Press 1950) hatte David Riesman die Typologie des "innerdirected" und "otherdirected" In- dividuums entwickelt und zur Basis einer frühere (inner-directed)

1) Siehe Richard A.Peterson, Dimensions of Social Character, An Exploration of the Riesman Typology, in: Sociometry,Bd.27 (1964),S.194-207

und spätere (other directed) Phasen der amerikanischen Gesellschaft vergleichenden Erklärung gegenwärtiger (1950) Strukturen
gemacht. Seine These entwickelt er in einer verbalen und phänomen-
bezogenen Beschreibung und Reflektion, ohne jedoch den Versuch
einer empirischen Prüfung zu machen.

Nach Riesman unterscheiden sich die US-Bewohner nach dem Grad, in
dem ihre sozialen (auf andere Individuuen bezogene) Handlungen
durch Tradition, von "innen heraus" oder durch "äußere" Tatbe-
stände, insbesondere durch social pressure gesteuert werden. Er
behauptet das rasche Verschwinden der Innensteuerung in Anlehnung an traditionelle Verhaltensmuster, so daß nur die Formen
der relativ traditionsfreien Innensteuerung und der Außensteuerung
noch in deutlich erkennbarem Ausmaß vorkämen.

Um diese Hypothese testen zu können, muß man einen Gültigkeits-
bereich annehmen, etwa die Erwachsenen in USA. Peterson nahm als
Ersatz dafür n = 547 Studenten, die 1962-63 an der Universität
Wisconsin eine Einführung in die Soziologie hörten.

Die erste Stufe der Operationalisierung bestand in 68 statements,
die etwas mit inner- und other-directedness zu tun haben sollten.
Für jedes der 68 statements wurde von den Befragten eine 7-stufige
Likert-Skalen-artige (siehe Seite 45, oben) Bewertung vorgenommen.
Aus der so erhaltenen Daten-Matrix X wurde R berechnet, was zur
Eliminierung von 24 statements führte, weil bei ihnen nur schwache
(r lag unter 0,20 bzw. nicht weiter als $\pm$ 0,20 von o entfernt)
Korrelationen mit den anderen statements bestand. Die übrigen 44
wurden faktoren-analysiert, um die Dimensionalität der i.-o.-
directedness (IOD) festzustellen.

Explizit lautet die hier geprüfte Frage: Ist IOD eindimensional
skalierbar? Oder anders ausgedrückt: Kann jede Person durch eine
einzige Maßzahl auf dem IOD-Kontinuum gekennzeichnet werden?

Die Antwort fällt positiv aus, **wenn**
       a) die 44 statements die gültigen Operationalisierungen
          des IOD-Konzepts darstellen

b) die Faktorenanalyse zu einem Faktor kommt, der bei
   weitem mehr mißt als alle anderen Faktoren

Nehmen wir a) einmal als gegeben an. Bei b) ist die Antwort auf
jeden Fall negativ. Es ergeben sich nämlich 8 Faktoren, nicht
einer. Statt der vollständigen Faktorladungsmatrix A bringt Peterson nur die besonders hohen Ladungen oder $a_{jp}$. Wir bringen
einen Teilauszug davon:

| Ladung | Faktor 1: Affiliation-Achievement |
|---|---|
| +0,647 | The most valuable talent a person can have is the ability to get along with others |
| -0,605 | One should be concerned more about one's achievements than about making friends |
| +0,512 | It is more desirable to be popular and well-liked by everybody than to become famous in the field of one's choice |

**Faktor 2: Principle**

| | |
|---|---|
| -0,634 | One should hold on to his opinions even though they may be radically different from those of others |
| -0,501 | I have more respect to the person who lives up to his ideals and principles regardless of what others think than for the person whose prime consideration is to be considerate of others and be well thought of |

**Faktor 3: Task Focus**

| | |
|---|---|
| -0,556 | What matters is what one can accomplish |
| -0,503 | I dislike anyone who is loud and noisy |
| -0,502 | I dislike anyone who doesn't take work seriously |

**Faktor 4: External Conformity - Individuality**

| | |
|---|---|
| +0,711 | I would feel conspicious if I were not dressed the way most of my friends are dressed |
| -0,600 | I like to wear clothes which stress my individuality and are not those everybody else is wearing |

**Faktor 5: Extroversion-Introversion**

| | |
|---|---|
| +0,700 | I'd rather be with a group of friends in my free time than to read an interesting book |
| -0,585 | I am perfectly happy when I am left alone |

**Faktor 6: Self-Other Sources of Socialization Patterns**

| | |
|---|---|
| +0,682 | In bringing up children, parents should look at what other parents do with their children |
| -0,627 | In bringing up children, parents should stick to their own ideas about how they want their children brought up regardless of what others do |

#### Faktor 7: Pragmatism

-0,693    Since there are no values which can be eternal, the only real values are those which meet the needs of the given moment

-0,553    The solution to almost any human problem should be based on the situation at the time, not on some general moral rule

#### Faktor 8: Struggle

-0,716    I like situations which are demanding

-0,677    I like situations which I have to struggle to master

-0,568    I am interested in new things and can live under almost any conditions

---

Dies ist wie gesagt nur ein Auszug aus A oder den 44 mal 8 Faktorladungen $a_{jp}$ (j = 1, 2, 3, ... 44; p = 1, 2, 3, ... 8). Der Beitrag der einzelnen Faktoren zu der Gesamtvarianz ist:

     Faktor 1    22,8 %

     Faktor 2    18,8 %

     Faktor 3    13,9 %

     Faktor 4    10,3 %

     usw.

Mit dieser Maßzahl - die gleich der Summe über alle j von $a_{jp}^2$ (j = 1, 2, ... 44) ist - wird die Bedeutsamkeit (nicht die Bedeutung!) des Faktors p (p = 1, 2, ... 8) im Gesamtzusammenhang dessen, was die 44 statements messen, abgeschätzt.

Riesmans Skala wäre eindimensional, wenn Faktor 1 genau 100 % der Gesamtvarianz (Summe von $a_{jp}^2$ über alle j und alle p) ausmachte, das heißt, außer für p = 1 wären alle $a_{jp}$ = 0. Solch einen Fall gibt es bei empirischen Daten natürlich nicht. Aber auch schon ein Faktor 1 mit 50 % Varianzanteil, dem als nächstgrößter etwa nur 20 % folgte (für Faktor 2) wäre eine nach Erfahrungen mit Faktorenanalysen gute Annäherung an Eindimensionalität.

In unserem Fall liegt auch in diesem approximativen Sinne keine eindimensionale Skala vor. Meßtechnisch ist IOD ein vieldimensionales Gebilde. Nach Peterson ist es 5-dimensional, weil die letzten 3 Faktoren etwas anderes messen.

Jeder Person kämen danach 5 unabhängige Faktorenwerte $(f_{pi})$ zu, nicht einer. Klumpen sich Individuen nach bestimmten Kombinationen der Faktor-Teilabschnitte, so sind dies die empirisch gefundenen Typen. Dies findet Peterson auch. Er testet es durch Aufgliederungen nach demographischen Merkmalen, mit denen die ID- und OD-Gruppe, wie bei Riesman behauptet, meist auch verbunden ist.

## Beispiel 5: Mehrdimensionale Rechtsradikalismus-Skala

Ein sample von 248 Personen hatte dem "NS-Staat" und unserer "heutigen Demokratie" unter anderem 13 Substantive zuzuordnen. Die 248 sind schon so ausgewählt, daß jede dieser Personen genau einem der beiden Staatstypen jedes dieser 13 Substantive zuordnet <u>oder</u> nicht. Es entsteht also eine 13-mal-248-Matrix X, die in jedem Fall eine "1" enthält, wenn das item der "Demokratie" zugeordnet wurde, sonst eine 0.

Offensichtlich kann man keine r berechnen, da ja keine metrischen Zahlen vorliegen, sondern nur phi (in (4) auf Seite 60) ist a die Zahl derjenigen, die sowohl item i wie item j der Demokratie zuordneten, b nur i, c nur j und d keins von beiden.) Statt eines Versuchs, eine Guttman-Skala anzusetzen - was Eindimensionalität voraussetzt - wurde über die Dimensionalität nichts vorausgesetzt und die phi wurden wie r behandelt und faktoranalysiert. Die dabei erhaltene Faktorladungsmatrix A bringen wir auszugsweise:

|                | I     | II    | III   | IV    | V |
|----------------|-------|-------|-------|-------|---|
| Erfolg         | <u>0,82</u> | 0,20  | 0,04  |       |   |
| Leistung       | <u>0,77</u> | 0,18  | 0,07  |       |   |
| Stärke         | 0,10  | <u>0,77</u> | 0,05  |       |   |
| Führung        | 0,13  | <u>0,70</u> | -0,07 |       |   |
| Ordnung        | 0,24  | <u>0,59</u> | 0,00  |       |   |
| Gewalt         | 0,02  | -0,08 | <u>0,86</u> |       |   |
| Freiheit       | -0,01 | -0,03 | <u>-0,91</u> |       |   |
| Volksbetrug    | -0,25 | 0,00  | -0,04 | <u>0,71</u> |   |
| Gerechtigkeit  | 0,13  | 0,02  | -0,30 | -0,79 |   |
| Gesetzlichkeit | 0,07  | 0,16  | 0,09  | -0,79 |   |

(Fortsetzung Seite 139)

| | |
|---|---:|
| Wirrwarr | <u>-0,78</u> |
| Verführung | <u>-0,61</u> |
| Korruption | <u>-0,51</u> |

Man könnte diese Faktoren nennen:

    I   Effizienz
   II   Stabilität
 III   Unfreiheit
  IV   Illegitimität
   V   Chaos

Rechtsradikalismus würde durch hohe Faktorwerte (f) in III, IV und V und durch niedrige in I und II angezeigt, da die Faktoren positiv für "Demokratie" definiert sind.

Ähnlich der Riesman-Skala liegt auch hier keine Eindimensionalität vor, sondern das Maß an Rechtsradikalismus ist für den einzelnen nur in 5 Zahlen (Dimensionen oder Faktoren) zu fassen.

Da uns im Gegensatz zu Beispiel 4 hier das vollständige Lochkartenmaterial vorlag, konnten wir die Faktorwerte für alle 248 Personen berechnen und auszählen, wieviele in den einzelnen Intervallen steckten. Faktorwerte sind in der Größenordnung des Sigma-Faktors, liegen also zwischen -3,0 und +3,0 (ungefähr). Bildet man neben den beiden offenen Randklassen solche von der Breite 0,5, so ergibt sich für Faktor I (Effizienz oder "Erfolg", "Leistung") die folgende Verteilung der 248 Fälle:

| | |
|---|---:|
| kleiner als -1,5 | 2 |
| -1,0 bis -1,5 | 18 |
| -0,5 bis -1,0 | 46 |
| 0    bis -0,5 | 109 |
| 0    bis +0,5 | 14 |
| 0,5 bis +1,0 | 15 |
| 1,0 bis +1,5 | 9 |
| 1,5 bis +2,0 | 8 |
| über +2,0 | 18 |

Es gibt also eine Sondergruppe (eine Klumpung in Faktor I) von
18 Personen, die die Demokratie für extrem effizient halten. Dagegen zeigt sich keine solche Klumpung bei der negativen Gegen-
richtung (NS-Anhänger). Dichotomisiert man die Faktorenwerte,
unterscheidet also nur pro Faktor oder Dimension "f über 0" und
"f unter 0" und schreibt dafür "1" und "0", so erhält man bei
5 Dimensionen (= Faktoren) $2^5$ = 32 Zellen, die wie auf Seite 124
tabellierbar sind. Da I und II demokratiefreundlich, III, IV und
V-feindlich sind, ist (0 0 1 1 1) die demokratiefeindlichste
der 32 Zellen. Sie umfaßt 16,1 % aller Fälle. In diesem Sinne
unter Berücksichtigung der gesamten Bedingungen der Datenerhebung und -reduktion könnte man so von einem Rechtsradikalismus-
potential von 16 % sprechen.


## Faktoren, Korrelationen und Mehrfachregression

Alle drei statistischen Konzepte,

      Faktoren,

      Korrelationen,

   und Regressionsmodelle

wurden in den vorausgehenden Seiten nur in ihrer linearen Version
behandelt. So gesehen sind sie in der Tat nur spezielle Varianten
eines allgemein linearen Modells, das man durch die Gleichung

$$(5) \qquad z_{ij} = \sum_{t=1}^{m} b_{it} x_{tj} + u_{ij}$$

$$\left( \begin{matrix} i = 1, 2, \ldots n \\ j = 1, 2, \ldots N \end{matrix} \right)$$

darstellen kann. $z_{ij}$ ist die i-te Zielvariable, und zwar deren
Ausprägung bei den Individuen j. $x_{tj}$ ist die t-te erklärende
Variable bei j und $b_{it}$ der Koeffizient, der $x_t$ und $z_i$ verbindet.
$u_{ij}$ ist derjenige Teil von $z_{ij}$, der durch die $x_{tj}$ (t = 1, 2, ...m)
nicht erklärt werden soll, also eine Zufalls- oder Störgröße. In
Matrix-Form lautet (5):

$$(6) \qquad Z = BX + U$$

Die Schätzung der A aufgrund der erhobenen Daten Z und X ist die
Aufgabe der Regressionsanalyse. Das übliche Verfahren besteht

darin, A Zeile für Zeile getrennt nach dem Verfahren der Minimierung von $T_i = \sum_j u_{ij}^2$, also der Elemente in der Hauptdiagonalen
von UU' zu schätzen. Das Ergebnis ist

$$(7) \qquad \hat{B} = ZX' \cdot (XX')^{-1}$$

Es stimmt mit (8) auf Seite 111 überein, wenn man dort x durch B',
A durch X und Y durch Z' ersetzt. Dann gilt auch die dortige Ableitung.

Die Faktorenanalyse beschäftigt sich nicht mit den Beziehungen
zwischen Z und X, sondern nur mit denen innerhalb von X. Wir nehmen an, daß alle Werte in X und Z gemäß Seite 127 standardisiert
sind. Dann kann man X statt Y in (4), Seite 128 beibehalten:

$$(8) \qquad X = A \cdot F$$

Diese Grundgleichung der Faktorenanalyse zerlegt die erklärenden
oder unabhängigen Variablen und ihre Meßwerte, also X, in zwei
andere Matrizen, A und F. A wird in dem üblichen Verfahren der
Hauptachsenlösung nicht statistisch geschätzt, sondern einfach
errechnet. Danach bleibt nur noch die Aufgabe, F zu schätzen.
Nach der Methode der kleinsten Quadrate erhält man wie auf Seite

$$(9) \qquad F = (A'A)^{-1} A'X$$

Die Schätzung der Faktorwerte F kann man nun in (8) einsetzen:

$$(10) \qquad \hat{X} = AF = A (A'A)^{-1} A'X$$

Die Abweichungen der standardisierten Originaldaten X von deren
faktoriellen Schätzungen $\hat{X}$ sind dann:

$$(11) \qquad D = X - \hat{X} = (E - A(A'A)^{-1} A') X$$

D mißt die Abweichung zwischen Modell (8) und Daten (X). Um D statistisch zu beurteilen, muß man geeignete Teste durchführen. Die
naheliegendste Nullhypothese wäre: D = 0, das heißt, daß alle
Werte der Matrix D nahe an O liegen bzw. nicht signifikant davon
abweichen.

Der Zusammenhang zwischen Korrelationen und Regressionskoeffizien-

ten ist aus der deskriptiven Statistik bekannt. Nach der Definition von r ergibt sich aus (5) bei n = 1 (nur eine Zielvariable)
und m = 1 (nur eine erklärende Variable):

(12)     $z_j = bx_j + u_j$

mit der Schätzung für b:

(13)     $\hat{b} = \dfrac{\sum x_j \cdot z_j}{\sum x_j^2} = \dfrac{\sigma_z}{\sigma_x} \cdot r_{xz}$

Die entsprechenden formelmäßigen Zusammenhänge bei mehreren
(n > 1) Variablen führen zum multiplen Korrelationskoeffizienten,
von dem schon die Rede war. Bei der Faktorenanalyse bestehen die
Korrelationen im Gegensatz zu (12) und (13) nicht zwischen den
Z und den X, sondern nur zwischen den X, wie schon gesagt.

Diese können geometrisch einfach gedeutet werden. Wir zeichnen
die beiden Variablen 1 und 2 als Vektoren $x_1$ und $x_2$ in das recht-
winklige Faktorkoordinatenkreuz:

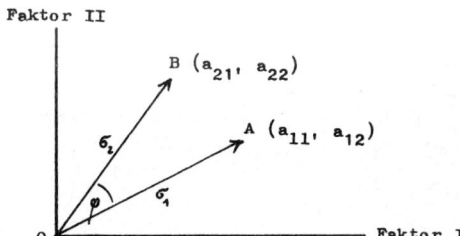

Zu den beiden Pfeilspitzen A und B gehören die Variablen $X_1$ und
$X_2$ mit den Koordinaten $X_{ij}$ (i = 1,2; j = 1,2...N). Die Pfeillän-
gen $\sigma_1$ und $\sigma_2$ sind die Standardabweichungen der beiden Variablen:

(14)     $\sigma_i^2 = \dfrac{1}{N} \sum_j x_{ij}^2$          (i = 1, 2 )

Nach dem Kosinussatz ist im Dreieck

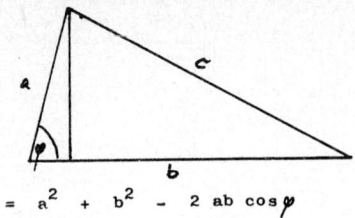

$$c^2 = a^2 + b^2 - 2\,ab\,\cos\varphi$$

Wir setzen $a = \sigma_1$; $b = \sigma_2$ und gemäß dem ersten Bild

$$(15) \qquad c^2 = \frac{1}{N} \sum_j (x_{1j} - x_{2j})^2$$

Wir erhalten dann

$$(16) \qquad \cos\varphi = \frac{1}{N} \frac{\sum x_{1j}\,x_{2j}}{\sigma_1 \cdot \sigma_2} = r_{12}$$

Hiermit ist der Zusammenhang von $\cos\varphi$ und $r_{12}$ nachgewiesen. Die Summierungen in (14) und (15) laufen über N Personen oder Fälle. Die Faktorenanalyse faßt Pfeilbündel (x-Vektoren) zusammen und stellt sie im F-Koordinatenkreuz dar. Die Koordinaten sind dann nicht mehr die der Personen, sondern die der Faktoren. $r$ und $\sigma$ werden als Funktionen der $a_{ik}$ in A dargestellt:

$$\sigma_i = \sum_k a_{ik}^2$$

$$r_{i_1 i_2} = \sum_k a_{i_1 k}\,a_{i_2 k}$$

Damit wird das N-dimensionale (1 Dimension = 1 Individuum) System der Personen durch das p-dimensionale der Faktoren ersetzt.

# K A P I T E L   VIII

## DATENVERARBEITUNG UND DATENANALYSE
=====================================

Bei der einfachen Unterscheidung von Datenerhebung und Datenverarbeitung muß man berücksichtigen, daß die meisten Datenerhebun-
gen nicht nur hinsichtlich eines Informations- oder eines theoretischen Ziels gestaltet werden, sondern auch in Abstimmung auf mögliche Analyseprozesse, zu deren technischem Arsenal die Datenverarbeitung gehört.

Daten können auch unabhängig von allen Forschungsprozessen vorliegen, wie in Einwohnermeldeämtern, Zeitungen und Druckmateria-
lien aller Art, Briefen, Rechnungen, Notizbüchern, Personallisten
usw. Ihre "Entdeckung" oder "Definition" als Daten für ein For-
schungsvorhaben hängt von den Intentionen des Forschers nicht
weniger ab als von seiner methodischen Vorstellungskraft.

Schon damit, daß ein Datentyp ins Auge gefaßt wird, ist ein
erster Schritt in eine bestimmte Analyserichtung getan. Ein
nächster liegt in einem wie immer gearteten Auswahlgesichts-
punkt. Erst dann folgen die Stufen der Datenaufbereitung, von Sor-
tierungs- und Klassifizierungsschritten, die bereits ein erheb-
liches Gewicht für die Analyseform und den theoretischen Rahmen
der Untersuchunge und damit für das substantielle Ergebnis haben.

Solche "naturgegebenen" Daten entstehen in ihrer Rohform also
meist unabhängig von möglichen Forschungszielen. Anders ist es
bei Daten, die um eines bestimmten Forschungsziels willen erhoben werden. Die Anlage der Datenerhebung - Stichprobenauswahl,
Fragebogen, Interviewer-Instruktionen u.a. - geschieht unter den
antizipierten Bedingungen des Untersuchungsverlaufs, der Hypo-
thesenentfaltung oder ihrer apriorischen Setzung oder Ableitung
aus der Theorie und der analysetechnischen Probleme und Möglichkeiten.

Die Art und Weise, wie Forschungsziele und theoretische Bezugsrahmen die Art der Datenerhebung präjudizieren, kann dem datenerhebenden Forscher mehr oder weniger bewußt sein. Gestaltet ein
Forscher einen Fragebogen so, daß - nach seiner Vermutung und
Absicht - ein bestimmtes ihm vorschwebendes Ergebnis resultiert,
so ist die ganze Datenerhebung umso überflüssiger, je besser ihm
das gelingt. Eine Datenerhebung "mit eingebauter Ergebnisgaran-
tie" kann ungeheure Vorteile für Auftraggeber und Finançiers
von Zweckforschung haben, ist aber technisch gesehen reine Geld-
verschwendung. Ein in diesem Sinne "totsicherer" Ansatz hat das
Kennzeichen einer Tautologie, er ist gegenüber der Wirklichkeit,
für die die Daten stehen, nicht offen, er fängt nichts außerhalb des intendierten Ergebnisses ein.

Von heuristischem Wert ist die Frage aber trotzdem, ob eine
solche Sicherung von Ergebnissen technisch möglich ist. Sie
setzt ja voraus, daß der Mechanismus der Interaktion von Erhebungsinstrument und "Wirklichkeit" (etwa: Befragtenreaktion)
in allen Einzelheiten, die ergebnisrelevant sind, genau bekannt
ist. Gerade das Wissen über diese Interaktion ist aber schwierig
zu beschaffen, es ist der Kern methodischer Experimente und
Grundlagenforschung.

Datenanalyse ist unter diesem Gesichtspunkt nichts anderes als
der Versuch, methodisch Bedingtes oder Hervorgerufenes aus Daten
wieder herauszufiltern, so daß die durch sie abzubildende "Wirklichkeit" im Bezugsrahmen der Fragestellung des Forschers klar
hervortritt. Datenanalyse ist unter diesem Aspekt also auch immer Datenkritik.

Solange Daten nicht oder nur kaum kritisch reflektiert werden,
wo sie als "reine" Prozentwerte - also quasi roh - dargestellt
werden und diese Darstellung als direkter Entscheid über Hypothesen fungiert, kann sich der, der auf "eingebaute Ergebnis-
garantie" aus ist, mit der technischen Kontrolle der Erhebungs-
instrumente begnügen. Die oben gestellte Frage nach der technischen Möglichkeit läuft auf die Frage der "Replikation unter

gleichen Bedingungen" hinaus. Wiederholung der Untersuchung an
Ort und Stelle und möglichst gleichzeitig gibt die größte Sicherheit, wenn kein Lerneffekt bei den Befragten zu befürchten ist.
Normalerweise fungiert eine Replikation als Verläßlichkeits-
prüfung. Ein Erhebungsinstrument, das durch eine Serie solcher
Prüfungen erfolgreich hindurchgegangen ist, garantiert dann
ein bestimmtes Ergebnis aber nur, wenn derselbe Anwendungsbe-
reich vorliegt (dieselbe Gemeinde etwa, Nicht-Vorliegen einer
zeitlichen Veränderung etc.).Diese Eichung von Erhebungsinstru-
menten hat aber in der Forschungspraxis den Sinn, gerade die
Anwendbarkeit auf immer andere Bereiche (Raum-Zeit-Abschnitte)
sicher zu stellen. Je universeller ein Instrument anwendbar ist,
desto größer ist auch der ökonomische Effekt.

Diese Erörterungen sind auf den Fall gezielter Untersuchungen
gemünzt. Zwischen den beiden Extremen der "naturgegebenen" Daten
und der "bewußt" erzeugten (bewußt gestaltete Erhebungsanlage)
liegt die sogenannte "explorative" Erhebung, bei der Daten auf
einem Gebiet erhoben werden, ohne daß man schon alle Hypothesen
über diesen Bereich hat oder berücksichtigt. In diesem Sinne
sind alle Erhebungen explorativ. Das heißt, man ist nicht nur
offen für neue, überraschende Ergebnisse im einzelnen, sondern
auch für eine Änderung der Hypothesen selbst.


## Datenverarbeitung

Da das Ergebnis einer Untersuchung nicht in Rohdaten zu bestehen
braucht, sondern in verarbeiteten Daten liegen kann und meist
sogar sollte, kann man ein "gewünschtes" Ergebnis nicht nur durch
die Art der Datenerhebung, sondern auch durch die Datentrans-
formation zu erreichen versuchen.

Eine der einfachsten Formen, unerwünschte Ergebnisse zu vermeiden,
liegt in der Weglassung von Daten, also der "elementarsten" Form
der Datenreduktion.

Eine komplexere Form ist die Unterlassung von bestimmten Auf-

gliederungen, Merkmalskreuzungen oder ähnlichen einfachen Operationen.

Hier erhebt sich die Frage, welches überhaupt die steuernden
Elemente der Datenverarbeitung sind. Schon aus Kostengründen kann
man nicht alle Informationen, die in einem Datenpaket stecken,
herausholen. Eine ganz und gar ungezielte "explorative" Datenauswertung ist eine Utopie. Die Wahlmöglichkeiten bei der Auswertung sind entschieden größer als bei der Erhebungsanlage. Sie
wachsen exponentiell mit der Zahl der Fragen oder Erhebungs-
punkte. 20 Fragen ergeben maximal über eine Million ein- bis
20-dimensionaler Tabellen.

Dieses rein mechanische, a-theoretische Reflektieren über Datenverarbeitung wird durch die Möglichkeiten der elektronischen Datenverarbeitung begünstigt. "Totalauswertung" ist das analoge
Konzept zur rein explorierenden Erhebung. In beiden Fällen versucht man, Denken oder Wählen weitestgehend zu vermeiden. In ge-
wisser Hinsicht ist man damit auch "objektiv". Indem der Forscher
sich so die eigene Wahlfreiheit versagt und der Datenverarbeitung alle Freiheit läßt, aus den Daten alles herauszuziehen, was
in ihnen steckt, stößt er aber auf das andere Problem, was er
denn nun selbst aus den vielen Millionen Zahlen schließen soll.

Die vollmechanische Totalauswertung in der gemeinten Art ist ja
das Gegenteil von Datenreduktion. Die Absicht, keine Information
zu verlieren, hat zu maximaler Unübersichtlichkeit geführt.

Die Übersichtlichkeit wird erst durch Datenreduktion zurückgewon-
nen. Sie ist aber kein Selbstzweck und wäre auch in ihrer Richtung
völlig unbestimmt, wenn keine Auswahlgesichtspunkte dazwischen-
träten. Die steuernden Elemente der Datenreduktion sind

     a) Hypothesen und Theorien
     b) Analysetechniken

a) gehört mit seinen Problemen zu Technik I, b) ist das Feld dieser Veranstaltung. Die Analysetechniken sollen hypothesenorientierte
und dem Unschärfecharakter der Daten gemäße (datenkritische) Schlüsse

aus erhobenen Daten zu ziehen erlauben.

Dem stochastischen Charakter der Daten - bedingt durch die nie
genaue Übereinstimmung von (theoretischem) Modell und (empirischen) Daten - gilt das Arsenal statistischer Teste. Sie sollen
bei der Entscheidung helfen, die sagt, ob eine Konfiguration
von Daten (Differenzen, Korrelationen, Prozentstrukturen etc.)
auch vom Zufall hätte produziert werden können oder mit wie
großer Wahrscheinlichkeit dies nicht der Fall ist. Nimmt die
zufallsbedingte Unschärfe von Stichprobendaten überhand oder
überschreitet sie bestimmte, innerhalb der Testprozedur festgelegte Grenzen, so kann die Alternative zur reinen Zufallserzeu-
gung der Zahlen, nämlich bestimmte, durch die Theorie postulier-
te Konfigurationen nicht mehr identifiziert werden. Man kann
dann nicht sagen, ob die Daten mit der Theorie übereinstimmen
oder nicht, da der "Störungspegel" zu hoch ist.

Statistische Teste und spezielle mathematisch-statistische Ana-
lyserechnungen sind in den Programmbibliotheken zu den größeren
elektronischen Rechensystemen enthalten. So kann man den $chi^2$-
Test oder einige andere Teste, Regressions- und Korrelations-
rechnungen, Faktoren und Varianzanalysen fast vollmechanisch aus
dem Computer beziehen, wenn man geeignete - formal geeignete! -
Daten eingibt. Formale Eignung bedeutet etwa folgendes:

a) die Daten müssen auf Lochkarten vorliegen,
b) die Spalten 1-4 enthalten die 4-stellige Ordnungsnummer
c) Spalte 5 und 6 enthalten einen zweistelligen Zahlenwert
   für Variable 1, Spalte 7 und 8 für Variable 2 etc.
d) ab Spalte 41 ist keine Lochung mehr vorhanden.

Diese Bedingungen a) bis d) sind nur ein spezielles Beispiel für
die formale Festlegung der Art von Daten, die dann beliebig komplexen Rechenoperationen, die programmiert auf Programmkarten
gegeben sind, unterworfen werden können.

Diese formale, vom Inhalt oder der erhebungstechnischen Qualität
der Daten völlig abstrahierende Beschreibbarkeit der Daten findet

ihre Entsprechung in den formalen Programmiersprachen (FORTRAN, ALGOL, COBOL etc.), die seit 1951 entwickelt wurden. In ihr ist es möglich, in einer Symbolsprache genau anzugeben, was die Maschine mit jedem Datum tun soll und in welcher Form und Anordnung sie die Ergebnisse ausdrucken wird.

Der Ergebnisbogen, der aus der Maschine kommt, kann auch beschreibende Texte wie Tabellenüberschriften, Frageformulierungen, methodische Angaben und ähnliches enthalten, so daß die Resultate auch von den Forschern direkt abzulesen sind, die das formale Programm weder schreiben noch lesen gelernt haben.

Bisher war nur von Lochkarten die Rede. Diese sind jedoch nur ein Sonderfall von Datenträgern. In der Datenverarbeitung gibt es aber außerdem noch

> das Magnetband
> die Platte und
> den Schnelldrucker,

den letztgenannten nur für die <u>Ausgabe</u> von Daten, die drei anderen für <u>Aus- und Eingabe</u> in das Rechengerät.

Lochkarte, Magnetband und Platte sind als Datenträger nun nicht nur für die Ein- und Ausgabe zu verwenden, sondern vor allem für die <u>Speicherung</u> von Daten. Der Vorteil von Platte und Band vor der Karte liegt nicht nur in der größeren <u>Speicherkapazität</u> pro Raumeinheit, sondern auch in ihrer schnelleren Abrufbarkeit oder Verfügbarkeit für die interne Verarbeitung in der Maschine. Im Inneren der Maschine (dem Kernspeicher der meisten Typen) ist zwar eine kurzfristige Speicherung während der Rechenoperationen vorgesehen, die Kapazität des Kernspeichers ist aber im Vergleich zu den äußeren Datenträgern sehr gering.

Die hohe Geschwindigkeit des Gesamtsystems hängt also von drei möglichen Engpässen ab,

> von der Eingabegeschwindigkeit
> von der Ausgabegeschwindigkeit und
> von der Rechengeschwindigkeit.

Die hohe Rechengeschwindigkeit ist notwendigerweise Bedingung
dafür, daß bestimmte Rechnungen überhaupt in einer kostenmäßig
oder zeitlich tragbaren Weise durchführbar sind.

Dies würde aber nicht helfen, wenn die Eingabe mit ihren "menschlichen" Problemen sehr langsam ist. Sie funktioniert umso schneller, je routinemäßiger die Programme abzuwickeln sind. Datenbe-
reinigungen (Eliminierungen fehlerhafter Lochungen, Standardisierung der Lochungsform), Umspeicherung von Daten (von Karte
auf Band, von Karte auf Platte etc.), Anfertigung neuer Programme
(was oft Monate dauern kann) und die Vorüberlegungen, was überhaupt gerechnet werden soll, können so zeitaufwendig sein, daß
es schneller geht, alle vorbereitenden Arbeiten für die Maschinen-
eingabe zu unterlassen und nach der Eliminierung fehlerhafter
Lochungen und einigen Grundauszählungen auf einer einfachen Fach-
zähl- und Sortiermaschine (Hollerith) die Rechnungen mit Hand-
rechenmaschinen und dem Rechenschieber durchzuführen.

Natürlich ist dies eine Frage des Rechenaufwandes. Außerdem wird
aber gelegentlich argumentiert, erst, wenn man eine Rechnung mit
der Hand durchgeführt hätte, sei die Rechnungsart richtig verstanden. Ein solches "Verstehen" des Rechenganges ist aber nicht
zu verwechseln mit dem inneren Nachvollziehen einer Analyse. Dazu gehört wahrscheinlich das Begreifen des substantiellen Problems
und seiner Übersetzung in das mathematische Modell oder die Rechnungen, die - maschinell oder mit der Hand - durchzuführen sind.

Woher weiß man eigentlich, was die Maschine mit den Daten tun
soll?

Soll sie die Theorie "erfüllen"? Dann müßten die Rechenschritte
oder der Rechengang eine zutreffende Übersetzung der Theorie in
den Algorithmus ( = spezifischer Rechengang) darstellen. Ist solch
eine Übersetzung überhaupt möglich? Bedeutete das nicht, eine
numerische (in Zahlen ausgedrückte) Theorie zu verlangen?

Erschöpft sich die Theorie darin, eine Liste möglicherweise für
das Problem relevanter Variablen anzugeben? Oder soll sie auch

angeben, welche Variablen einen Zusammenhang aufweisen sollten?
Oder gar, welcher Typ von Gleichungen diese Zusammenhänge beschreibt? Bejaht man die letzte Frage, so befindet man sich auf
dem Boden der ökonometrischen Wissenschaftsauffassung. Ist dies
ein fruchtbarer Boden für die Sozialwissenschaften allgemein?
Diese Fragen und ihre hier nicht vollzogenen Explikationen geben
dem Zweifel Raum, ob das Rechnen an sich schon immer sinnvoll
ist, ob die Verwendung von Computern und den mit ihnen vorgegebenen Rechengängen meist konventionell-mathematischer und lediglich naturwissenschaftlich bewährter Kalküle sich selbst recht-
fertigt.

Zweifellos kann man Gründe nennen, aus denen Formalisierungen
und die Verwendung restriktiver mathematischer Modelle in der
Sozialwissenschaft sinnlos sein kann. Aber es ist nicht einzusehen, wie jemand den Computer-Einsatz befürworten kann, ohne
die Frage der Übersetzung seiner Theorie ins Rechenmodell überhaupt gestellt zu haben. Dies ist nicht die Frage nach der Güte
der Daten, sondern nach der Güte der impliziten (z.B. bei mas-
senhaften Prozentuierungen) oder expliziten (nicht notwendig
begründeten) Verarbeitungsvorschriften für die Daten. Die Gefahr
kritikloser und damit eventuell sinnloser Verwendung von Computern wird durch die nur formale Beschreibbarkeit der Daten
(siehe oben) begünstigt.

Angeblich ist intuitiv klar, was Fragen in einem Fragebogen und
damit Spalten auf einer Lochkarte bedeuten. Die Daten werden unmittelbar und intuitiv von ihren Benutzern eingeschätzt. Demgegen-
über wird hier die Meinung vertreten, daß der theoretische Gehalt eines Datums erst durch die Datenverarbeitung festgelegt
wird, also durch das Modell als Quelle der Rechenvorschriften.

Da der Kalkülablauf vollautomatisierte Deduktionstechnik ist,
besteht die Analyse der Daten in der Anwendung der Theorie auf
sie, also in variierenden Modellexperimenten, die zur Entscheidbarkeit der Theorie durch die Daten hinführen.

Die Nachbildung einer Theorie liegt also nicht schon in der An-

lage und Planung einer Datenerhebungsaktion und gar nicht in der
nachträglichen Interpretation unbegründeter Rechnungen, sondern
der Konstruktion von Modellen, die die Chance haben, durch numerische (zahlenmäßige) Spezifizierung die Theorie zu treffen oder
zu verfehlen. Die Axiome als Bauelemente der Modelle sind die
empirisch gehaltvollen Hypothesen, nicht Sätze über die Daten.

### Datenanalyse

Das, was zur Datenanalyse gehört, liegt zeitlich sowohl vor wie
nach der Datenverarbeitung. Die zu wählende Analysetechnik hängt
ja nicht nur von den theoretischen Zielvorstellungen ab, sondern
vor allem von der Datenlage.

Daten sind teuer und meist gar nicht zu beschaffen. Der Forscher
muß pragmatischerweise mit dem Material arbeiten, das er hat.
Im Zentralarchiv für Empirische Sozialforschung in Köln ist der
akuteste Mangel zwar behoben, indem etwa 310 Untersuchungen[1]
als "Rohdaten" (Lochkarten), also als relativ vollständige und
vorwiegend unerschlossene Information vorhanden sind, aber gerade
dieser kleine Schritt aus der Datenknappheit heraus zeigt schlag-
artig eine Reihe ganz neuer Probleme. Diese stehen im engen Zusammenhang mit den Chancen der verbesserten Datenlage.

Verwirft man die Ansicht, daß Daten schon als Daten theoretischer Gehalt zukommt und hält ihre theoretischen Bezugsrichtungen
für vieldeutig und durch Datenverarbeitungsvarianten erst für bestimmbar, so ist die zeitliche Reihenfolge der nacheinander dasselbe Material analysierenden Forscher kein Indiz für die Sach-
gemäßheit oder auch nur Datengerechtheit der Analyse.

Insofern ist die Bezeichnung "Secondary Analysis" nicht treffend,
wenn damit die Analyse von Daten durch jemand, der sie nicht erhoben hat, gemeint ist. Daß eine Neu-Analyse auch unter einem
wenigstens spürbar veränderten theoretischen Bezugsrahmen erfolgt

---

1) Dazu kommen noch über 60 noch nicht archivierte Studien. Insgesamt stellen diese über 2 Millionen Lochkarten dar.

als die "Primäranalyse", ist selbstverständlich. Aber deswegen ist sie nicht notwendig "sekundär". Das wesentliche Kennzeichen scheint zu sein, daß S dann Sekundäranalytiker und P Primäranalytiker ist, wenn S einen Bericht von P gelesen hat, aber nicht umgekehrt.

Hier ist die Unterscheidung danach, wer die "datengerechtere" Analyse durchführte, auch nicht sehr hilfreich. Wichtiger scheint die Frage, ob denn die Analyse von S die von P theoretisch einschließt oder nicht, oder genauer, wer von beiden systematischer vorgegangen ist. Wenn S gegenüber P nur den Bezugsrahmen gewechselt hat, weil der von P ihm bekannt war, so führt S die Analyse nur weiter. Aber auch dann haben wir nur eine Fortsetzung der Analyse derselben Daten vor uns, wenn S den P punktuell oder ganz widerlegt. Denn die Möglichkeit, in einer Theorie entwerfenden oder verwerfenden Analyse zyklisch gleiche Stationen zu durchschreiten, ist typisch für Modellforschung wie sie oben skizziert wurde. In solcher Forschung fallen P und S zusammen.

Der vielleicht bessere (deskriptivere) Ausdruck für das, was mit "Sekundäranalyse" gemeint ist, ist "Erweiterte Analyse", und zwar, weil die "Sekundäranalyse" folgende Möglichkeiten einschließt:

a) Fortsetzung einer begonnenen Analyse oder deren Wiederaufnahme (als re-analysis oder continued analysis)

b) Vergleichende Analyse zweier Datensätze oder mehrerer Datensätze (internationaler Vergleich, Kohortenanalyse, panel-Analyse, Trendvergleich)

c) Zusammenlegung (pooling) verschiedener Datensätze zur Erzielung größerer Stichproben

d) Fusionierung von Datensätzen (aus den Datensätzen $D_1$ und $D_2$ entsteht ein dritter $D_3$, der ausgewählte Variable aus $D_1$ und $D_2$ enthält, die damit erstmalig, und zwar in $D_3$, vereinigt sind.)

e) Kombination von Daten verschiedener Aggregationsstufen im Zuge von Mehrebenen-Analysen (z.B. Gemeindestatistiken und Personendaten)

f) Simulationsverfahren (Verhaltenssimulation durch künstlich

erzeugte Zufallsvariationen bei festgehaltenem Rahmen empirischer Randwerte, oder Kombination isolierter empirischer Informationen und numerischer Hypothesen oder von Modellannah-
men)

Die Erweiterung der Analyse liegt in erweiterten

1. Bezugsrahmen (theoretische Perspektive)
2. Variablenlisten
3. Stichproben (soweit die dieselbe Gesamtheit repräsentieren)
4. Gültigkeitsbereichen (Grundgesamtheiten)
5. Datentypen (Personaldaten, Regionaldaten, Texte)

Damit deuten sich die Chancen an, die in der erweiterten Analyse
liegen. Durch Kombination verschiedener Datensätze und -typen
und ihre integrierte Auswertung und Analyse lassen sich potentiell viel umfassendere Theorien modellieren und numerisch prüfen.

Diese erweiterten Möglichkeiten - sie beruhen außer auf Daten-
sammlungen auch auf dem Wachstum der Computer - treten nun beim
Sozialforscher in einem Moment ins Blickfeld, wo er das Modellieren mit einfachen Kartensätzen noch gar nicht beherrscht.

Der Computerentwicklung und dem Wachstum der Datenmengen entspricht kein entsprechender Fortschritt in der Analysetechnik,
das heißt, dem Modellbau. Dieser müßte in einer Richtung liegen,
die man "integrierte Datenreduktion" nennen könnte. Mit "integriert" ist gemeint, daß hinsichtlich eines theoretischen Ziels
bei der Reduktion möglichst keine relevanten Informationen verloren gehen sollen. Die Informationen sollen nicht isoliert,
sondern aufeinander bezogen werden. Ihre Konstellation soll erhalten und sichtbar gemacht werden.

Diese verbal unscharf gefaßte Forderung ließe sich mit den
Mitteln der Formalisierung genauer und technisch brauchbarer
formulieren (für den Programmierer). Die Faktorenanalyse, die
wir in der letzten Stunde kennenlernten, leistet offensichtlich
so etwas ähnliches als generelle Analysetechnik. Alle Korrela-
tionen bleiben erhalten (in $R = \frac{1}{n} XX' = \frac{1}{n} AFF'A' = AA'$), während

X auf F reduziert wird. Die Faktorenanalyse beantwortet die Frage,
wie der Gesamtzusammenhang zwischen vielen Variablen aussieht.

Die Regressionsanalyse gibt schematisch das Zusammenwirken vieler Variabler beim Zustandekommen einer Zielgröße an. Zusammen
mit der Faktorenanalyse erlaubt sie die Auffindung von Typen
und Typologien aufgrund von Daten.


## Mehrebenenanalyse

Die oben angeführte erweiterte Analyseform e) sieht die Kombination von Daten verschiedener Aggregationsstufen vor. Der Terminus
"Aggregation" ist in der volkswirtschaftlichen Theorie und der
Ökonometrie allgemein bekannt. Er bezeichnet den Übergang von
individuellen Wahlakten und ihrer theoremartigen Fassung (z.B.
in der "Konsumfunktion" nach J.M. Keynes) zu volkswirtschaftlichen Gesamtgrößen oder aggregierten Abhängigkeiten (hier: der Ausgaben insgesamt vom Einkommen aller Individuen). "Aggregation"
steht also für den Übergang von einer mikroökonomischen zu ihrer
entsprechenden makroökonomischen Aussage.

Bei der Aggregation können neue strukturelle Phänomene auftau-
chen. So kann eine im Aggregat statistisch erscheinende "ge-
stiegene Gesamtkonsumneigung" mit einer absoluten Konstanz der
individuellen Konsumfunktionen (die beschreibt, wieviel von
einem Einkommen von x DM ausgegeben wird) verträglich sein. Der
Grund für die aggregative Veränderung liegt dann eventuell in
einer Änderung der Einkommensverteilung, ein Aspekt oder Merkmal, das nicht Individuuen als Träger hat, sondern nur Vielhei-
ten von Individuen .

Bezeichnet man die einzelnen Konsumenten als Merkmalsträger der
ersten (Aggregations)-Ebene, so ist die Volkswirtschaft eine
zweite Ebene. Nimmt man als Operationalisierung des Begriffs
"Einkommen" auf der Makro-Ebene das Nettosozialprodukt zu Faktor-
kosten gemäß der amtlichen Statistik, so ist die BRD der Merkmals-

träger, die Jahreszahlen die Realisationsindices für dieses
Merkmal.

Die BRD ist gleichzeitig Träger weiterer Zweitebenenmerkmale, wie
Preisniveau, Steuerbelastung usw., die auch wieder nach Güter-
kategorien und Steuerarten "disaggregiert" werden können.

Analysen, in denen mehrere Ebenen der Aggregation verbunden werden, heißen in der Soziologie "Mehrebenenanalysen". Es ist klar,
daß sich das Problem hier etwas anders stellt als in der National-
ökonomie.

Bezeichnet man in Analogie zu den erststufigen, zweitstufigen,
...nstufigen Auswahleinheiten der Stichprobentheorie die Merkmalsträger der Mehrebenenanalyse als solche der Ebene 1, Ebene 2
usw. und führt als zweiten Gesichtspunkt die Gliederung der Merkmale danach ein, ob sie deskriptiv sind für

a) die isolierten Elemente einer Ebene
b) die Relationen zwischen Elementen einer Ebene und
c) die Relationen zwischen Elementen verschiedener Ebenen,

so kommt man zu folgendem Schema:

|  | Merkmalsträger der | | | |
|---|---|---|---|---|
|  | Ebene 1 | Ebene 2 | Ebene 3 | ..... |
| Das Merkmal be-schreibt (wie oben) |  |  |  |  |
| a) | A | B | C |  |
| b) | D | E | F |  |
| c) | G (K) | H | I |  |

A bezeichnet den Fall von Individual-Merkmalen, zum Beispiel das
Alter eines Individuums oder von isoliert betrachteten Individuen.

B wird exemplifiziert etwa durch Fußballvereine bzw. durch das
Merkmal "Anzahl der gewonnenen Spiele pro Jahr". Die Vereine sind
die Merkmalsträger, nicht die Individuen.

D bezieht sich zum Beispiel auf solche persönlichen Merkmale,
wie sie aus der Soziomatrix abzuleiten sind *(S. 112 ff)*.
Ein solches Merkmal ist etwa die Zahl der Präferenzen 3. Ordnung,
die auf die Individuen entfallen. Präferenz ist nämlich ein
typisches Relationsmerkmal, das nicht isolierte Individuen, sondern Beziehungen zwischen ihnen betrifft.

E könnte etwa der Rangplatz einer Gemeinde nach dem prozentualen
Anteil der Selbstmorde in den letzten 10 Jahren sein. Durch die
Rangreihenbildung wird jede Gemeinde zu jeder anderen in eine
Beziehung gesetzt. Ebene 1 (Bezirke oder Individuen) kommt dabei
nicht vor.

Ein etwas von E abweichender Fall sind die Aggregat-Merkmale, die
sich aus der rechnerischen Verarbeitung von A-Daten zu B-Daten
ergeben, etwa das Durchschnittsschuljahr der Kinder einer Familie.
Merkmalsträger ist die Familie (Ebene 2), die Merkmalsausprägung
oder -größe beruht aber auf Individualdaten.

Wichtig für die Aggregatmerkmale (K) ist die Abgrenzung zu E. Sie
liegt in der Art der rein reduktiven, keine Beziehungen zwischen
den Trägern der Merkmale niederer Ordnung oder Ebene berücksich-
tigenden Verarbeitung dieser Merkmale. Träger aber ist auf jeden
Fall das Kollektiv oder das Element höherer Ordnung oder Ebene.

Umgekehrt wie bei K gibt es auch Merkmale, die für die nächst-
höhere Ebene deskriptiv sind, deren Träger aber Individuen oder
die niedere Ebene sind, zum Beispiel Zugehörigkeit zu einer Schule
eines bestimmten Typs. Dieser Fall sei aber als Sonderfall von A
angesehen.

Ein Beispiel für G wäre etwa Zugehörigkeit zu einer Gruppe mit
großer innerer Kohäsion, ein Beispiel für H die Telefonatdichte-
indexzahl einer Stadt, soweit der Index aus der Interkommunika-
tion mehrerer Städte berechnet wurde. Die Mehrheit von Städten
wäre Ebene 3, jede einzelne Stadt Ebene 1.

Schon diese Beispiele lassen erkennen, daß die Mehrebenenanalyse
eine Reihe interessanter soziologischer Probleme impliziert oder
doch in neuem Lichte erscheinen läßt. Die analysetechnischen Fragen sind dabei noch längst nicht alle beantwortet.

Das sieht man schon ein, wenn man sich auf die "ökologische Analyse", einen Sonderfall zu B, beschränkt. Die ökologische Analyse
betrachtet und behandelt Kollektive innerhalb von Regionen als
kompakte Einheit. Im weiteren Sinne kann die Beschränkung auf
Regionen auch aufgehoben werden zugunsten von andereren Kollek-
tivgrenzen.

Schleswig-Holstein war 1967 in 44 Wahlkreise eingeteilt. Die Land-
tagswahl hatte folgendes Ergebnis:

|  | Stimmenanteil | Standardabweichung |
|---|---|---|
| CDU | 45,95 | 5,00 |
| SPD | 39,32 | 6,76 |
| FDP | 5,91 | 1,55 |
| NPD | 5,82 | 1,11 |
| SSW | 2,03 | 4,87 |
|  | 99,03 |  |

Diese Zahlen sind nicht das tatsächliche Wahlergebnis, sondern
der ungewichtete Durchschnitt dieser 44 Kreise, weswegen auch
die Summe nicht 100 % ist. Die Toleranzen zeigen die Unterschiedlichkeit der 44 Kreise (Standardabweichung). Der Stimmenanteil
pro Wahlkreis kann als Variable aufgefaßt werden. Bei der ökologi-
schen Analyse kann man etwa die Korrelationskoeffizienten zwischen
allen Parteien berechnen. Es entsteht die Matrix R:

|  | CDU | SPD | FDP | NPD |
|---|---|---|---|---|
| CDU | 1.00 | -0,74 | 0,37 | 0,45 |
| SPD | -0,74 | 1,00 | -0,45 | -0,27 |
| FDP | 0,37 | -0,45 | 1,00 | 0,33 |
| NPD | 0,45 | -0,27 | 0,33 | 1,00 |

Ein Vergleich mit Tabelle 2 des Kapitels "Faktorenanalyse" (S.126)
zeigt, daß hier die Verhältnisse ganz anders liegen. Der ökologische Pol in Schleswig-Holstein ist die SPD, im Beispiel November 66 BRD ist der demographische Pol die CDU. Formal gesehen
ist die Studie von 1966 auch eine ökologische, da die 16 demographischen Gruppen getrennte Kollektive sind. In beiden Fällen werden nur Gruppen als "Fälle" behandelt.

Aus der Tabelle kann man lediglich folgern, daß Kreise, in denen
die CDU überdurchschnittlich war, auch die NPD stärker als ihrem
eigenen Durchschnitt entsprach, gewann.

Falls man aus den einzelnen Wahlkreisen eine hinreichende Anzahl
von Daten über Einzelpersonen (Interviews) hat, so kann man eine
Mehrebenenanalyse durchführen, die den Zusammenhang von persönlichen und regionalen Merkmalen herstellt.


## Weitergehende Analyseformen

Diese allgemeine Bedeutung des Mehrebenenaspekts für die Soziologie wird immer mehr erkannt. Sie liegt vor allem darin, daß
hier Fragen der Theoriebildung mit denen der Forschung und der
Daten zusammengeführt werden. Aussagen der Theorie oder von theoretischem Charakter können nur dann geprüft werden, wenn ihre
Konzepte operationalisiert sind. Dazu gehört, daß man Variable
oder Merkmale bildet und angibt, welcher Ebene die Einheiten angehören, die Merkmalsträger sind. Viele Wortgebilde, wie "Ge-
samtgesellschaft", "Urbanisierung", "Modernität", "Freizeitver-
halten" können zwar so oder so operationalisiert werden. Ihre
Anfälligkeit für Ideologie-Vorwürfe beruht aber auf den typischen
Satzverbindungen, in denen sie vorkommen. Kann man die Satzverbindungen selbst operational übersetzen, so meist nur in Form
von Kausalworten. Diese verbinden Variable, deren Realisationen
verschiedenen Realisationstypen angehören können, etwa folgende:

Zeit
Region
Gruppe
Person

Die Zeit als Realisationstyp kommt vor allem bei der Zeitreihen-
analyse vor, wie sie die Ökonometrie kennzeichnet. Es sei

$A_t$ = allgemeine Wirtschaftslage

$B_t$ = persönliche Wirtschaftslage

$C_t$ = Grad des persönlichen Optimismus

Der Index t zeigt etwa das Jahr an (t = 1 für 1948, t = 2 für
1949 usw.). $A_t$ sei etwa der saisonbereinigte Index der Investitionstätigkeit (Netto), $B_t$ das Einkommen im März des Jahres t
und $C_t$ ein Skalenwert einer Optimismusskala. Wenn $A_t$ so operationalisiert ist, daß es für die BRD gilt, $B_t$ und $C_t$ aber für
Individuen, so ist nicht nur die Zeit, sondern auch die Differenzierung von Person und "Land" mit im Spiele. Man müßte also
$B_{tj}$ und $C_{tj}$ schreiben zum Zeichen dafür, daß $B_t$ und $C_t$ für jedes
Individuum j verschieden sein können. Die einfachste Aussage
wäre nun der Form nach eine solche, die $C_{tj}$ aus $A_t$ und $B_{tj}$, also
aus einem Kontext- und einem Individualmerkmal zu erklären oder
vorauszusagen versucht. Würde man t weglassen, also nur einen
Zeitpunkt betrachten, so wäre $A_t$ eine konstante Zahl, die nichts
erklären könnte. Die Dimension "t" (Zeit) eröffnet der allgemeinen Wirtschaftslage Spielraum für Variationen und Kovariationen
mit den persönlichen Verhältnissen. Nur dadurch kann das Zusammenspiel von $A_t$ und $B_t$ hinsichtlich $C_t$ gemessen werden. In einer
verbalen Theorie sind etwa folgende Aussagen mögliche Gegenstände
der Überprüfung:

1. Wenn A oder wenn B gut ist, dann auch C

2. Nur, wenn A und B, dann auch C (gut)

3. Immer dann, wenn B, dann auch C (gut)

Die quantitative Formulierung der Beziehungen zwischen A, B und
C ermöglicht weitere theoretische Aspekte, etwa:

4. A ist für C wesentlicher als B

5. Je geringer A, desto höher C bei gegebenem B

Diese Version faßt den Kontext als Kontrasthintergrund auf, an
dem die eigene Lage relativiert wird. Sie ist ein Beispiel für
Interaktion zwischen verschiedenen Ebenen (Gesamtwirtschaft, persönliche Situation).

Interagieren die Variablenträger verschiedener Realisationstypen, so entstehen jeweils andere theoretische Sonderlagen. Es sei $X_{itrj}$ die Ausprägung der i-ten Variablen im Zeitpunkt t für das Land r, zu dem die Person j gehört. Eine multivariate Analyse der $X_i$ kombiniert den Zeit- und Ländervergleich miteinander und wirft damit Fragen des Evolutionismus auf, die traditionelle Bereiche der Soziologie sind.

"Privatisiert" man den Evolutionismus durch Weglassung von r, so kommt man zum Vergleich von Individuen in der Zeit. Als weitere Variable wird dabei das Alter interessant, etwa i = 1. Es gilt dann $X_{1tj} = t - t_j$ . $t_j$ ist der Index des Geburtsjahres von j. Alle Personen mit demselben Geburtsjahr $t_j$ nennt man eine "Kohorte". Die Kohortenanalyse stellt Vergleiche innerhalb einer Kohorte $K_{(tj)}$ und zwischen verschiedenen Kohorten eines Jahres t an. Dies ist ein zeitliches Analogon zur Mehrebenenanalyse. Es wird bei einer dynamischen (zeitbezogenen - Prozesse analysierenden) sozialwissenschaftlichen Modellforschung - nicht nur wegen der großen darin liegenden prognostischen Möglichkeiten - eine wachsende Rolle spielen. Dabei wird man ökonomische Zeitreihen- und Trendanalysen mit Querschnittsdaten (Umfragen) der Sozialforschung interdisziplinär kombinieren. Ansätze dazu sind bereits erkennbar.

Die Zukunft der Forschungspraxis steht nicht nur im Zeichen der Computer, sondern vor allem im Zeichen numerischer Modelle, die allein große Datenmengen mit der Theorie einerseits und dem Computer andererseits in Verbindung setzen können. Die Archivierung der erhobenen Daten wird durch Rückgewinnungssysteme ergänzt, die dem Benutzer einen schnellen und gezielten Zugang zu spezifizierten Datentypen verschaffen. Numerische Modelle knüpfen an die so "rückgewonnenen" Daten an, reduzieren sie in integrierender Absicht und bilden sie als Koeffizienten oder Kennziffern ab, die auf theoretische oder prognostische Fragen eine möglichst knappe, aber hinreichend differenzierte Antwort geben. Die Entscheidungsträger in Politik und Wirtschaft werden jetzt noch mit langen Berichtstexten belastet, die vielfach unschlüssige und dazu noch "interpretierende", also aus den Daten gar nicht folgende Aus-

sagen enthalten. Es gibt aber Entscheidungslagen, wo vielleicht
nur eine einzige Zahl gebraucht wird. Das Problem ist dann nicht,
ob man zu 7 Tabellen 20 Seiten Text erfinden kann, sondern, wie
man die eine benötigte Zahl findet.

Für den Fortgang der Sozialforschung geht es darum, die Praxis
des Anpassens theoretischer Aussagen an (zufällig) gegebene
Daten zugunsten der Entdeckung von neuen Phänomenen durch Datenanalyse aufzugeben.

## K A P I T E L   IX

### Deskriptive Statistik
========================

In allen empirischen Wissenschaften stellt die Statistik ein
Hilfsmittel dar, mit dem Entscheidungen der folgenden Art getroffen werden:

Trifft eine Hypothese - gemessen an bestimmten Daten oder
vorliegenden Zahlen - zu oder nicht?

Ist der Unterschied zweier Meßergebnisse bedeutsam oder
handelt es sich nur um eine stichprobenbedingte Unschärfe?

Lohnt es sich angesichts der höchstens erforderlichen Meß-
genauigkeit, eine Meßreihe fortzusetzen?

Wie groß ist der Einfluß einer Variablen x auf eine andere
y ?

Wird ein bestimmtes Rechenmodell dem Zusammenspiel von
n Variablen gerecht?

Diese Beispiele beziehen sich auf den Bereich der analytischen
Statistik. Sie hat es mit Entscheidungen über die Aussagefähig-
keit von Daten zu tun, also darüber, was bestimmte Daten für
eine gegebene Hypothese besagen oder, wie verträglich sie mit
bestimmten Hypothesen sind.

Die speziellen Analyseverfahren der Statistik, die in der sozialwissenschaftlichen Forschung angewandt werden und dauernd an
Bedeutung gewinnen und weiterentwickelt werden, sind Gegenstand
statistischer Spezialvorlesungen sowie der Veranstaltung "Technik
II", die sich an diese anschließt.

Die deskriptive Statistik wird dagegen als Grundlage für das
Verständnis des Forschungsprozesses schon in Technik I gebracht.
Sie hat es mit Verteilungen und einfachen Maßzahlen, die solche
Verteilungen übersichtlicher und kürzer kennzeichnen sollen, zu
tun. Der mathematische Aufwand dazu ist im Vergleich zum Abitur-
wissen verschwindend gering. (Ganz im Gegensatz zur analytischen
Statistik).

Die deskriptive Statistik ist auch Grundlage für die analytische sowie für die Stichprobentheorie und -technik. Diese gehört
systematisch aber insofern zur Technik I, als es hier um Datenerhebung - im Gegensatz zur Datenanalyse, der Technik II gilt -
geht. Bestimmte wissenschaftslogische und methodologische Probleme

lassen sich ohne Rückgriff auf Begriffe der Stichprobentheorie
aber kaum oder doch nur schwerer verständlich darstellen. Daher
lassen wir die Darstellung der beschreibenden Statistik hier in
einige Konzepte der Stichprobentheorie einmünden.

## 1. Verteilungen

50 Personen werden nach ihrem Beruf klassifiziert. Es ergibt sich:

| Berufsgruppe | Anzahl | % |
|---|---|---|
| Arbeiter | 19 | 38 |
| Angestellte und Beamte | 20 | 40 |
| sonstige | 11 | 22 |
| | 50 | 100 |

Die 50 Personen - von denen nichts darüber ausgesagt wird, ob
sie für irgend einen Teil der Bevölkerung "repräsentativ" sind -
verteilen sich wie 19:20:11 auf die drei Berufsgruppen. Diese
drei Zahlen - bei denen es sich um Häufigkeiten handelt, weswegen
man auch von "Häufigkeitsverteilungen" spricht - stellen die
Verteilung eines "qualitativen" Merkmals dar, wie man sagt.
Das Merkmal ist natürlich nicht das, was hier verteilt ist, sondern die 50 Personen. Und zwar sind sie auf die drei Merkmalsausprägungen innerhalb des Merkmals "Berufsgruppen" verteilt.
Die 50 Personen werden als Merkmalsträger bezeichnet. Über das
Beispiel hinausgehend ist also folgendes zu unterscheiden:

> 1. Merkmal (z.B. Beruf, Alter, Temperatur, Gruppen-
>    kohärenz, Familiengröße etc.)
> 2. Merkmalsausprägung bei qualitativen Merkmalen
>    (z.B. Arbeiter, Beamter, . . . oder 15-20
>    Jahre, 20-30 Jahre, . . . oder "hohe Ko-
>    härenz",
>
>    "mittlere Kohärenz", "geringe Kohärenz". . .)
> 3. Merkmalsträger (z.B. Personen, Frauen zwischen 40
>    und 60, Familien, Familien mit 2 oder mehr
>    Kindern, Länder, Hochschulen etc.)

Unter den Beispielen für Merkmale befinden sich auch andere als

qualitative Merkmale, nämlich quantitative (Alter, Temperatur,
Familiengröße - in Personenanzahl gemessen - ) und ordinale
(Gruppenkohärenz).

Der Unterschied der drei Merkmalstypen liegt in der Art der Merkmalsausprägung.
Bei qualitativen Merkmalen sind die Ausprägungen einfach Kategorien oder Klassen. Es bleibt offen, ob ein Merkmalsträger
(z.B. eine Person) genau in eine dieser Kategorien fällt oder
in mehrere. Beim Merkmal "Geschlecht" ist meist nur eine Kategorie zutreffend, bei "Studienfach" oder "Gegenstände, die im
persönlichen Besitz sind" können es mehrere sein. Strebt man
an, daß jeder Merkmalsträger in genau eine Kategorie eines qualitativen Merkmals fällt, so kann man - im Beispiel - jedes einzelne Studienfach als Merkmal definieren und als Ausprägungen oder
Kategorien "studiert dieses Fach", "studiert es nicht". In diesem
Sinne könnte man das Merkmal als Frage auffassen, etwa "Haben Sie
ein Tonbandgerät?" und seine Ausprägungen als Antwortmöglichkeiten. Wir werden darauf bei der Behandlung des Fragebogens zurückkommen.
Bei ordinalen Merkmalen sind die Ausprägungen geordnet oder in
eine bestimmte Reihenfolge gebracht, zum Beispiel "stark", "mittel", "schwach". Diese Reihenfolge gehört zum Merkmal. Man kann
sie nicht umstellen. Ordinalmerkmale bzw. ordinale Ausprägungen
von Merkmalen entsprechen der grammatischen Form des Komparativs,
wobei zwei nebeneinander liegende Ausprägungen stets "verschieden
stark" in der Merkmalsdimension ausgeprägt sind, was man bei
"männlich" und "weiblich" als qualitativen Ausprägungen nur dann
vertreten kann, wenn man in freier Interpretation des Genesis-
Berichts die Frau als einen abgeschwächten Mann betrachtet. Ordinale Merkmale können demnach als Vergleichsfragen angesehen werden, zum Beispiel: "Scheint Ihnen das Bildungssystem der DDR
oder das der BRD der modernen Industriegesellschaft gemäßer zu
sein?". Die latente Merkmalsdimension, die von dieser Frage "auf-
gespannt" wird, ist das Maß, in dem Bildungssysteme der modernen
Industriegesellschaft gemäß sein können. Es wird aber durch die
Frageformulierung zugleich ausgeschlossen, daß der Befragte irgend
etwas messen muß oder eine Maßzahl angibt. Er soll lediglich ver-

gleichen. Ein solcher Vergleich ist eine abgeschwächte Form des Messens, also quantitativer Merkmalsausprägungen. Die drei Antwortmöglichkeiten des Beispiels sind "DDR", "beide gleich" und "BRD". Wäre nur eine Alternativentscheidung zugelassen, also __entweder__ DDR __oder__ BRD, so wäre formal das ordinale Merkmal zu einem qualitativen geschrumpft. Alle J-Nein-Alternativen sind von derselben Form. Sie sind qualitative Merkmale.

Die Ausprägungen ordinaler Merkmale stellen __Rangreihen__ oder __Rangordnungen__ dar. Es ist klar, daß das "Antworten", das in der Operation mit ordinalen Merkmalen liegt, auf die __eine__ angesprochene Merkmals__dimension__ beschränkt ist. Und zwar muß der "Antwortende" von der __Eindimensionalität__ überzeugt sein. Ist er das nicht, so kommt es zur Antwortverweigerung und zu irgend einer Form von Korrekturversuch an der Fragestellung. Typisch ist dann die Reaktion "das kömmt ganz darauf an" oder "meinen Sie ... oder ... ?". Gegenfragen im Interview sind tödlich für den Interviewablauf und kennzeichnend für Mehrdimensionalität des gefragten Merkmals, die als "Unklarheit" erlebt wird.

Diese Gefahr der Verständnisschwierigkeit besteht nicht nur für das Interview, sondern für alle Situationen, wo die Merkmalsdefinition - die stets abstrakt sein muß - auf empirische Fälle anzuwenden ist - in der Wirklichkeit oder der "Welt der konkreten Antworten" gibt es nur __Ausprägungen__ - . Der "Definierende" oder "Fragende" kann insbesondere etwas anderes meinen oder im Sinne haben als der "Anwender" oder Befragte. Oder es kann dem einen unklar sein was der andere meint. Diese semantische Kluft stellt ein ungelöstes Problem nicht nur der Datenerhebung (Fragebogenentwicklung, Messung), sondern auch der Datenverarbeitung und -analyse dar. Denn auch der Fragende oder der Analytiker von Antworten kann den Antwortenden trotz seiner manifesten Antwort mißverstehen.

Bei __quantitativen Merkmalen__ liegen Zahlenwerte als Ausprägungen vor, wie etwa beim Alter (in Jahren) oder bei der Einkommenshöhe (in Währungseinheiten). Soweit man Klassen bildet (etwa : 15-20 Jahre etc.), erhält man formal wieder ordinale Merkmale. Da man die Verteilung __innerhalb__ der Klassen (also: wieviele sind 15, wieviele sind 16, wieviele 17, etc. ?) aus der Häufigkeitsbesetzung (Anzahl der Merkmalsträger, die auf diese Klasse entfallen) nicht

ableiten oder berechnen kann, kann man auch streng genommen kein
Gesamtdurchschnittsalter oder andere Maßzahlen berechnen. Diese
Schwierigkeit besteht ja auch schon bei jahresmäßigen Altersangaben,
da das Merkmal Alter wie die Zeit kontinuierlich gedacht wird.

Wenn man aber einmal quantitative Daten hat, kann man sie jeder-
zeit durch Gruppenbildung, nachträgliche Verbalisierung (z.B.
"die Jüngeren", "die in mittleren Altersgruppen" und "die Älteren")
auf ordinale Information reduzieren. Da quantitative Merkmale
in der Sozialwissenschaft selten in semantisch oder theoretisch
unbedenklicher Form vorkommen, wohl aber eine Vielzahl von ordinalen Daten damit rechnerisch oder in der Datenverarbeitung kombiniert werden müssen, wird von einer solchen Reduktion häufig
Gebrauch gemacht.
Der umgekehrte Fall, daß zum Beispiel Befragte ihre Antwort intro-
spektiv quantifizieren und vorgegebene oder selbst erfundene Zahlenwerte angeben, wird in Technik II bei der Behandlung der Skalen
kritisch untersucht.

Wenn die Zahl der Ausprägungen von Merkmalen sehr groß ist, etwa
bei 450 verschiedenen Antworten auf eine offene Frage oder bei
89 Altersgruppen (jahresmäßig angegeben) oder bei einem fast
kontinuierlichen Merkmal, muß aus Zwecken der Übersichtlichkeit
und der analytischen Manipulierbarkeit eine Klassenbildung erfolgen. Sonst zeigt sich unter Umständen überhaupt keine Verteilung,
weil die Zahl der Fälle (Merkmalsträger), die auf die einzelnen
Ausprägungen entfällt, sehr klein und oft 0 ist. Mit einer reinen
Liste von Äußerungen kann man statistisch und analytisch aber nichts
anfangen, es sei denn, man bildet eine Sprachstatistik, also
ein Lexikon mit Angabe der Häufigkeit, mit der jedes Wort oder
jede interessierende Wortverbindung auftrat.


2. Durchschnittsmaße

Die Kennzeichnung einer Verteilung durch eine einzige Zahl ist -
wenn überhaupt - nur bei quantitativen Merkmalen angebracht. Es
seien n Merkmalsträger gegeben, i sei die allgemeine Ordnungsnummer des i.ten Trägers, $x_i$ seine zugehörige Maßzahl für das quan-

titative Merkmal M, dann ist der ungewichtete Durchschnitt bekanntlich

(1) $$\bar{x} = \frac{1}{n} \sum_{i=1}^{m} x_i \quad \text{oder} \quad \bar{x} = \frac{1}{n}(x_1 + x_2 + \ldots + x_n)$$

Bei Vorliegen von m Klassen mit der Häufigkeit $h_j$ in der j.ten
Klasse und der irgendwie ermittelten durchschnittlichen Ausprägung $\bar{x}_j$ in dieser Klasse muß der mit den $h_j$ gewichtete Durchschnitt gebildet werden:

(2) $$\bar{x} = \frac{1}{\sum_j h_j}\left(\sum_{j=1}^{m} h_j \bar{x}_j\right) = \frac{1}{\sum_j h_j}(\bar{x}_1 h_1 + \bar{x}_2 h_2 + \ldots + \bar{x}_m h_m) ,$$

wobei $\sum_{j=1}^{m} h_j = n.$

Um $\bar{x}$ nach (2) berechnen zu können, muß man also die Einzeldurch-
schnitte $\bar{x}_j$ je Klasse nach (1) berechnet haben. Sind die $x_i$,
also die individuellen Werte, aber gar nicht bekannt oder gegeben,
so muß man irgend eine Schätzung vornehmen. Meist nimmt man dann
die Klasenmitte, also den Wert des Merkmalsträgers an der unteren
Klassengrenze plus dem des Merkmals trägers an der oberen geteilt
durch zwei.

Ein besonderes Problem ergibt sich bei offenen Klassengrenzen,
zum Beispiel beim Merkmal "Einkommen" die Ausprägung "DM 2000
und mehr". Das "mehr" hebt die Stringenz der Zahl 2000 wider auf
und nimmt ihr den Wert einer quantitativen Information. Genau
genommen ist dieses Problem nicht zu lösen, wenn keine Angaben
für jede Person i vorliegen. Man kann sich allenfalls mit der
Annahme einer idealisierten Verteilung behelfen, etwa der Glockenkurve. Dies ist umso unbedenklicher, je näher die geschlossenen
Klassen eine solche Verteilung approximieren.

Eine andere Maßzahl als der Durchschnitt ist der Zentralwert
oder Median. Er ist definiert als der Meßwert (Ausprägung) des
mittleren Merkmalsträgers. Bei 50 Personen ist es also die 25.
Person, wenn man alle 50 nach der Größe der Merkmalsausprägung in
eine Reihenfolge oder Rangordnung bringt. An dieser Definition erkennt man die Verwandtschaft des Zentralwerts mit Ordinalmerkmalen.

Trotzdem braucht man praktisch quantitative Einzelwerte $x_i$ , um die mittlere Person überhaupt lokalisieren zu können. Andernfalls muß man wieder auf theoretischen Annahmen beruhende Umrechnungen vornehmen, um diese Schwierigkeit, nämlich die Unauffindbarkeit des mittleren i in einer Klasse, zu überspielen.

Trägt man die Häufigkeiten zu quantitativen Merkmalen in eine Graphik ein, so entsteht das Bild einer empirischen Verteilung. Sie kann einen oder mehrere "Höcker" haben. Bei nur einem solchen relativen Maximum (das in diesem Falle ein absolutes ist) spricht man von einer eingipfligen oder unimodalen Verteilung, andernfalls von einer bi-, tri- etc. -modalen. Der Meßwert oder die Merkmalsausprägung einer eingipfligen Verteilung, der zu diesem Gipfel gehört, wird Modus oder höchster Wert genannt. Natürlich ist nicht dieser Wert der höchste, sondern seine zugehörige Häufigkeit.

Durchschnitt, Zentralwert und Modus sind die drei Durchschnittswerte von eindimensionalen Verteilungen. Der Zentralwert ist im strengen Sinne kein Durchschnitt, sondern die zu einem Rangplatz gehörige Maßzahl.

Es fragt sich, ob diese drei Werte
     a) dasselbe oder etwas verschiedenes messen
     b) gleich gut geeignet sind, die Verteilung zu kennzeichnen.
zu a) ist zu sagen, daß sie alle drei die Verteilung anders charakterisieren und nur im Falle der symmetrischen $(h(\bar{x}-x)=h(\bar{x}+x))$ unimodalen Verteilung identisch werden. Liegt der Durchschnitt links vom Zentralwert, so liegt eine linksschiefe Verteilung vor. Die Differenz beider Werte mißt die Schiefe in einfacher Weise. Bei mehrgipfligen Verteilungen ist der Aussagewert aller drei Durchschnittsmaße außerordentlich schwach. Dies ist für die Soziologie besonders gravierend, da wir es hier oft mit polar entgegengesetzten Gruppen oder Personenvielheiten zu tun haben (Anhänger und Oppositionelle), deren Unterschiede in einem einzigen Durchschnittsmaß verwischt oder verdeckt werden.

Ein weiterer Nachteil der einfachen Durchschnittsmaße ist ihre Unfähigkeit, die Breite einer Verteilung anzuzeigen, also, ob relativ viele Personen in der Nähe des Durchschnitts sind oder ob sie sich alle sehr unterscheiden. Ein solches "Konformitätsmaß" ist die Varianz oder Standardabweichung.

## 3. Die Varianz als ein Maß für die Unterschiedlichkeit

Wir betrachten die Altersverteilung von 50 Studenten:

| j | Alter | Anzahl |
|---|-------|--------|
| 1 | 18 | 2 |
| 2 | 19 | 5 |
| 3 | 20 | 10 |
| 4 | 21 | 16 |
| 5 | 22 | 10 |
| 6 | 23 | 5 |
| 7 | 24 | 2 |

Offensichtlich handelt es sich um jüngere Semester. Man erkennt mit dem bloßen Auge, daß das Durchschnittsalter 21 Jahre ist. Es berechnet sich nach (2), wenn man $x_j$ für das Alter in der j.ten Gruppe setzt und $h_j$ für deren Häufigkeit bzw. Umfang:

$$\bar{x} = \frac{2 \cdot 18 + 5 \cdot 19 + 10 \cdot 20 + \ldots + 2 \cdot 24}{50} = \frac{1}{n} \sum_j x_j h_j = 21$$

Die Unterschiedlichkeit des Alters kann man nun mittels der sogenannten "Varianz" messen. Sie berechnet sich als die mit den $h_j$ gewichtete Summe der Quadrate der Abweichungen der Alter der Individuen vom Durchschnittsalter $\bar{x}$ :

$$(3) \qquad s^2 = \frac{1}{n} (x_1 - \bar{x})^2 h_1 + (x_2 - \bar{x})^2 h_2 + \ldots) = \frac{1}{n} \sum_{j=1}^{m} (x_j - \bar{x})^2 h_j$$

Tabellarisch erhält man die Varianz $s^2$ wie folgt:

(siehe Seite 171)

| j | $x_j$ | $h_j$ | $x_j - \bar{x}$ | $(x_j - \bar{x})^2$ | $(x_j - \bar{x})^2 \cdot h_j$ |
|---|-------|-------|-----------------|---------------------|-------------------------------|
| 1 | 18 | 2 | -3 | +9 | 18 |
| 2 | 19 | 5 | -2 | +4 | 20 |
| 3 | 20 | 10 | -1 | +1 | 10 |
| 4 | 21 | 16 | 0 | 0 | 0 |
| 5 | 22 | 10 | +1 | +1 | 10 |
| 6 | 23 | 5 | +2 | +4 | 20 |
| 7 | 24 | 2 | +3 | +9 | 18 |
| Summe | | 50=n | | | 96 |

Die Varianz $s^2$=1,92 Jahre ist als Quadrat definiert. Ihre Wurzel,
nämlich s selber, ist ein anschaulicheres Maß für die Unterschiedlichkeit. Im Falle unserer Verteilung beträgt sie
s = $\pm$ 1,37. Das heißt, das Alter der 50 Studenten schwankt
oder variiert durchschnittlich in einer Größenordnung von 1,37
Jahren nach oben oder unten um den Durchschnitt von 21 Jahren.
Es wäre falsch, diese Aussage so zu verstehen, als seien alle
Studenten im Alter zwischen

$$21 - 1,37 = 19,63$$
und $$21 + 1,37 = 22,37$$

Jahren. Das Maß s, auch die <u>Standardabweichung</u> oder die <u>Wurzel</u>
<u>der Varianz $s^2$</u> genannt, ist eben nur ein Durchschnittsmaß. Es
gibt in keiner Weise die volle Information der Tabelle wieder,
sondern reduziert ihren Inhalt auf einen charakteristischen
Aspekt, eben den der durchschnittlichen Unterschiedlichkeit.

Zum Vergleich bilden wir zwei weitere Beispiele, indem wir die
50 Studenten jeweils anders auf die Altersgruppen verteilen:

| j | $x_j$ | $h_{aj}$ | $h_{bj}$ |
|---|-------|----------|----------|
| 1 | 18 | 5 | 10 |
| 2 | 19 | 5 | 10 |
| 3 | 20 | 10 | 5 |
| 4 | 21 | 10 | 5 |
| 5 | 22 | 10 | 5 |
| 6 | 23 | 5 | 10 |
| 7 | 24 | 5 | 10 |
| | | 50 | 50 |

Die Unterschiedlichkeit in beiden Gruppen A und B ist offenbar sehr verschieden. Die Berechnung von $s^2$ und $s$ nach (3) ergibt:

$$s_a^2 = 3 \qquad s_a = \pm\ 1,73$$

$$s_b^2 = 5,4 \qquad s_b = \pm\ 2,32$$

Die kompakte Kennzeichnung einer Verteilung durch den Durchschnitt und die Standardabweichung bewährt sich vor allem bei sehr großen Anzahlen von Klassen bzw. bei schlechter Klassifizierbarkeit der Einzelfälle (Merkmalsträger).

Die <u>Varianz</u> wird auch als <u>Streuung</u> bezeichnet. Entsprechend heißt die auf der Varianz aufbauende Technik der <u>Varianz-analyse</u> auch <u>Streuungszerlegung</u>. Sie ist Gegenstand von Technik III.

## 4. Multivariate Zusammenhänge in Vierfeldtafeln

In der analytischen Statistik werden <u>Merkmale</u> auch als <u>Variable</u> bezeichnet. Dadurch ist der Anschluß an den aus der Schule bekannten mathematischen Sprachgebrauch hergestellt. Während aber in der Infinitesimalrechnung, der analytischen Geometrie und anderer Zweigen der Schulmathematik Variable meist <u>quantitative</u> <u>Merkmale</u> sind, faßt man in den Sozialwissenschaften (wie in der Mathematik selbst) darunter auch alle <u>ordinalen</u> und <u>qualitativen</u> (<u>nominalen</u>) Merkmale. Alle heißen Variable.
Entsprechend umfaßt auch der Bereich der sogenannten "<u>multivariaten</u> <u>Statistik</u>" Kombinationen von allen drei Merkmalstypen.
<u>Univariate</u> Verteilungen sind in der praktischen Forschung fast nur Ausnahmen. Die Beschreibung nur <u>einer einzigen Variablen</u> ist zwar didaktisch vorteilhaft und dient auch der definitorischen Vorbereitung von Analysen, bedeutet aber für die von einer Theorie gesteuerten Analyse von Daten fast nichts, da es bei ihr immer um Zusammenhänge mehrerer Variabler geht. Dies gilt bereits für die deskriptive Statistik.
Das folgende Beispiel zeigt den Zusammenhang zwischen zwei Variablen, nämlich X (Konfession) und Y (Parteipräferenz). Beide sind qualita-

tive Merkmale von Personen. Jede hat genau zwei Ausprägungen,
nämlich

$x_1$ katholisch und $x_2$ nicht-katholisch

$y_1$ CDU und $y_2$ nicht-CDU

Die bivariate oder zweidimensionale Verteilung von 100 Personen
(Merkmalsträgern) laute etwa:

|  | $x_1$ | $x_2$ |  |
| --- | --- | --- | --- |
| $y_1$ | 35 | 12 | 47 |
| $y_2$ | 1o | 43 | 53 |
|  | 45 | 55 | 100 |

Die beiden Randverteilungen, nämlich 45:55 für X und 47:53 für
Y, sind je in sich univariat. Sie besagen nichts über den Zusammenhang beider Merkmale. Dies geschieht vielmehr durch die 4 Zahlen innerhalb der runden Klammern. Wenn man die Randverteilungen
hat, genügt allerdings eine einzige der 4 Zahlen in der Klammer,
um die fehlenden drei einfach berechnen zu können. Nur eine dieser 4 Zahlen kann bei vorgegebener, fester Randverteilung frei
variieren. Man sagt daher auch, eine solche Vierfeldertafel (in
Klammern) sei durch einen Freiheitsgrad ausgezeichnet.
Dies gilt natürlich nur beim Vierfeld, das dadurch gekennzeichnet
ist, daß jedes der beiden Merkmale genau zwei alternative Ausprägungen hat. Solche Merkmale nennt man auch dichotome (wörtl. zwie-
geschnittene) Merkmale. Analog gibt es trichotome, tetratome, usw.
und allgemein polytome Merkmale oder Variable. Polytomisierung
und damit auch Dichotomisierung von Variablen kann nachträglich
auch für ordinale und quantitative Merkmale vorgenommen werden.
Wir kommen darauf zurück.
Um die Freiheit des Zusammenhangs innerhalb gegebener Randverteilungen zu demonstrieren, diene das folgende Beispiel:

|  | $x_1$ | $x_2$ |  |
| --- | --- | --- | --- |
| $y_1$ | 2 | 45 | 47 |
| $y_2$ | 43 | 10 | 53 |
|  | 45 | 55 | 100 |

Während intuitiv ein positiver Zusammenhang zwischen katholisch
und CDU-Präferenz aus der ersten Tabelle hervorgeht, ist es
bei dieser klar umgekehrt. Eindimensionale oder univariate Verteilungen schweigen also über Zusammenhänge. Obwohl die Vierfel-
derdarstellung eine Verbesserung gegenüber einfachen Randverteilungen ist, leistet sie doch analytisch noch sehr wenig. So ist
es z.B. nicht möglich, aus ihr Kausalrichtungen abzulesen, etwa:
weil jemand katholisch ist, zieht er die CDU vor. Bei dem rein
zahlenmäßigen Zusammenhang könnten weitere Variable (religiöse
Bindung, Alter,...) eine bedingende oder vermittelnde Rolle
spielen.

Auch über die statistische Bedeutsamkeit der Zahlen sagen sie
selbst nichts aus. Dazu ist ein Signifikanztest erforderlich,
wie er in der analytischen Statistik und damit in Technik II
zu behandeln ist.

Genauso wie man eine eindimensionale Verteilung eines quantitativen Merkmals durch eine einzige Maßzahl, etwa durch die
Varianz (Streuung) oder den Durchschnitt oder einen anderen Mit-
telwert kennzeichnen kann, so auch den Zusammenhang zwischen
mehreren - hier aber auch ordinalen und qualitativen ! - Merkmalen. Eine solche deskriptive Maßzahl für eine Vierfeldertafel
ist phi. Für das Vierfeld (in runder Klammer) mit den Häufigkeiten

$$\begin{pmatrix} a & b \\ c & d \end{pmatrix}$$

gilt

(4)    $$phi = \frac{a.d - b.c}{(a+b)\ (a+c)\ (c+d)\ (b+d)}$$

Setzt man für a,b,c und d die 4 Werte der ersten Vierfeldtafel
ein, so erhält man
    phi = +0,56,  bei der zweiten
    phi = -0,77.

Im ersten Falle wird der positive Zusammenhang durch eine positive
Zahl phi gemessen, im zweiten Fall umgekehrt. Man kann auch aufgrund der beiden Werte sagen, der negative Zusammenhang zwischen
katholisch und CDU sei im zweiten Falle stärker ausgeprägt als der
entsprechende positive im zweiten. Damit ist nichts über die Sig-

<u>nifikanz</u> (Unzufälligkeit) des Meßergebnisses ausgesagt. phi
hat nur datenbeschreibenden Charakter.
Wir nehmen nun als dritte Variable die soziale Schicht in das
Beispiel auf. Wir nennen sie Z mit den beiden dichotomen Aus-
prägungen $z_1$ obere Hälfte und $z_2$ untere Hälfte.
Die Schnittstelle dieser Dichotomisierung sei der Zentralwert.
Dies setzt natürlich eine quantitative Messung der Position
jedes Individuums innerhalb der sozialen Schichtung voraus.
Das erreicht man mittels Skalierung, die in Technik II behan-
delt wird.
Die drei Dimensionen X, Y und Z sind nicht wie ein Vierfeld in
zwei Dimensionen darzustellen. Vielmehr ergeben sich zwei
Vierfelder, eins für $z_1$ und eins für $z_2$.

| | $z_1$ | $x_1$ | $x_2$ | | $z_2$ | $x_1$ | $x_2$ | |
|---|---|---|---|---|---|---|---|---|
| $y_1$ | | 20 | 10 | 30 | | 15 | 2 | 17 |
| $y_2$ | | 2 | 18 | 20 | | 8 | 25 | 33 |
| | | 22 | 28 | 50 | | 23 | 27 | 50 |

Man erkennt deutlich, daß in der Oberschicht mehr CDU-Liebhaber
sind und umgekehrt in der Unterschicht, daß aber fast unabhängig davon die Konfession in beiden Gruppen einen ähnlichen
Zusammenhang mit der Parteipräferenz aufweist. Da 20 von 22 ein
größerer Anteil ist als 15 von 23, liegt eine gewisse Potenzierung (gegenseitige Verstärkung) von katholisch und Oberschicht
zugunsten der CDU-Präferenz vor. Wären beide Anteile gleich, so
"wirkte" die Variable Schicht unabhängig von der Variablen Konfession in dieselbe Richtung oder genauer: die beiden Ausprägungen Katholizität und Oberschicht "wirkten" gleichläufig.
Man kann das ursprüngliche bivariate Vierfeld statt nach den
Z- auch nach den X- oder den Y-Alternativen zerlegen. Jedesmal
ergibt sich eine andere multivariate Perspektive. Eine perspek-
tivische Neutralität erreicht man durch folgende Form der Darstellung:

(siehe Seite 176)

| X | Y | Z | Häufigkeit |
|---|---|---|---|
| 1 | 1 | 1 | 20 |
| 1 | 1 | 2 | 15 |
| 1 | 2 | 1 | 2 |
| 1 | 2 | 2 | 8 |
| 2 | 1 | 1 | 10 |
| 2 | 1 | 2 | 2 |
| 2 | 2 | 1 | 18 |
| 2 | 2 | 2 | 25 |
| | | | 100 |

Hiermit ist eine dreifach dichotomisierte <u>dreidimensionale
Verteilung</u> vollständig beschrieben. Auf Randsummen wurde dabei
verzichtet. Die Ziffern unter X,Y und Z stellen die Indices der
Variablen, also die Ausprägungen $x_1, x_2, y_1, y_2, z_1$ und $z_2$ dar.

Von 4 Variablen ab wird ihr Zusammenhang undurchsichtig. Die
Unanschaulichkeit ist aber nur ein kleines Übel gegenüber den
Schwierigkeiten, solche vieldimensionalen Gebilde analytisch
zu verarbeiten und Erkenntnisse aus so gegliederten Daten zu
gewinnen. Dem dienen spezielle Verfahren wie die Varianzanalyse,
die Faktorenanalyse und ihre Weiterentwicklungen. (siehe Technik
II).

Eine dritte Form der Darstellung multivariater Zusammenhänge
dichotomisierter Variabler ist der Baum oder das Entscheidungs-
netz, das uns in der Informationstheorie wieder begegnet.
Dieser Darstellungsform gilt der nächste Abschnitt.


## 5. Baum-Darstellung multivariater Zusammenhänge

2000 Personen werden gefragt, welche Chemie-Firmen sie kennen
oder nennen können. 1383 antworten Bayer, davon 835 Höchst, davon
423 BASF. Von denen, die nicht Höchst nannten, gaben 148 BASF an.
Von denen, die nicht Bayer nannten, gaben 133 Höchst und davon
35 BASF, von den 484 übrigen 65 BASF an.
Diese Verbale Erzählung enthält 9 Zahlenangaben, von denen aber
nur 8 erforderlich sind, um die vollständige Verschränkung der

Bekanntheitsgrade den IG-Farbennachfolger zu beschreiben. (Die
überflüssige Zahl ist $484 = 2000-1383-133$). Schreibt man für
"bekannt" ein "+" und sonst ein "-", so erhält man die Tabelle:

| Bayer | Höchst | BASF | Anzahl |
|-------|--------|------|--------|
| + | + | + | 423 |
| + | + | - | 412 |
| + | - | + | 148 |
| + | - | - | 400 |
| - | + | + | 35 |
| - | + | - | 98 |
| - | - | + | 65 |
| - | - | - | 419 |
| | | | 2000 |

Die Darstellungsform ist die gleiche wie auf Seite 13. Man kann
keine Randverteilungen ablesen. Das ändert sich bei der Baum-
darstellung:

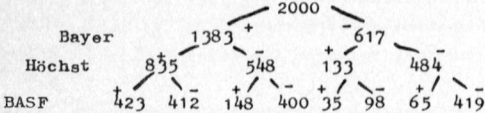

Diese Darstellung ist perspektivisch nicht neutral, da Bayer
und Höchst bevorzugt werden. Immerhin folgt die Rangordnung
aber der Reihenfolge der absoluten Bekanntheitsgrade.

Die Baum-Darstellung stellt die Zusammenhänge zwischen Variablen
als eine Folge sich verzweigender Zweierentscheidungen dar. Wie
die Variablen aufeinander folgen, ist theoretisch gleichgültig,
nicht aber für die Übersichtlichkeit. Es wäre wünschenswert, die
Reihenfolge nach einem Kriterium festzulegen. Das geschieht auch
automatisch, sobald es nicht mehr um die Zusammenhänge zwischen
"gleichberechtigten" Variablen geht, sondern um die "Erklärung"
einer Zielvariablen aus anderen, "erklärenden" Variablen. Wir
betrachten dazu ein Beispiel aus dem "American Soldier" :

(vol. 1, S. 554)[1]

Zielvariable ist der Anteil von Soldaten, der einen Stationie-
rungsort in den Südstaaten vorzieht. Er wird als Bruch oder
Wahrscheinlichkeit angegeben. Einflußvariable sind

$X$ Herkunft mit $x_1$ Nordstaaten und $x_2$ Südstaaten

$Y$ jetzig.Ort mit $y_1$ " und $y_2$ "

$Z$ Rasse mit $z_1$ Neger und $z_2$ Weisser

Das Ergebnis der Befragung war:

| X | Y | Z | Zielvariable |
|---|---|---|---|
| 1 | 1 | 1 | 0,085 |
| 1 | 1 | 2 | 0,145 |
| 1 | 2 | 1 | 0,212 |
| 1 | 2 | 2 | 0,369 |
| 2 | 1 | 1 | 0,464 |
| 2 | 1 | 2 | 0,628 |
| 2 | 2 | 1 | 0,819 |
| 2 | 2 | 2 | 0,905 |

Die Reihenfolge X Y Z steht im deutlichen Zusammenhang mit der
größten Abneigung der Nordstaatler, als Soldaten in den Süden
zu gehen und der zweitgrößten Abneigung der jetzt im Norden sta-
tionierten. In allen vergleichbaren Fällen sind die Farbigen weniger als die Weissen davon angetan, im Süden Soldat zu sein.

Das Kriterium der Sukzession ist der Unterschied zwischen den
Zielvariablenwerten bei den dichotomen Alternativen. Zwischen
$x_1$ und $x_2$ beträgt er etwa 0,5, bei Y 0,2 bis 0,3 und bei Z 0,1
bis 0,2. Die Tabelle erlaubt die unmittelbare Abschätzung.

Wenn man dieses Kriterium in einen Computer eingibt und diesen
dann aus einer sehr großen Anzahl (etwa 40 bis 100) von vorgegebenen Variablen nur diejenige Baumstruktur aufsuchen läßt, die
an jeder Verzweigungsstelle zu derjenigen Variablen fortschrei-
tet, die dort die maximale Differenz der Zielvariablen zwischen
den dichotomen Alternativen aufweist, so hat man eine Baumdar-
stellung vor sich, die nicht wie in dem Bayer-Höchst-BASF-Baum auf

---

1) Zitiert bei James S. Coleman: Introduction to Mathematical
Sociology, London 1964, S. 198/99

jeder Verzweigungs- oder Entscheidungs-Ebene nur eine Variable
enthält, sondern von jedem Verzweigungspunkt an nur die nach
dem Kriterium am besten passende. Der so entstehende Baum ist
ein neueres Hilfsmittel der deskriptiven Statistik. Es sei an
einem Beispiel von 1964 veranschaulicht.[1]
Zielvariable ist hierbei der SPD-Präferenz-Anteil in der jeweiligen Gruppe.

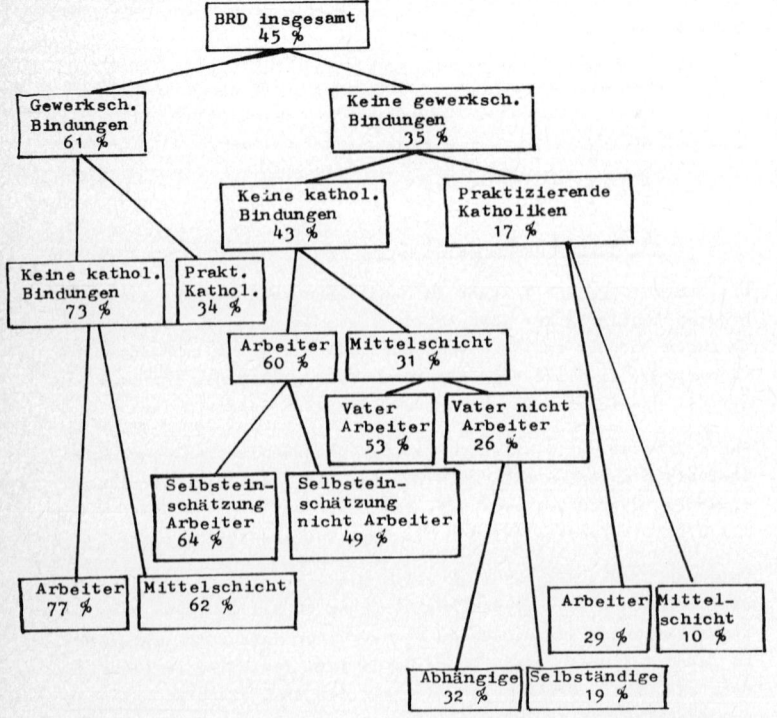

Man kann hieraus ablesen, daß die gewerkschaftliche Bindung am
stärksten ausschlaggebend für die Wahl oder Nicht-Wahl der SPD ist.

1) Klaus Liepelt, Alexander Mitcherlich, Thesen zur Wählerfluk-
   tuation, Europäische Verlagsanstalt, Frankfurt 1968, Seite 77.

Man kann hieraus ablesen, daß die gewerkschaftliche Bindung
am stärksten ausschlaggebend für die Wahl oder Nicht-Wahl der
SPD ist. Für den Arbeiter ohne gewerkschaftliche oder katholische
Bindung ist seine Selbsteinschätzung als Arbeiter das nächst-
wichtige Kriterium, für den bindungslosen Nicht-Arbeiter, ob
sein Vater Arbeiter war. In dieser Weise kann der ganze Baum
einfach abgelesen werden. Eine theoretische Erklärung liegt
natürlich weder in einer solchen Graphik noch in den Zahlen oder
den diese beschreibenden Worten. Will man über die Beschreibung hinausgehend etwas mit den Zahlen erklären, so braucht man
eine statistisch formulierte Theorie. Die gebräuchliche Bezeichnung "Kontrastgruppenanalyse" oder "tree-analysis" ist insofern
irreführend als es sich um keine Analyse handelt.
Wir wenden uns nun den Zusammenhängen zwischen quantitativen
Variablen zu.


## 6. Korrelations- und Regressionsrechnung

In der Statistik bezeichnet der Korrelationskoeffizient $r$ ein
Maß für die Gegenläufigkeit oder Gleichläufigkeit zweier quan-
titativer Variabler. Zusammenhänge zwischen mehr als zwei
Variablen werden mittels des multiplen Korrelationskoeffizien-
ten gemessen. Wir beschränken uns hier aber auf das einfache $r$.
Es hängt formelmäßig mit dem sogenannten "Regressionskoeffi-
zienten" zusammen, worauf im folgenden Bezug genommen wird.
Wir gehen von einem Beispiel aus:

|    |                    | Bildend | Klug |
|----|--------------------|---------|------|
| 1  | Das Beste          | 47      | 32   |
| 2  | Hobby              | 41      | 26   |
| 3  | ADAC-Motorwelt     | 34      | 21   |
| 4  | Kristall           | 33      | 26   |
| 5  | Der Spiegel        | 31      | 27   |
| 6  | Mann in der Zeit   | 30      | 17   |
| 7  | Schöner Wohnen     | 29      | 14   |
| 8  | Praline            | 25      | 13   |
| 9  | Stern              | 19      | 14   |
| 10 | Constanze          | 18      | 16   |
| 11 | Hör Zu             | 17      | 17   |
| 12 | Bunte Illustrierte | 16      | 9    |
| 13 | Für Sie            | 16      | 11   |
| 14 | Brigitte           | 14      | 14   |

(Forts. Seite 181)

|    |                     | Bildend | Klug |
|----|---------------------|---------|------|
| 14 | TV Hören und Sehen   | 13      | 7    |
| 16 | Quick               | 13      | 12   |
| 17 | Revue               | 11      | 8    |
| 18 | Heim und Welt       | 11      | 10   |
| 19 | Freundin            | 10      | 7    |
| 20 | Neue Illustr.       | 8       | 8    |
| 21 | Film und Frau       | 8       | 10   |
| 22 | Das Neue Blatt      | 8       | 10   |
| 23 | Bravo               | 6       | 5    |
| 24 | Bild am Sonntag     | 5       | 7    |

Die Zahlen sind der Prozentanteil der jeweiligen Leser der 24
Zeitschriften, die aus einer vorgegebenen Liste von 72 Eigen
schaften unter anderen diese beiden (bildend und klug) der von
ihnen gelesenen Zeitschrift zuordneten. <u>Merkmalsträger</u> sind also
hier nicht Personen, sondern <u>Zeitschriften</u>. $X_i$ sei der Variablen-
wert der i.ten Zeitschrift für "bildend" und $Y_i$ entsprechend
für "klug". So ist etwa $X_{16} = 13$ und $Y_{23} = 5$.

Trägt man die $X_i$ auf der Abszisse und $Y_i$ auf der Ordinate eines
rechtwinkligen Koordinatensystems ab, so ergibt sich folgendes
Bild:

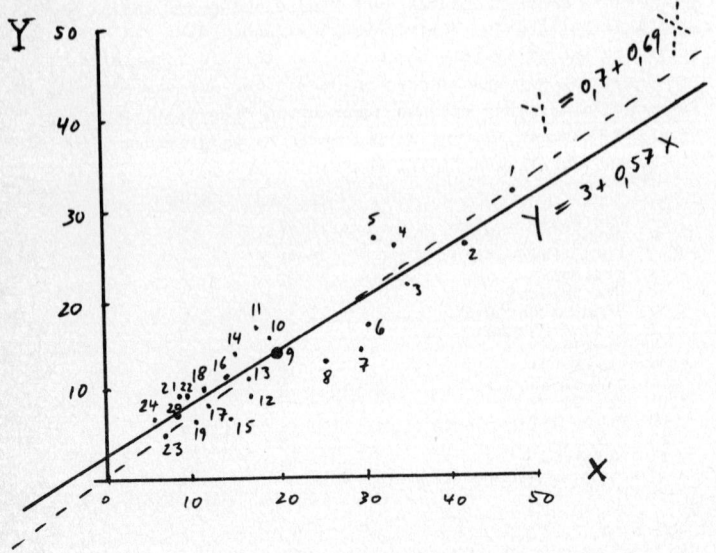

Im allgemeinen ist X umso größer, je größer Y ist. Die Zuordnung "klug" und "bildend" zu den Zeitschriften ist also gleichläufig. Man sagt auch, beide seien positiv miteinander korreliert. Das Bild legt es nahe, etwas Präziseres über diese Beziehung zu sagen, nämlich, daß die 24 Merkmalsträger nahezu auf einer Geraden liegen. Es gibt aber eine Vielzahl von Geraden, die man in das Bild einzeichnen könnte. Die Regressionsrechnung liefert nun die Gerade, die im Durchschnitt am nächsten an alle 24 Punkte herankommt. Wir bilden dazu die Gleichung

$$(5) \qquad Y_i = a + b \cdot X_i + u_i$$

Hierin sind a und b Konstante. a bestimmt die Lage und b die Steigung der Geraden. Die Gleichung besagt, daß jedes $Y_i$ sich zusammensetzen soll aus a, einem Vielfachen (b-fachen) von $X_i$ und einer Störgröße $u_i$, die die Abweichung der $Y_i$ von der Geraden mißt. Die Werte a und b sollen so bestimmt werden, daß $u_1^2 + u_2^2 + \ldots + u_{24}^2 = T$ ein Minimum wird. Dies ist das Prinzip der kleinsten Quadratsumme. Die eingezeichnete Gerade ist die Lösung dieser Aufgabe. Ihre Gleichung ist

$$(6) \qquad Y_i = 3 + 0,57 \cdot X_i + u_i$$

Die Koeffizienten a und b berechnen sich nach der aus (5) und dem Kriterium T = min! abgeleiteten Formel

$$(7) \qquad b = \frac{\sum (X_i - \bar{X}) \cdot (Y_i - \bar{Y})}{n \cdot s_x^2}$$

Hierin sind $\bar{X}$ und $\bar{Y}$ die Durchschnitte ($\bar{X} = 19$ und $\bar{Y} = 14$), die zufällig mit den Koordinaten des Stern (Nr. 9) zusammenfallen. Dieser Punkt ist der Schwerpunkt des Streudiagramms. Ferner ist s die Standardabweichung für X gemäß (3) auf Seite 8, wobei allerdings keine Klasseneinteilung vorliegt oder - was dasselbe ist - alle Klassen die gleiche Häufigkeit $H_j = 1$ haben und somit m=n = 24.

a errechnet sich nach der Formel

$$(8) \qquad a = \bar{Y} - b \cdot \bar{X} \quad ,$$

wobei b aus (7) zu nehmen ist.

Die Gerade $Y = a + b . X$ wird <u>Regressionsgerade</u> genannt
und <u>b der Regressionskoeffizient</u>. Die <u>Regressionsgleichung</u>
(5) bzw. (6) mißt die Regression von X auf Y, indem sie den
Voraussagefehler $u_i$, der bei der Voraussage von y aus x entsteht, möglichst klein macht. Geht man umgekehrt vor und formuliert

$$(9) \qquad X_i = c + d.Y_i + v_i$$

und fordert $S = \sum_i v_i^2 = \min$ ! , so entsteht eine andere Re-
gressionsgerade- bzw. -gleichung, nämlich die gestrichelte
oder

$$(10) \qquad X_i = -1 + 1,45.Y_i + v_i$$

Löst man (10) nach $Y_i$ auf, so erhält man

$$(11) \qquad Y_i = 0,7 + 0,69.X_i + w_i$$

wobei $w_i = -0,69 v_i$ ist, also auch eine - aber im Gegenrhythmus
zu $v_i$ flukturierende - Zufalls- oder Störvariable. Der Vergleich
von (11) mit (6) zeigt eine gewisse Abweichung der Koeffizienten voneinander, weswegen sich auch die beiden Regressionsgeraden nicht decken. 0,69 ist der Kehrwert von d, also $d^{-1} = 0,69$.
Je gleicher b und $d^{-1}$ sind oder je näher der Bruch $b/d^{-1}$ an +1
herankommt, umso stärker ist der Zusammenhang zwischen X und
Y. Der Grenzfall $b/d^{-1} = 1$ ist aber nur dann erfüllt, wenn alle
Punkte (i=1,2,3,...n) genau auf der Regressionsgeraden liegen.
Natürlich ist $b/d^{-1} = b.d$. Man <u>definiert</u> nun den <u>Korrelations-
koeffizienten</u> r durch

$$(12) \qquad r = \sqrt{b.d}$$

Dies ist aber - wenn man d analog zu b in (7) durch Vertauschung
von y mit x bildet -

$$(13) \qquad r = \frac{\sum (X_i - \bar{X})(Y_i - \bar{Y})}{n.s_x.s_y}$$

Man sieht, daß aus $u_i = v_i = 0$ für alle i auch $Y_i = a + b . X_i$ und
$Y_i - \bar{Y} = b(X_i - \bar{X})$ folgt und damit r=1, wenn man dies in (13)
einsetzt. In Worten: <u>Sind zwei Größen Y und X störungsfrei oder</u>

ohne zufällige Abweichungen auseinander linear errechenbar,
so ist r=1. Dieser Fall kommt aber in der Wirklichkeit kaum
vor. Bei empirischer Forschung hat man es fast immer mit zufalls-
gestörten Daten zu tun. Man spricht auch von ihrem stochastischen,
das heißt Unschärfe-Charakter.

Das Fehlen jeder Unschärfe $(u_i=v_i=0$ für alle i) ist auch vereinbar mit einem negativen Wert von b. Dann läuft die Regressions-
gerade von links oben nach rechts unten und es wird r=-1. Hier
sind X und Y dann absolut gegenläufig, aber in ihrer Gegensätzlichkeit mit absoluter Sicherheit auseinander berechenbar. Sie
sind nicht stochastisch, sondern - wie im Falle, wo r=+1 -
deterministisch miteinander gekoppelt. Sind die Merkmalsträger
i gleichförmig um den Schwerpunkt des Streudiagramms verteilt -
zum Beispiel in Form eines Kreises oder konzentrischer Kreise,
wobei die Punkte (Fälle) oder i) voneinander den gleichen Bogen-
abstand haben, - so ist r=0. In diesem Fall spricht man von der
Unabhängigkeit der Variablen X und Y voneinander. Die beiden
Variablen sind dann überhaupt nicht auseinander berechenbar oder
voraussagbar. Die beiden Regressionsgeraden stehen dann senkrecht
aufeinander, eine Eigenschaft, die bei der Faktorenanalyse eine
besondere Rolle spielt (Technik II).
Aus b=0,57 (nach (6)) und d=1,45 (nach(10)) ergibt sich gemäß
(12) für unser Beispiel r=+0,91, also eine sehr hohe positive
Korrelation, was bei "klug" und "bildend" auch zu erwarten ist.

## K A P I T E L   X

### Datenerhebung durch Befragung

In der BRD werden in einer Größenordnung von 100 Millionen D-Mark
im Jahr für Umfragen ausgegeben. Auf einzelne Konzerne entfallen
davon 1 oder sogar 2 Millionen. Geht das den Studenten der Methoden der empirischen Sozialforschung etwas an? Natürlich interessiert es den politischen und auch den allgemeinen Soziologen,
den Volkswirt und den Psychologen. Es ist sogar ein belangvoller
Stoff für Bildungsprogramme in den Massenmedien, nicht nur im
Nachtprogramm. Aber gibt es ein spezifisches methodologisches
Interesse an den Techniken der kommerziellen Umfrageforschung?
Ja. Es liegt auf folgenden Gebieten:

1. Kritik der Verfahren unter dem Gesichtspunkt ihrer
   technischen Effizienz
2. Analyse der Zielsetzungen und Aufgabenstellungen
   von Umfragen unter dem Gesichtspunkt ihrer Inter-
   essengebundenheit
3. Analyse des Theorie-Empirie-Verhältnisses bei solchen Umfragen und des Problems der "Vorwissen-
   schaftlichkeit"

Punkt 1. gehört zur Behandlung der Techniken der empirischen
Sozialforschung, und zwar auch dann, wenn man es dahingestellt
sein lassen will, ob Umfrageforschung überhaupt zum Bereich
der empirischen Sozialforschung gehören kann. Die Punkte 2.
und 3. fallen in das Gebiet der Methodologie, was natürlich -
wie schon angedeutet - nicht ausschließt, daß sie auch Gegenstand der Wissenssoziologie, der Marktsoziologie (Ziele oder
angebliche Ziele der Marktforschung), der politischen Soziologie (etwa: Funktion von Meinungsumfragen in einer Demokratie),
der Sprachsoziologie (etwa: Fragebogensprache und Befragtenspra-
che) und anderen Gebieten (etwa: der Sozialpolitik) sein müßten.

### 1. Grundtypen von Befragungen

Fragenstellen ist ein Vorgang des Alltags. Es kann die Funktion
haben, sich jemandem bekannt oder genehm zu machen, die Wartezeit

zu überbrücken, Überlegenheitserlebnisse zu haben und ähnliche.
Uns interessiert die Funktion der Informationsermittlung. Typische Formen sind das Verhör, die mündliche Prüfung, die Befragung eines Gutachters vor Gericht, das Interview, die Anamnese des praktischen Arztes. Die Rolle des Befragten hängt von der Definition der jeweiligen Situation ab. Das Selbstverständnis (seine Selbstperzeption) ist schon immer mitbestimmt davon, ob er sich mehr als Opfer - wie der Angeklagte - oder als Hilfsbedürftigen - wie der Patient - sieht. Seine Antworten, die ja für den Fragenden Daten oder Fakten sein sollen, werden davon beeinflußt. Die Fragetaktik zielt darauf ab, diesen Einfluß zu mindern oder sogar meßbar und neutralisierbar zu machen. Darüber hinaus sollten überhaupt alle Einflüsse, die von der Befragung als Instrument nicht der Datenermittlung dienen, unter Kontrolle sein. Wie schwierig das ist, sieht man etwa schon am Beispiel des Frageverständnisses.

Eine Person A stellt B die Frage: "Sind Sie für Praktizierung des Mehrheitsprinzips in... (Betrieb, Verein, Familie, Schule...)?" B fragt zurück, worin das Prinzip besteht, was bei gleicher Stimmenanzahl passieren soll, ob eine Aussprache vorgesehen sein soll, wie das Vorschlagsrecht geregelt ist usw. A muß nun über seine ursprünglich festgelegte Fragestellung hinausgehen und sich - wenn der Dialog, zu dem dieses Interview sich entwickelt hat, - dies erfordert - für jede soziale Institution einen hochpräzisierten Abstimmungsmodus ausdenken. Oder es entsteht ein gemeinsames Nachdenken über Probleme der Abstimmung, wobei A und B die Rollen beliebig wechseln. Ein solches Gespräch kann enorme Bedeutung haben, aber das angebliche Ziel des Interviews, die Meinung von B zu erfahren, wurde nicht erreicht. Es fragt sich dann, was die Antwort "ja" einer Person C überhaupt besagt. Hat C schon sehr viel darüber nachgedacht oder nur eine oberflächliche Antwort gegeben? Wollte C A nur lossein oder sich vor A keine Blöße geben? Wenn C noch nie über diese Frage nachgedacht hatte, so bildet sich seine (ihre) Meinung erst jetzt, die Antwort ist in ihrem "Da-Sein" ein Produkt der Frage, in einem gewissen Maße sogar in ihrem "So-Sein". Vorwegnehmend kann man verallgemeinern, daß Antworten von Be-

fragten stets ein Produkt von Erhebungsverfahren und Fakten
darstellen, deren Ermittlung beabsichtigt ist oder war.

Exkurs zur Intentionalität von Fragen:

Es muß bezweifelt werden, ob solche Befrager wie A im obenstehenden Beispiel überhaupt etwas beabsichtigen können. Wie noch
zu sagen sein wird, soll die Person des Interviewers sich ja
nicht nur auf keine Gegenfragen einlassen, sondern auch ganz
abgelöst vom eigenen Verständnis des Fragenwortlauts diesen
lediglich zu Gehör bringen. Die Intention, etwas Bestimmtes mit
einer Frage zu meinen, liegt legitimerweise bei dem, der den
Fragebogen entwirft oder - was man schon erlebt hat - beim
Auftraggeber oder dessen Helfern. Es gilt dann: "Rückfragen
zwecklos, da Fragenquellen unerreichbar", also ein Schicksal,
das ein Befragter mit einem Leser eines Massenmediums gemeinsam haben kann. Aber angenommen, ein "Urfrager" sei erreichbar.
Dann ist es immer noch offen, ob der Befragte als Gegenfrager
diesem seine "Intentionen" nicht wieder ausredet oder als in-
haltsleer nachweist usw. Das logische Problem, vor dem jeder
Fragende steht, liegt ja darin, daß die Frage Antwortmöglichkeiten offen halten muß, aber gleichzeitig so präzise und verständlich sein, daß der Fragende jede konkrete Antwort als Antwort auf diese Frage und nicht auf irgend eine andere identifizieren kann. Sonst liegt der Verdacht nahe, daß der Antwortende den "Sinn" - nämlich den "intendierten Sinn" - der
Frage nicht nachvollzogen hat und also auf ganz verschiedene,
differenzierte Fragen wie ein falsch programmiertes Gerät
immer mit demselben Antwortwortlaut reagiert. (Beispiel: Warum
klappt die Müllabfuhr nicht?; wegen X. Warum steigt die Inzidenz
von Lungenkrebs?; wegen X. Warum werden die Kirchen immer
leerer?, wegen X. Warum verliert die SPD Stimmen?; wegen X usw.)
Setzt man für "X" etwa "Kommunismus", "Seinsverlorenheit" oder
andere Wortmarken - um im Sprachfeld des Neopositivismus zu
bleiben-, so hat man einen sogenannten "response set" vor sich,
eine verfestigte Antwortbereitschaft. Bestimmte Personen haben
zum Beispiel die Neigung, bei Ja-Nein-Fragen immer oder vorwiegend mit "Ja" zu antworten.
Man bezeichnet die Eignung einer Antwort, den durch die Frage

intendierten Sachverhalt zutreffend wiederzugeben, als Antwort-
Validität. Intention und Prüfbarkeit der Validität hängen also
miteinander zusammen. Die Intention einer Frage muß in den Prüfgrößen ausgedrückt werden, wenn man die Antwort validieren will.
Formal gesehen wäre dies die "Operationalisierung" dessen, was
man unter Frageintention zu verstehen hat. Es erhebt sich die
Frage, ob man den operationalen "Sinn" einer Frage einem Befragten durch Bekanntgabe der Operationen, durch die man prüfen
will, ob er wirklich meint, was er sagt, vermitteln müßte.
(Beispiel: "Wenn am nächsten Sonntag Bundestagswahl wäre, welche
Partei würden Sie dann wählen?" Die "Operation" sieht so aus:
der Interviewer begleitet den Befragten zum Wahllokal - nicht,
"wenn ... wäre" (insofern ist eine Operationalisierung bei
Irrealsätzen unmöglich), sondern, "wenn ... ist" - läßt sich
vom Wahllokalpersonal eine Kopie des vom Befragten ausgefüllten Wahlzettels beglaubigen und vergleicht dies mit der Interviewantwort). Hier ergeben sich Probleme, wenn das Ereignis,
nach dem gefragt wird, erst in der Zukunft liegt, wenn nicht
nach Tatsachen wie "Besitz eines Plattenspielers" gefragt wird
und insbesondere, wenn es um Werturteile und Entscheidungen
geht. Wie will man nachprüfen, ob einer "wirklich meint", die
Sozialversicherung solle abgeschafft werden, oder ob er es "nur
so sagt"? Die Intention der dazu möglichen Frage: "Was halten
Sie von der Sozialversicherung?" ist aber ohne die Klärung
des Sinns möglicher Antworten beim Befragten kaum zu definieren. Soweit der Exkurs zur Intentionalität von Einzelfragen.

Um der künstlichen Erzeugung von Antworten vorzubeugen oder
doch den methodischen Einfluß des Erhebungsverfahrens zu
minimieren, kann man auf Fragen ganz verzichten und nur die
Beobachtung von Verhalten fordern oder zulassen, wobei der
Beobachtende selbst unbeobachtet vom Beobachtenden sein
müßte. Ja, er müßte sich unbeobachtet fühlen. (Fühlt sich
einer - wie in Fällen von Schizophrenie - beobachtet ohne
daß er tatsächlich beobachtet wird, so kann sein normales
Verhalten nicht ermittelt werden). Wenn man nach der Erhebung auf jede Deutung von Beobachtungsdaten verzichtet,
hat man wirklich etwas gewonnen, obwohl nicht klar ist, was...

Läßt man sich auf solche Erhebungsformen ein, bei denen nicht
- wie bei der Beobachtung - die Deutung oder Interpretation
erst in der Phase der Datenverarbeitung hereinkommt, so ist
die am wenigsten frageintensive Form des Interviews das
non-direktive Interview. Es werden Reizworte vorgegeben,
auf die der Befragte dann frei reagieren kann. Der Interviewer hat nur die Aufgabe, durch kurze Zwischenfragen den
Befragten anzuhalten, sich einigermaßen an das Thema zu
halten. Die am häufigsten anzutreffende Form sogenannter
"unstrukturierter" (d.h. ohne Fragereihe mit kurzen oder
festen Antworten oder Antwortvorgaben) Interviews ist das
sogenannte Tiefeninterview oder Intensivinterview. Statt
der Erörterung dieser Bezeichnung sei eine andere angeführt, nämlich die der "freien Exploration".
Es geht also hier darum, den Befragten möglichst wenig zu
stimulieren, sondern ihn "kommen zu lassen", also methodisch
bedingte Störungen zu vermeiden. Der rein praktische Vorteil solchen Vorgehens ist für den Untersuchungsleiter, daß
er von der Sache, auf die sich die Befragung erstreckt,
sehr viel weniger verstehen muß als zur Aufstellung eines
strukturierten Fragebogens. Explorativ fragen heißt eben,
keine heimlichen Hypothesen schon von vornherein in die Fragestellung hineinlegen, sondern weitgehend das "Material" aus
dem Befragten sprechen zu lassen. Was man hierbei vom Befragten zu hören kriegt, ist natürlich das Ergebnis von
"Selbstbeobachtung" oder Introspektion. Soweit es um solche
inneren Sachverhalte geht, kann man die Antworten oder intro-
spektiven Berichte zumindest für relevant oder geeignet
halten, brauchbare Hypothesen hervorzubringen oder anzuregen.
Man darf aber nicht vergessen, daß auch die Hypothesen nicht
unmittelbar aus dem Verbalmaterial ablesbar sind, sondern
mit auf der Deutung dieser Aussagen beruhen, die wiederum
eine Theorie über diese Art von Daten (siehe Psychoanalyse)
und auch das angesprochene Thema voraussetzen.
Die explorativen Formen von Interviews werden heute fast durch-
gängig mittels Tonbandgerät durchgeführt. Die Befragung erfolgt anhand eines Leitfadens, der hauptsächlich aus leerem

Papier besteht oder vor Einsatz des Tonbandes zu bestehen
pflegte. Auf ihm finden sich nur einige Fragen oder Punkte,
die in einer bestimmten Reihenfolge ins Gespräch zu bringen sind. Die Tonbänder werden dann verbatim in schriftli-
che Form gebracht und bei der Verarbeitung und Interpretation der Ergebnisse wegen klanglicher, intonativer und
artikulativer Effekte des Gesprochenen (speech bzw. parole,
anstelle von language bzw. langue) wieder herangezogen.
Durch die Berücksichtigung des Stimmlichen bei der Interpretation explorativ erhebender Daten wird ein Stück
Verhaltensbeobachtung und damit von den Befragten weniger
bewußt kontrolliertes Verhalten in die Erhebungstechniken
mit einbezogen.

Vollkommen "stimmfrei" ist schließlich die Hauptform des
Interviews, das strukturierte Interview. Die Stimme des
Interviewers spielt hier freilich immer noch eine Rolle.
Sie sollte es aber nicht. Das Hauptinstrument der jetzt
praktizierten Marktforschung, Mediaforschung, Meinungsforschung und anderer kommerzieller und akademischer Varianten der empirischen Sozialforschung ist auch Kernstück des
strukturierten Interviews der Fragebogen. Man spricht auch
vom strukturierten Fragebogen und fragt eine lange Liste
von kurzen Fragen ab. Diese vielen Fragen stellen eine gewisse Vorwegnahme von Gegenfragen und auffächernden Aspekten des Themas dar, sie strukturieren das thematische Feld
für den Befragten vorweg, so daß er während des Interviews
nolens volens lernt, worauf es bei diesem Thema ankommt,
wie man hier die Alternativen zu fassen hat, bei Antwortvorgaben, welche Antworten als möglich oder wenigstens ent-
schuldbar gelten können. Es ist verständlich, wenn der Befragte den Fragebogen erst einmal ganz durchlesen möchte.
Aber das wird eben aus methodischen Gründen nicht zugelassen. Er soll von jeder Frage überrascht werden, sich nur
so auf folgende Fragen einstellen können, wie der Gestalter des Fragebogens es wünscht, Gegenfragen sind verboten,
Ausweichen in "weiß nicht", "keine Antwort" oder "keine

klare Stellungnahme" oder Allerweltsantworten (bei offenen
Fragen) soll möglichst nicht vorkommen. Wir wenden uns
jetzt vom Interview ab und dem Fragebogen speziell zu.


## 2. Der Fragebogen

Wir wollen jetzt einmal von den Problemen der Datenerhebung
durch Interviews ganz absehen und einfach beschreiben, aus
welchen Elementen Fragebogen gebildet werden.
Der Fragebogen besteht aus Fragen der verschiedensten inhaltlichen und formalen Art, jede Frage wiederum aus einem Frage-
und einem Antwortteil. Der Antwortteil ist nicht etwa die Antwort des Befragten, sondern es sind die vorgegebenen Antwortmöglichkeiten. Zum Beispiel kann man nach der beliebtesten
Stadt fragen und etwa auf einer Liste 10 Städte vorgeben,
aus denen der Befragte zu wählen hat.
Entfällt der Antwortteil ganz und steht es dem Befragten frei,
zu antworten, was er will, wählt er also nicht nur den Inhalt
seiner Antwort, sondern auch deren Formulierung selbst, so
haben wir die Frageform mit freier Antwortmöglichkeit oder die
sogenannte offene Frage vor uns.
Fragen mit vorgegebenen Antwortmöglichkeiten bezeichnet man
dagegen als geschlossene Fragen.

Jede Antwort ist das Ergebnis eines Entscheidungs- oder Auswahl-
vorganges. Der Befragte muß vor seinem inneren Auge mehrere
Möglichkeiten sehen und dann aus diesen auswählen. Bei der geschlossenen Frage werden ihm diese Möglichkeiten von außen gegeben und ihm bleibt nur der Wahlakt. Durch verschiedene Vorgabetechniken - oft als "Befragungshilfen" angesehen - wird
der Auswahlakt wieder vom Interview her gesteuert oder doch in
einer bestimmten Weise strukturiert. Wir werden gleich die verschiedenen Vorgabetechniken als die charakteristischen "Fertig-
bauteile" für Fragebogenkonstruktionen kennenlernen.
Die Funktion, mögliche Antworten vor dem Befragten erstehen zu
lassen und so gleichzeitig deren Spielraum zu eröffnen und abzu-
grenzen, fällt bei der geschlossenen Frage ihrer Formulierung allein
zu, da Vorgabetechniken bei ihr entfallen. Auch durch eine solche
                                                    Formulierung

wird etwas über die Antwortmöglichkeiten vorgegeben. "Worin
sehen Sie die betriebswirtschaftliche Problematik der Bundes-
bahn?" - darin liegt schon die Aussage, daß es eine solche
Problematik gibt, daß irgendein "einerseits"-"andrerseits" vom
Befragten erwartet wird und, daß es um seine persönliche Analyse geht. Wir fassen daher den Begriff der Vorgabetechniken
weiter und lassen die Möglichkeit zu, verschiedene Formulierungen offener Fragen bestimmten Vorgebetechniken zuzuordnen.

Vorgabetechniken

a) Vorgabe von zwei Alternativen

   Beispiel: "Was ist Ihnen lieber, ein sehr arbeits- und span-
             nungsreiches Berufsleben mit hohem Einkommen oder
             eine ruhige, wenig anstrengende Tätigkeit mit nur
             einem mittleren Einkommen?"

   Formal ist die Wahl für den Befragten maximal vereinfacht.
   Er kann aber Schwierigkeiten haben, die Alternative überhaupt zu akzeptieren. Seine Antwort wird dann teilweise
   "erzwungen" sein oder ganz ausfallen.

b) Vorgabe von mehr als zwei Alternativen

   Beispiel: "Wer hat von den folgenden drei Politikern die
             besten Aussichten, Bundespräsident zu werden:
             Gerstenmeier, Carlo Schmidt oder Dahrendorf?"

   Die Frage suggeriert nicht, daß überhaupt nur diese drei Aus-
   sichten haben, noch, daß sie die drei aussichtsreichsten sind.
   Sie schreibt nur vor, aus diesen genau einen zu wählen.
   Sowie die Zahl der Alternativen drei wesentlich überschreitet, ist es sinnvoll, dem Befragten eine Liste mit diesen
   Alternativen vorzulegen, meist mit der zusätzlichen Anweisung,
   erst alle Alternativen durchzulesen und dann genau eine zu
   wählen.

c) Listenvorgabe mit beliebig vielen Auswahlmöglichkeiten

   Beispiel: "Gegen welche dieser Beschwerden hat Ihnen der Arzt
             schon ein von Ihnen gewünschtes Mittel verschrieben?"
             (Liste vorlegen)

a1 Kopfschmerzen
a2 Nervosität
a3 Verstopfung
a4 Magenbeschwerden
a5 Herzbeschwerden
a6 Kreislaufstörungen
a7 Leber-/Gallenbeschwerden
a8 Sodbrennen
a9 Rheuma/Ischias

b1 Beschwerden in den Wechseljahren
b2 Hauterkrankungen
b3 Schlaflosigkeit
b4 Übergewicht
b5 Untergewicht
b6 Schnupfen
b7 Husten/Halsschmerzen
b8 Fiebrige Erkältungen (Grippe)
b9 Zahnfleischbluten

c1 Asthma
c2 Hämorrhoiden
c3 Ermüdung, Abgespanntheit, Schwächegefühle
c4 Vorzeitige Alterserscheinungen
c5 Zuckerkrankheit
c6 Sonstige Beschwerden, welche? ....

Diese Liste zeigt, eine wie große Hilfe Vorgaben sein können.
Denn die Fähigkeit, Krankheiten mit allgemeingültigen Bezeichnungen anzugeben, ist sicher bei den Befragten nicht sehr hoch entwickelt. Sie kann es angesichts regionaler Unterschiede und solcher in verschiedenen sozialen Schichten und von Arzt zu Arzt auch gar nicht sein. Vorgaben sind also einmal eine Formulierungshilfe und Klassifizierungshilfe bei einem ementenreichen Gegenstandsbereich. Sie sind aber auch eine Gedächtnishilfe, was bei anderen Fragegegenständen als gerade persönlichen Leiden noch deutlicher gemacht werden könnte.

Die Punkte einer solchen Liste werden auch amerikanisch als "items" bezeichnet. Das item c6 stellt eine offene Unterfrage dar, wodurch die im übrigen geschlossene Liste wieder geöffnet wird und vielen - vielleicht selteneren - Krankheiten Raum gibt, als Antwort zu erscheinen.

Als ungegliedertes Ganzes ist die Liste zu lang. Als praktische Regel gilt, daß eine Liste nicht mehr als etwa 10-12 items enthalten soll. Die aufgeführte Untergliederung in Teillisten (a, b und c) und ihre Anordnung nebeneinander und nicht untereinander auf einer DIN-A3-Seite ist ein Versuch, die Übersichtlichkeit zu erhöhen.

Die <u>Listenlänge</u> hat auch Bedeutung für den <u>Reihenfolgeeffekt</u>.
Items am Anfang haben eine größere Chance, beachtet zu werden
und damit die Erinnerung zu stimulieren als solche in der Mitte
oder auch am Ende. Dieser Effekt gefährdet daher die <u>item-</u> oder
<u>Objektneutralität</u> der Vorgabeliste und damit der ganzen Frage.
Da man solche Effekte beim einzelnen nicht ausschließen kann,
versucht man durch <u>item-Rotation</u> den Effekt wenigstens gleich-
mäßig zu verteilen. Praktisch müßte man alle möglichen Reihenfolgen zufällig auf alle Interviews bzw. alle Befragten verteilen. Die Zahl der möglichen Reihenfolgen ist aber schon bei
7 items 5040, also viel größer als die meisten Stichprobenum-
fänge (Anzahl der Befragten einer Erhebung). Man kann also nur
einen Teil der möglichen Anordnungen oder Rotationsformen der
items verwirklichen. Glücklicherweise hängt das Auftreten von
Reihenfolgeeffekten nicht nur von der Listenlänge, sondern auch
von der Art der Frage (Faktenfrage oder Einstellungsfrage) und
der affektiven (gefühlsbetonten) Bedeutsamkeit der Frage sowie
einzelner items oder ihrer Formulierung ab. Wie methodische Experimente zeigen. ist die Aufstellung allgemeiner Regeln hier wie
bei anderen Problemen der praktischen Fragebogengestaltung fast
unmöglich.

d) <u>Verbale Intensitätsskalen</u>

Beispiel 1: "Würden Sie die Beziehungen zu Ihren Berufs- oder
Arbeitskollegen im allgemeinen als sehr gut, gut,
normal, weniger gut oder ziemlich schlecht bezeichnen?"

sehr gut
gut
normal
weniger gut
ziemlich schlecht

Auch hier wird die Auswahl einer von 5 Alternativen verlangt,
aber diese Alternativen sind keine items, sondern <u>Ausprägungs-</u>
<u>grade</u> auf einer <u>Skala</u>, die sich nur auf ein item bezieht, nämlich
"Beurteilung der Beziehungen zu Kollegen". Es soll gemessen werden,
wie gut oder wie schlecht die Beziehungen vom Befragten eingeschätzt werden. Die <u>Intensität</u>, das "wie..." wird durch verbale

Zeichen wie "sehr", "weniger" und "ziemlich" oder ihre Weglassung vorgegeben. Die Qualität oder Dimension dessen, was gemessen werden soll, drückt die Frage selbst zusammen mit den Ausdrücken "gut" und "schlecht" aus. (Es könnte auch etwas anderes
etwa "nützlich", "unberechenbar" usw. sein). Faßt man "schlecht"
und "sehr schlecht" als symmetrische Maße oder "gleich starke
Äußerungen hervorgerufene verbale Reize" zu "gut" und "sehr gut"
auf, so ist die Vorgabe oben unsymmetrisch formuliert. Sie kommt
der gemutmaßten Neigung der Befragten entgegen, über Beziehungen
zu Kollegen eher besser als schlechter zu sprechen. Das Ziel
dieses Entgegenkommens wäre etwa, eine breitere Streuung (Varianz)
der Antwortverteilung über die fünf Skalenstufen zu erhalten
oder anders gesagt, zwischen den Befragten hinsichtlich der gefragten Dimension schärfer zu differenzieren. Man sieht hieran,
wie man bei der Detailgestaltung von Fragebogen methodische Ziele
verfolgen kann. Die Intention des Fragebogengestalters orientiert
sich dabei an einer erwarteten tatsächlichen und an einer gewünschten Verteilung der Antworten. Er nimmt einen Zusammenhang zwischen
bestimmten Wörtern ("sehr gut", "ziemlich") und der durch sie mit-
erzeugten Antwortverteilungen an (wissen könnte er es nur durch
Ausprobieren, also hinterher) und wählt dann die, die zu der gewünschten Verteilung führen. Je erfolgreicher er dabei ist, desto
weniger Information liefert ihm die Frage, desto überflüssiger
ist sie.

Beispiel 2: "Wie häufig unterhalten Sie sich mit Ihren Bekannten
und Verwandten über Politik?"

> regelmäßig
> häufig
> gelegentlich
> selten
> nie

Dieses Beispiel zeigt, wie man es nicht machen soll. Es ist ja
gar nicht klar, was der Befragte unter "regelmäßig" und den anderen Häufigkeitsvokabeln versteht oder nach der Intention des Interviewers oder des Forschers darunter verstehen soll. Anders ausgedrückt: es fehlt der zeitliche Bezugsrahmen, der die Antworten der

Befragten untereinander vergleichbar machte. Die Frage zielt auf
die Messung der Häufigkeit oder Regelmäßigkeit ab, mit der ein
bestimmter Handlungstyp wiederholt wird. Dazu geeigneter wäre eine
zahlenmäßige Vorgabe, die die Einschätzung der Regelmäßigkeit
eines Tuns objektiver mißt, etwa für das Beispiel:

> täglich
> jeden zweiten Tag
> jeden dritten Tag
> usw.

Die Unterscheidung zwischen "jeden 17. Tag" und "jeden 18. Tag"
wird aber sicher vom Befragten schon als absurd empfunden. Daher
empfiehlt sich - auch aus Gründen der Angemessenheit der Frage-
genauigkeit im Verhältnis zur möglichen Antwortpräzision - eine
gruppenweise Zusammenfassung von Häufigkeitskategorien, etwa

> täglich
> jeden zweiten bis dritten Tag
> jeden 4. Tag bis einmal wöchentlich
> zwei- bis dreimal im Monat
> weniger als einmal im Monat

Dies wäre eine gemischte verbale/numerische Intensitäts- oder
in diesem Falle Frequenzskala.

e) Numerische Intensitätsskala (Polaritätentechnik)

Beispiel 1: "Wie kommt Ihnen die Arbeit vor, die Sie täglich
in Ihrer Firma oder im Büro tun müssen?"

"Zeigen Sie bitte auf dieser Skala an, wie leicht
oder wie schwer sie Ihnen erscheint, also: zeigen
Sie Stufe "1", wenn sie Ihnen sehr leicht vorkommt,
"2", wenn sie einigermaßen gut zu schaffen ist, "3",
wenn sie in der Mitte zwischen "leicht" und "schwer"
liegt, "4", wenn sie etwas schwer ist und "5", wenn
sie sehr schwer erscheint. Ähnlich machen Sie es bitte
bei "interessant" und "langweilig" und so weiter!"

```
                  1   2   3   4   5
leicht          ,---,---,---,---,   schwer
interessant     ,---,---,---,---,   langweilig
gesellig        ,---,---,---,---,   einsam
```

```
stur          ,---,---,---,---,   lehrreich
vielseitig    ,---,---,---,---,   einseitig
unsinnig      ,---,---,---,---,   sinnvoll
```

Die Frage besteht hier aus zwei Teilen. Zuerst kommt die <u>eigent-
liche Frage</u>, dann eine <u>längere Anweisung</u> für den Befragten, die
erklärt, was er zu tun hat.

Die Frage besteht hier aus zwei Teilen. Zuerst kommt die eigentliche Frage, dann eine längere <u>Anweisung</u> für den Befragten, die
erklärt, was er zu tun hat.

Die Vorgabe besteht hier aus 6 <u>Polaritäten</u> oder <u>Polpaaren</u>.
Jeder Pol eines Paares ist der <u>Gegensatz</u> oder das <u>Antonym</u> des
anderen. Dadurch wird die Bedeutung des Adjektivs spezifiziert
oder eingeschränkt. Denn der Gegensatz zu "leicht" kann "kompli-
ziert" sein. Dann bedeutet "leicht" etwas anderes als in Gegenüberstellung zu "schwer". Die Gegensätzlichkeit sowie der Sinn
der Adjektive ist aber bei diesem Vorgehen in jedem Falle nur
ein gedachter oder intuitiver. Wie man mit Mitteln der Korrelationsrechnung und der Erhebungstechnik der Listenvorgabe das
Ausmaß der Gegensätzlichkeit empirisch feststellt oder mißt,
wird noch später ausführlich behandelt.

Die Rotation oder doch wenigstens die <u>Abwechslung von positiven
und negativen Adjektiven</u> auf jeder Seite ist erforderlich, damit nicht die stereotype Anordnung (etwa: negative nur links)
auch ebenso <u>stereotype Antwortmuster</u> hervorruft oder begünstigt.
Natürlich brauchen die beiden Antonyme nicht von verschiedener
Valenz (Wertigkeit) zu sein, sondern es können auch beide positiv sein, wie etwa bei

            vielfältig --------------- einheitlich

Ein Nachteil der Numerierung der Skalenstufen von eins bis fünf
ist ihre Asymmetrie und die hier damit verbundene mögliche
Assoziation "1"="sehr gut" und "5=mangelhaft". Das vermeidet
man durch eine Form wie

```
        2   1   0   1   2
        ,---,---,---,---,
```

oder durch Weglassung der Zahlen überhaupt, so daß der Befragte
nur zeigt oder selber einkreist, wo er es für richtig hält.

Die Polaritätentechnik ist zwar nur ein besonderer Fall numerischer Intensitätsskalen, aber doch der am häufigsten anzutreffende. Man spricht auch von der Technik des semantischen Differen-
tials. Andere Varianten sind einfache Zahlenvorgaben, durch die
der Befragte seine Einstellung zu bestimmten Gegenständen bewertet.
Die Zahl der Stufen einer Polarität ist meistens 5 oder 7. Beide
messen etwa gleich scharf.

**f) Rangreihen oder Rangordnung**

Beispiel: "In welchem Lande erhält der Durchschnittsbürger nach
Ihrer Meinung heute die beste ärztliche und medizini-
sche Betreuung? In welchem die zweitbeste? Usw.
Ordnen Sie bitte diese 10 Kärtchen mit verschiedenen
Ländern in der Ihnen richtig erscheinenden Reihen-
folge!"
(Die Vorgabe besteht in den 10 Kärtchen)

Das Antwortschema im Fragebogen, in das der Interviewer die Antworten oder das Ergebnis einträgt, hat folgende Form:

| | 1.Stelle | 2.Stelle | 3.Stelle | ... | 10.Stelle |
|---|---|---|---|---|---|
| Schweiz | | | | | |
| USA | | | | | |
| . | | | | | |
| . | | | | | |
| . | | | | | |

Bei der Datenauswertung entsteht hieraus eine Tabelle mit 100
Feldern. Der Aufwand an Lochkartenspalten bei der Rangreihen-
legung ist ziemlich hoch. Erhebungsmäßig hat dieses Verfahren
den Vorteil, nur sehr wenig Interviewzeit für relativ viel Information zu verbrauchen.
Außer Meinungsgegenständen - wie hier Länder - kann man auch
Eigenschaften oder substantivisch formulierte Aspekte in Rangreihen bringen lassen. Das Verfahren ist dann günstig, wenn die
items - Gegenstände oder Aspekte - kurz sind, also aus nur einem
oder zwei Worten bestehen. Bestehen die zu ordnenden items aus

ganzen Sätzen, so ist der Paarvergleich angebrachter.

g) Der Paarvergleich

Beispiel: "Im folgenden sind immer zwei Gesichtspunkte gegen-
übergestellt. Entscheiden Sie bitte ohne lange
nachzudenken, was Ihnen jeweils wichtiger ist,
wenn Sie sich einen neuen Wagen kaufen!"

| styling | oder | Motorleistung |
|---|---|---|
| Wirtschaftlichkeit | oder | styling |
| Motorleistung | oder | Lebensdauer |
| styling | oder | Lebensdauer |
| Motorleistung | oder | Wirtschaftlichkeit |
| styling | oder | Motorleistung |

Diese Auflistung aller 6 möglichen paarweisen Gegenüberstellungen von 4 items sollte auch nach einer zufälligen Variation
der Reihenfolge und Rechts-Links-Wendung erfolgen. Da man aus
10 Elementen (items) schon 45 Paare bilden kann, ist es wegen der
benötigten Zeit kaum möglich, viel mehr als 8-10 items in einen
vollständigen Paarvergleich mit einzubeziehen. Man hilft sich
oft durch Weglassung zahlreicher möglicher Paare. Dies hat aber
große analytische Nachteile, die bei der Behandlung der Skalierung in Technik II zu erörtern sind.
Eine Schwierigkeit beim Paarvergleich für das Interview liegt
oft darin, daß die mechanische Gegenüberstellung aller möglichen
Paare zu Implausibilitäten führt, die den Befragten stutzig
machen und ihn die Antwort entweder lange hinauszögern oder ver-
weigern lassen.
Der Hauptvorteil des Paarvergleichs für eine Befragung liegt aber
gerade darin, daß ein paarweises Vergleichen von komplexen Alternativen leichter ist als der "Totalvergleich", der bei der Rang-
reihe verlangt wird.

h) Projektive Verfahren

Aus der Psychologie, insbesondere der Diagnostik entlehnt sind
eine ganze Reihe von Verfahren, die als Vorgabe Reizvorlagen verwenden, auf die der Befragte reagieren soll, ohne zu merken, daß
er sich selbst kennzeichnet, wenn er diese oder jene Wahl trifft
oder Äußerung hervorbringt. Durch Vorlage von Bildern, zu denen

eine Geschichte zu erzählen ist (so im TAT=thematischer Apperzeptionstest)oder Zeichnungen, in denen vom Befragten noch freigelassene Sprechblasen auszufüllen sind, und andere Hilfsmittel wird versucht, Blockaden (etwa Tabus) gegen Antwortbereitschaft zu beseitigen oder zu dezimieren.

## Beziehungen zwischen Fragenart und Antwortvalidität

Die Antwortvalidität, also der Sachverhalt, daß die Antworten der Befragten das besagen, wonach gefragt wurde, hängt ab von der Möglichkeit, Fragegegenstände als für Befragte und Fragende gleichbedeutend zu definieren. Voraussetzung für Definierbarkeit ist rein logisch die Annahme, daß der Gegenstand überhaupt für den Befragten existiert.

Es scheint daher angebracht, Fragen nicht nur danach zu katalogisieren, mit welchen Vorgabeformen oder anderen Formen sie dem Befragten präsentiert wurden, sondern nach inhaltlichen Kategorien. Unter dem Gesichtspunkt der Existenz des Fragegegenstandes kann man etwa unterscheiden in:

1. Faktenfragen, und zwar

   1.1 Wissensfragen, deren Beantwortung auf ihre Richtigkeit allgemein - also nicht nur durch wiederholte Befragung - nachprüfbar ist (etwa durch Nachschlagen in einem Lexikon)

   1.2 Persönliches Verhalten des Befragten, also, was er gewöhnlich tut, wie oft er etwas tut, wann er zuletzt etwas Bestimmtes getan hat, ob er dieses oder jenes erlebt hat, gesehen oder gehört hat

   1.3 Zukünftiges und mögliches Verhalten des Befragten, also, ob er plant dieses oder jenes zu tun, ob er weiß, daß dies oder das auf ihn zukommt, usw.

   1.4 Hypothetisches oder fiktives Verhalten, also ob er in einer in der Frage fingierten Situation so oder so entscheiden würde, dieses oder jenes zu tun

2. Nicht-persönliche (prognostische) Faktenfragen

   2.1 Meinung darüber, ob bestimmte Dinge geschehen werden, ob sich andere Personen so oder so verhalten werden

2.2 Meinung darüber, was unter vorgegebenen Be-
    dingungen geschehen wird, könnte oder würde

3. Fragen nach Vorstellungen, Bewertungen und Urteilen

   3.1 Vorstellungsbilder von Meinungsgegenständen,
       ihre Beschreibung so, wie sie dem Befragten er-
       scheinen, images, Stereotype

   3.2 Idealvorstellungen von bestimmten Verhältnissen,
       Lebensbereichen, sozialen Institutionen, Lebens-
       weisen usw. so, wie man (der Befragte) sie sich
       wünscht

   3.3 Persönliche Vorlieben und Abneigungen (Präferen-
       zen und Aversionen), was unter mehreren Alternati-
       ven man vorzieht, besser findet usw.

   3.4 Beurteilung von tatsächlichen Verhältnissen,
       von Personen, ihren Handlungen oder Haltungen bzw.
       persönliche Einstellung dazu

Dieser kurze Katalog enthält je nach Interpretation noch Überschneidungen, so etwa zwischen 1.4 und 3.3. Die Kriterien dieser Aufstellung sind auch heterogen. Sie umfassen

   1. Faktizität des Fragegegenstandes
   2. Bezug auf die Person des Befragten
   3. Psychische oder außerpsychische Fakten

Die Faktizität oder Tatsächlichkeit eines Gegenstandes hat als
Gegensatz entweder eine Idealität oder etwas lediglich Gedachtes,
Vorgestelltes.
Es ist stets zu unterscheiden, ob eine Frage wissen will,

   a. was der Befragte darüber denkt
   b. wie er darüber denkt
   c. wie es sich tatsächlich verhält

c. dient der Aufklärung von Sachverhalten unabhängig vom Denken
oder Meinen des Befragten. Seine Antwort muß entsprechend relativiert werden.
b. kennzeichnet die Art, wie der Befragte auf bestimmte Dinge
außerhalb seiner selbst reagiert, b. kennzeichnet ihn daher selbst
bzw. seinen Stellenwert in einer Theorie über ihn.

a. gilt Meinungen, also psychischen Realitäten, die zwischen
dem, was der Befragte darstellt oder ist und dem, was c. ist,
vermittelt.

Je weniger faktisch das ist, wonach gefragt wird, umso schwerer
wird es, festzustellen, ob der Befragte das, was er sagt, auch
"meint", umso schwerer ist es auch operational zu definieren.
Umso leichter kann aber auch durch die Frageformulierung die
Antwort beeinflußt werden.
Die Fähigkeit von Fragen, zu beeinflussen, liegt in ihrer
Teilnahme an den Kategorien 1.1 bis 3.4. Fragen können mehr
oder weniger suggestiv sein, etwa

> "Glauben Sie nicht auch, daß ... ?"
> "Sind Sie tatsächlich der Meinung, daß ...?"
> "Hatte die Nazi-Zeit nicht auch ihr Gutes?"
> "Hatte die Zeit 1933-45 nicht auch ihr Gutes?"

Es obliegt der Intuition des Fragebogenentwerfers, Suggestionen
so gut wie möglich zu vermeiden oder sie gleich stark zu machen,
wenn sie in Gegenüberstellungen nicht zu vermeiden sind.

Suggestionen können auch in der Reihenfolge von items oder Fragen
liegen. Wird in Frage 17 eines Fragebogens nur von Japan gesprochen und in Frage 18 nach dem Land mit der größten Steige-
rungsrate bestimmter Industrien gefragt, so wird Japan nur wegen
dieser Anordnung stärker genannt als ohne sie. Es tritt also
ein Lerneffekt ein. Sinn eines Interviews ist es aber nicht,
zu lehren, sondern zu ermitteln.

## K A P I T E L   XI

### Die Beobachtung
=================

Neben dem Interview und der Inhaltsanalyse ist die Beobachtung
ein drittes Instrument der Datenerhebung für den Sozialwissenschaftler. Mit der Inhaltsanalyse hat sie gemeinsam, daß sie im
Vergleich zum Interview nur selten angewandt wird. Das Interview
dominiert alle Verfahren der Datenerhebung wohl u.a. deshalb bei
weitem, weil es relevante Variable durch "einfaches" Befragen
in großen Mengen (es gibt Fragebogen mit 300 und 400 Fragen)
erhalten kann, weil prinzipiell auch alles erfragbar zu sein
scheint, was man beobachten kann und last not least, weil die
durch Vorgaben strukturierten Antworten sich ganz besonders
gut zur lochkarten- und computertechnischen Verarbeitung eignen.
Probleme der Kategorien- oder Begriffsbildung entstehen daher
für die gängigen Umfragen nicht bereits bei der Datenerhebung,
sondern erst bei der Datenverarbeitung und -analyse. Die Operationalisierung theoretischer Begriffe geschieht bei Interview-
daten ja meist durch Kombination von Fragen oder Teilantworten,
mit deren Ausprägung (etwa bei Skalenfragen) oder Häufigkeit
dann im Zuge der Datenverarbeitung beliebig Ordnungs- und Rechenschritte vorzunehmen sind.

Der Nachteil der Befragung liegt im Vergleich zur Beobachtung
in dem semiotischen Problem, daß faktisches Verhalten im In-
terview immer nur durch den Filter der Sprache zum Datum wird.
Dies bedeutet, daß Erinnerungsverzerrungen, bewußte oder unbewußte
Verfälschung der Aussage und vor allem die Überformung der sprach-
lichen Äußerung durch die Eigengesetzlichkeiten der Sprache die
Interviewantwort ent-objektivieren. Die methodischen Barrierren
der Suggestivfragen, von Prestige-Antworten und vor allem der
Introspektivität der Antworten belasten stets die Validität des
Interviews, wenn nicht besondere Vorsichtsmaßregeln getroffen
werden.
Selbst, wenn man der Whorf-Hypothese vom sprachgebundenen Denken
nicht anhängt, so muß man doch angesichts vieler Meinungs- und

Einstellungsfragen Bedenken haben, ob es sich hier nicht um -
dem Forscher unbewußte - Sprachforschung (mit untauglichen Mitteln) handelt. Er glaubt, zum Beispiel Vorurteile zu erfassen,
mißt aber - ohne es zu bemerken - nur Sprachgewohnheiten und
Wortvorlieben. Wir kamen in Technik II bei der Darstellung der
Faktorenanalyse darauf.

Der Hauptvorteil der Beobachtung ist also die Unmittelbarkeit
des Vorgangs, der beobachtet wird. Der Wegfall der sprachli-
chen Vermittlung und der vorgelagerten gedanklichen Verformung
kommt allerdings nur bei der reinen Beobachtung zum Tragen. Im
allgemeinen ist es aber nicht ausgeschlossen, daß der Beobachter selbst an Gesprächen teilnimmt, sofern seine Rolle etwa
als "teilnehmender Beobachter" dies erfordert und zuläßt.
Bei solchen Gesprächen kann die Beobachtung teilweise sogar
in die Form der freien Befragung (ohne Leitfaden) übergehen.
Diese Flexibilität ist ein weiterer großer Vorteil der Beobachtung gegenüber dem Interview, in dem man nicht einfach zur
Beobachtung übergehen kann. (Ausnahmen hierzu sind Nachprüfun-
gen derart, daß sich der Interviewer irgendwelche Dinge, Zeitungen, Ausweise, Gegenstände zeigen läßt, um Aussagen über Besitz,
Versicherungsstatus usw. an Ort und Stelle nachzuprüfen).

1. Formen der Beobachtung

Die folgenden vier Unterscheidungsmerkmale sind logisch unabhängig voneinander:

> 4.1 Teilnehmende Beobachtung
>> Systematische Beobachtung
> 1.2 Experimentelle
>> Nicht-experimentelle Beobachtung
> 1.3 Direkte Beobachtung
>> Indirekte Beobachtung
> 1.4 Feldbeobachtung
>> Laboratoriumsbeobachtung

1.1 Bei der teilnehmenden Beobachtung schaltet sich der Beobachter in das beobachtete Geschehen ein. Er übernimmt neben seiner -

meist geheimgehaltenen - Rolle des Beobachters eine zweite
"natürliche" Rolle, in der er den anderen, Beobachteten erscheint. Um die erste Rolle zu kaschieren, muß auch die Über-
nahme der zweiten unauffällig und glaubhaft für die später zu
Beobachteten geschehen, etwa durch Bewerbung bei einer Firma
(sofern die Geschäftsleitung mitbeobachtet werden soll oder
ihre Informierung den Angestellten und Arbeitern nicht verborgen bleiben würde), durch Aufnahme in eine Schulklasse, durch
Anfreundung mit einem Gesundheitssportler usw.
Es ist nicht gleichgültig, welche zweite Rolle der heimliche
Beobachter spielt. Dies hat nicht nur Folgen für das Verhalten der Beobachteten - es kann den Untersuchungsgegenstand
affizieren und damit eine der Heisenbergschen Unschärferelation
analoge Meßsituation hervorrufen - sondern auch für den Beobachter selbst. Seine innere "Unabhängigkeit" ist durch Über-
nahme der Wertperspektiven der Beobachteten sowieso immer nur
teilweise gegeben.

Wenn der teilnehmende Beobachter seine Beobachtungen erst nach
10 oder 20 Stunden aufzeichnet - natürlich unbeobachtet - so
unterliegt er selbst Erinnerungs- und internen physiologischen
und perzeptionellen Verzerrungen des Beobachteten. Der Unmittelbarkeit des Miterlebens steht die Mittelbarkeit der Registrierung gegenüber. Dieser Nachteil kann durch längeres Andauern
der Beobachtung, durch einen Einsatz von mehreren, verschiedenen Beobachtern und durch Schulung und Vorbereitung teilweise
kompensiert werden.

Bei der systematischen Beobachtung nimmt der Beobachter nicht
am Geschehen teil, sondern kann sich meist schon während des Be-
obachtens mit der Registrierung befassen. Hier lohnt es sich für
ihn, vorher ein Schema oder Kategoriensystem zu bilden, das er
bei wiederholten Beobachtungsakten sukzessive verbessern kann
(siehe Inhaltsanalyse).

1.2 Die Kombination von Experiment und Beobachtung ist besonders
fruchtbar, wenn es darum geht, etwas über Verhältnisse oder Abläufe zu erfahren, die in natürlicher Form nur selten auftreten
oder zu beobachten sind oder, bei denen man ein unübersichtli-
ches Beziehungsgeflecht von Variablen vor sich hat, die in unkon-

trollierter Weise miteinander interagieren. Eine solche Situation fordert ganz allgemein das experimentelle Vorgehen heraus. Es ist dadurch gekennzeichnet, daß der Forscher den Untersuchungsgegenstand bewußt und systematisch manipuliert, indem er einzelne Variable ändert und andere kontrolliert oder konstant hält (Näheres im Kapitel "Experiment"). Das Experiment, dessen Daten man durch Beobachtung erhält, kann so initiiert werden, daß man etwa zu einem Spiel auffordert, zu einer party einlädt oder bei einer Versammlung einen bestimmten Aktionsvorschlag macht. Auch eine Bemerkung oder andere "Reizsetzung" in einer natürlichen Situation kann diese zu einem Experiment machen, ohne daß der Beobachtete sich darüber klar zu sein braucht. Experimentelle Momente können auch überall bei der nicht-experimentellen Beobachtung eine Rolle spielen, indem der Beobachter gezielt aktiv wird ohne seine Ziele bekanntzugeben.

1.3. Die Direktheit der Beobachtung ist das Maß, in dem der Beobachter für die Beobachteten sichtbar ist. Der Beobachter kann hinter einem "one-way-screen" (einem nur einseitig durchsichtigen Fenster) stehen und selbst wie Alberich unsichtbar sein. In diesem Sinne ist auch der Voyeur ein indirekter Beobachter. Allerdings ist sein Verhalten strafrechtlich relevant. Andere Formen der Indirektheit können in der großen Entfernung des Beobachters oder anderen Arten der Verhüllung liegen (Teichoskopie etwa).

1.4 Die Unterscheidung Feld-Laboratorium ist nicht identisch mit der in 1.2, da - wie dort gesagt - das Experiment auch im Feld (= im tatsächlichen Leben) stattfinden kann. Das Laboratorium ist vor allem für kleine Gruppen, Interaktionen zwischen zwei Personen, Beobachtung des Leseverhaltens oder anderer einsamer Beschäftigungen, insbesondere für die Erforschung des Gesichtsausdrucks und der Gestik bei vorgegebenen Reizen (Radio- oder Fernsehprogrammen, diversen Lektüren) geeignet.

## 2. Probleme der Beobachtung

Man kann folgende Probleme technischer Art unterscheiden:

2.1   Stichproben-Probleme

2.2   Interaktion zwischen Beobachter und Beobachteten

2.1. Die Auswahl der Stichprobe ist bei allen datenerhebenden Verfahren ein Problem (Systematisch wird die Stichprobenauswahl in Technik II behandelt). Es betrifft immer die Frage, wofür die erhobenen Daten repräsentativ aussagefähig sein sollen. Der Bericht über ein persönliches Erlebnis, Erzählungen und Reportagen beanspruchen nur selten, mehr als das einmalige Ereignis - selbst wenn es sich typisch wiederholt - zu betreffen. Die "Einzelfallstudie" in der Sozialforschung hat diese Singularität mit der Reportage usw. gemeinsam. Der Unterschied liegt aber in der gezielten Beobachtung, die nach vorher erarbeiteten Kriterien prinzipiell eine Wiederholung erlaubt. Diese wird aber nur an einem "vergleichbaren" zweiten Fall oder schließlich bei einer ganzen Reihe von Fällen möglich sein. Die Fälle können sich durch den Zeitpunkt (dieselbe Schulklasse wird im Mai, Juni und Oktober beobachtet), durch den Wechsel der Gruppe (eine jeweils andere Klasse) oder ihrer Merkmale (Hessen, NRW und Berlin oder kleine gegen große Klassen usw.) unterscheiden. Die Vergleichbarkeit ist aber selbst ein Stichprobenproblem, da hierbei von einer als typisch gedachten Grundgesamtheit ausgegangen wird. Es kann also nicht von vornherein entschieden werden, ob eine Gruppe oder Situation "typisch" ist, sondern nur nach Prüfung einer ganzen Stichprobe von solchen Realisationen oder Fällen. Dies setzt die Definition (2.3) der Untersuchungseinheit voraus.

2.2 Wenn es nicht zu vermeiden ist, daß der Beobachter in Erscheinung tritt, so sollte seine Beobachterrolle getarnt sein. Ist dies nicht möglich, so muß den Beobachteten eine Erklärung über die Funktion des Beobachters gegeben werden, die mögliche Einflüsse auf das Verhalten der Beobachteten entweder ausschließt bzw. gering hält oder doch kontrollierbar, im Idealfalle berechenbar macht.

Dies ist nur mittels methodischer Experimente denkbar, bei denen
dasselbe Verhalten einmal mit und einmal ohne sichtbare und er-
klärte Beobachtung abläuft.

2.3 Das Kategoriensystem hängt vom Beobachtungsgegenstand ab.
Nicht alles, was in einem Blickwinkel geschieht, braucht relevant für das Beobachtungsziel zu sein. Außerdem kann es so kom-
plex sein, daß eine Erfassung durch Beobachter unmöglich ist.
Dasselbe gilt bei kontinuierlichen, pro Zeiteinheit ereignis-
reichen Abläufen. Es dürfte unmöglich sein, daß ein Beobachter
ein Ballspiel in allen Einzelheiten behält oder auch nur aufzeichnet. Auch im letztgenannten Fall muß eine Periodisierung
oder ein Zeitraster eingeführt werden. Geschieht dies auf Stich-
probenbasis zur Kontrolle von Arbeitsabläufen in Behörden oder
Betrieben, so spricht man vom Verfahren der "Multimomentaufnah-
men" (MMA oder MMV). Man mißt hiermit, was Leute tatsächlich
wie lange tun. Sofern der Beobachtete durch Glaswände sichtbar ist, kann er "verdeckt" beobachtet werden. Andernfalls tarnt
man die Beobachtung durch simulierte Kontaktnahme (der Beobachter hat sich in der Tür vertan, er sucht seinen Schirm oder er
hat eine kurze Informationsfrage) in zufällig ausgewählten
Zeitpunkten oder etwa jede 3/4 Stunde.
Als Kategoriensystem sei als Beispiel das von Bales (bei König,
S. 132 im Handbuch, S. 154 in "Beobachtung und Experiment") angegeben (Beobachtungsschema für Diskussionsgruppen):

f. 1. Zeigt Solidarität,
   bestärkt den andern,
   hilft

e. 2. Entspannte Atmosphäre,
   scherzt, lacht, zeigt Befriedigung

d. 3. Stimmt zu, nimmt passiv
   hin, versteht, stimmt
   überein, gibt nach

c. 4. Macht Vorschläge, gibt
   Anleitung, wobei Autonomie
   des andern impliziert ist

b. 5. Äußert Meinung, bewertet,
   analysiert, drückt Ge-
   fühle oder Wünsche aus

a. 6. Orientiert, informiert, wiederholt, klärt, bestätigt

12. Zeigt Antagonismus,
    setzt andere herab,
    verteidigt oder be-
    hauptet sich

11. Zeigt Spannung, bit-
    tet um Hilfe, zieht
    sich zurück

10. Stimmt nicht zu,
    zeigt passive Ableh-
    nung, Förmlichkeit,
    gibt keine Hilfe

9. Erbittet Vorschläge,
   Anleitung, mögliche
   Wege des Vorgehens

8. Fragt nach Meinungen,
   Stellungnahmen, Bewer-
   tung, Analyse, Ausdruck
   von Gefühlen

7. Erfragt Orientierung,
   Information, Wieder-
   holung, Bestätigung

Hierbei bedeutet:

     a. Probleme der Orientierung

     b. Probleme der Bewertung

     c. Probleme der Kontrolle

     d. Probleme der Entscheidung

     e. Probleme der Spannungsbewältigung

     f. Probleme der Integration

Die 12 Einzelkategorien ordnen sich in 4 Gruppen wie folgt:

A Sozialemotionaler Bereich; positive Reaktionen : 1.,2.,3.
B Aufgabenbereich: Versuche der Beantwortung : 4.,5.,6.
C Aufgabenbereich: Fragen : 7.,8.,9.
D Sozialemotionaler Bereich: negative Reaktio-
nen :10.,11.,12.

2.4 Bei der systematischen Beobachtung kann die Registrierung
direkt auf dem Kategorienbogen mittels Stricheln erfolgen. Liegen keine Kategorien vor oder passieren überraschende Dinge, die
sich nicht einordnen lassen, so muß man verbale Beschreibungen
geben. Mechanische oder besser elektronische Registrierungen
wie etwa mit dem Telerecorder oder dem Tonbandgerät stellen
keine Lösung des Kategorien- oder irgendeines anderen Problems
da mit Ausnahme der Tatsache, daß man durch beliebige Wieder-
holbarkeit des Abspielens sowie durch Zeitlupe und Zeitraffung
den Beobachtungsvorgang durch den Beobachter besser reprodu-
zieren kann. Dies kann eine entscheidende Hilfe sein.

2.5 Die Periodisierung muß vorher festgelegt werden, wenn der
Beobachter lediglich "abhaken" soll, wenn das Ereignis nach dem
Kategorienschema eintritt. Hier gilt das zur Multimomentaufnahme
Gesagte.

3. Anwendungen

Zur Veranschaulichung seien einige Anwendungsgebiete angeführt:

3.1 Tierbeobachtungen (siehe Lorenz)

3.2 Ethnologische Beobachtungen (Mead und Benedikt, Kluckhohn)

3.3 Gruppenbeobachtungen aller Art (Vereine, Schulen, Versamm-
lungen, Aufstände, Demonstrationen, Spiele, Riten etc.)

3.4 Verkehrs- und Bewegungszählungen

3.5 Mechanische Registrierungen (TAM=Television Audience Measure-
    ment, Steckuhren, Zähluhren bei Warenhäusern, verdeckte
    Kameras hinter Plakatwänden, Leinwänden etc.)

3.6 Ausdrucksmessungen (Gesichtsausdruck)

Die Kategorie 3.5 müßte eigentlich "Werbung, Kommunikations- und
Absatzforschung" heißen, da hier die meisten Anwendungen mecha-
nischer oder elektronischer Beobachtungen liegen.

# K A P I T E L  XII

## Forschung als Experimentieren
=================================

Das ursprüngliche Feld für Experimente im engeren Sinne ist
die Physik und die Chemie. Bekanntlich spricht man heute auch
vom "experimentellen Theater", vom "Experiment des Sozialismus",
und es gibt wenige Gebiete, wo nicht "experimentiert" wird. Gemeinsam ist allen Varianten des Sprachgebrauchs von "Experiment", daß es dabei um die "Veränderung der Welt" zwecks "Erkenntnis der Welt" geht, und zwar nicht der spekulativen Erkenntnis, die Marx bei den Philosophen angriff, sondern der
empirisch-analytischen. Man kann diese Aussage bei experimenteller Kunst bestreiten und meinen, diese wolle lediglich etwas
"aufzeigen", "manifestieren", und damit "Bewußtsein" erzeugen
oder verändern, dies sei aber nicht wissenschaftliche Erkenntnis. Sofern diese "Experimente" - wie etwa auch im Psychodrama -
aber zukunftsoffen sind, also nicht vorher wissen, was das Ergebnis sein wird, dienen sie immer auch der Erweiterung der
Erfahrung.

Neben den beiden Merkmalen von Experimenten,

1. irgendwelche Bedingungen zu variieren ("Veränderung
   der Welt")

2. dadurch neue Erkenntnisse zu gewinnen (Voraussagen
   mit dem Experiment zu prüfen)

kommt als entscheidendes dazu

3. die Kontrolle möglichst aller Bedingungen, die Einfluß
   auf das Experimentergebnis haben können.

Diese Kontrolle ist das dominierende Merkmal. Verabsolutiert
man es in einem Maße, daß man 1. als entbehrlich betrachtet,
dann ist alle über reine Deskription hinausgehende, also alle
analytische Forschung, die aus Theorien empirisch gehaltvolle
Voraussagen ableitet, experimentelles Vorgehen. Insbesondere
"sogenannte" Gedankenexperimente können dann enthallsteint werden.

Zum Beispiel nimmt man das Wirtschaftswunder oder (operational)
das Wachstum bestimmter Größen der volkswirtschaftlichen Gesamt-

rechnung 1948-66 in der BRD als Beweis für die Überlegenheit
der Erhard-schen Wirtschaftspolitik über die in der sogenannten SBZ. Zu einem Gedankenexperiment ausgebaut lautet die Erörterung des Problems wie folgt.

Statt vieler Größen nehmen wir die eine des Bruttosozialpro-
dukts pro Einwohner. Dies wäre die Ziel- oder Vergleichsgröße.
Tatsächlich wächst sie in dem Experimentzeitraum 1948-66 so
schnell, daß sie im Gebiet der BRD immer größer ist als in der
DDR. In diesem Vergleich zweier Gebiete B (BRD) und D (DDR)
liegt nun die experimentelle Differenz oder die Variation der
Variablen W (=Wirtschaftspolitik). In B hat W die Ausprägung
$W_m$ (=Marktwirtschaft), in D die Ausprägung $W_v$ (=Zentralverwal-
tungswirtschaft). Die Zielgröße habe in B das Maß $Z_b$ und in D
entsprechend $Z_d$. Der Schluß lautet dann wie folgt:

    a. wenn $Z_b$ größer ist als $Z_d$, dann ist $W_m$ $W_v$ überlegen
    b. tatsächlich ist $Z_b$ größer

    c. also ist $W_m$ überlegen

Der Schluß c. folgt aus dem Obersatz a. (der eine Gesetzeshypothese darstellt) und dem Untersatz b. (der in einem empirischen
Meßergebnis besteht). c. ist nur dann richtig, wenn a. und b.
beide richtig sind. Die Richtigkeit von beiden ist voneinander
unabhängig, das heißt, a. ist nicht dann schon richtig, wenn
b. richtig ist. a. wird also nicht durch b. bestätigt oder widerlegt, b. besagt für die Gültigkeit von a. nichts.
b. ist eine deskriptive Aussage. Über ihre Richtigkeit entscheidet die deskriptive, in diesem Falle messende Forschung. Sie
definiert die Meßgröße (hier : $Z_b$ und $Z_d$ bzw. Z allgemein) operational, legt also fest, welche Zahlenunterlagen zu beschaffen
sind, wie die geldmäßige Bewertung verschiedener Teilaggregate
des BSP erfolgen soll (Indexprobleme!), welche Kategorien für
diese Teilaggregate überhaupt genommen werden sollen, welche
Einwohnerzahl gelten soll (Verzerrungen durch Wanderungen und
natürliche Bevölkerungsbewegungen) und schließlich, wie Teil-
ergebnisse rechnerisch zusammenzufassen sind. Es leuchtet ein,
daß das Vorgehen zu b. weder einfach ist noch ohne Einfluß auf

die Höhe von $Z_b$ und $Z_d$ und damit auf die Entscheidung $W_m$.
Ungleich schwieriger ist allerdings die Prüfung der Hypothese
a.. Will man sie als allgemeine Gesetzeshypothese fassen und
testen, so muß man das gesamte Instrumentarium der analytischen
Forschung einsetzen oder doch in Betracht ziehen. Voraussetzung
dafür ist eine Operationalisierung der Terme $W_m$ und $W_v$ und eine
präzise Formulierung von a. sowie Festlegung der Messungen unter b.
$W_m$ und $W_v$ werden nicht dadurch im Sinne der Hypothesenbildung
operational definiert, daß man "auf die Zustände da drüben"
oder die wirtschaftspolitischen Zieldeklarationen beider Seiten
hinweist. Die Definition ist überhaupt nicht ohne Beziehung zur
Hypothesenform zu leisten. Dies erkennt man an der Auflistung
einiger alternativer Formulierungen:

1. jede $W_m$ von der Art, wie sie in der BRD 1948-66 praktiziert wurde, würde in jedem anderen Land sich gegenüber
   einer Wirtschaftspolitik $W_v$, wie sie in der SBZ/DDR ge-
   handhabt wurde, als überlegen erweisen

2. das kleinste Z aller $W_m$-Länder ist größer als das größte
   Z aller $W_v$-Länder

3. das durchschnittliche Z aller $W_m$-Länder ist größer als
   das durchschnittliche Z aller $W_v$-Länder

4. ceteris paribus ist $W_m$ $W_v$ immer überlegen

Die Formulierung 1. sagt nichts über andere Bedingungen, schließt
also auch den Fall ein, daß Erhard unter den Bedingungen in
Thüringen, Sachsen, Mecklenburg usw. 1948-66 $Z_d$ größer gemacht
hätte als die entsprechende staatliche Planungskommission in
Westdeutschland $Z_b$ gemacht haben könnte. Natürlich stellt sich
die Frage, was alles mitvariiert werden müßte, um diese ver-
tauschte Zuordnung von Wirtschaftspolitik und Gelände praktisch
zu ermöglichen. Wenn man aber die W allein nicht variieren kann,
sondern ein ganzes Bündel von Größen mitgeändert werden müssen,
wie steht es dann mit der Zurechenbarkeit des Effektes in Z zu W?
Die Alternative 4. versucht diese Schwierigkeit auszuklammern,
indem sie alle andern Größen konstant hält. Hiergegen ist zweier-
lei einzuwenden:

a) die Isolierung von W geht bereits denkexperimentell

- 214 -

nicht, W ist nicht geländeunabhängig zu definieren

b) wenn die Isolierung gelänge, besagte das Ergebnis
   nichts für die Wirklichkeit, wo Interdependenzen
   und Mehrfacheinflüsse wirksam sind

Mit diesen Einwänden wird ernst gemacht, indem man statt an eine
Kausalreihe an ein Beziehungsgeflecht von interdependenten
Größen denkt. Wo die Größe W in dem Geflecht steht, ergibt sich
erst aus einer modellartigen Formulierung der Hypothese. Im
ökonometrischen Modell wäre diese Vorstellung in einem sehr
speziellen Sinne erfüllt (siehe Menges). Die obenstehenden
Formulierungen 2. und 3. wären dann entsprechend umzuformulie-
ren, so daß die Größe Z in einem relativen Zusammenhang jedes
für ein Land charakteristischen Modells zu sehen und zu bewerten wäre. Zusätzlich zu W kämen etwa folgende Variable infrage:

Erzvorkommen
1948 vorhandene Förderkapazitäten
Finanzierungshilfe vom Ausland
Rate der Demontagen
Reparationsleistungen
input-output-Struktur beider Volkswirtschaften
Exportchancen
Zahl der Facharbeiter
Investitionstätigkeit des Auslands
usw.

Alle diese Größen müßten statistisch operationalisiert werden.
Im Modell würden sie dann theoretisch durch allgemeine Variable
und empirisch durch geschätzte Koeffizienten (siehe paper über
deskriptive Statistik) vertreten sein. Das geschätzte Modell
(in der Ökonometrie "Struktur" genannt) kann dann zum Experimentieren verwandt werden, indem man die Variablen systematisch
ändert, etwa die Reparationsleistungen für das B-Modell mit
180 Milliarden D-Mark ansetzt, für das D-Modell mit 5 Milliarden
D-Mark. Z kann nun aufgrund der Gleichungen des Modells neu
berechnet werden. Eventuell wird jetzt $Z_d$ allein wegen dieser
einen Variation erheblich größer als $Z_b$ sein, obwohl natürlich
diese eine - ceteris paribus - Änderung vollkommen unrealistisch

ist. Sie kann aber auch modelltheoretisch unmöglich sein, da
man dann viele Größen wie etwa

Beschäftigtenzahl

Investitionsrate

Konsum

Spartätigkeit

Volkseinkommen

und vor allem die Produktion für das Inland für das B-Modell
mitvariieren müßte, damit es logisch möglich bliebe, also nicht
etwa negative Personenanzahlen oder Konsumindikatoren wie 100
Kalorien pro Tag pro Kopf herauskämen.

Da das Modell ein realistisches - wenigstens für den gewählten
Aggregationsgrad und Gültigkeitsbereich in Zeit und Raum -
Abbild der Realität ist, sind in ihm auch nur realistische
Experimente bzw. Kovariationen von Variablen möglich. Ähnlich
der Anzeige von Programmierfehlern - die freilich nur logischer
oder notationstechnischer Art sind - durch das elektronische
Rechengerät selber kann also das Modell unlogische - durch die
empirische Schätzung der Parameter zeigt sich hierin ein Irre-
alismus - Experimente (Variationen von Variablenwerten) anzeigen und damit einen Spielraum für modellexperimentelle Möglichkeiten abstecken.

Das hier skizzierte Beispiel hat sich zu einem Modellexperiment
ausgewachsen, nachdem es im Anfang nur ein Gedankenmodell war.
Das erste Merkmal des Experiments, nämlich künstliche Variationen einzuführen, hat dabei seinen Typ gewechselt. Es wird
ja beim Modell nicht mehr in die Wirklichkeit direkt eingegriffen,
sondern in ein Modell, das diese abbildet. Es wird dabei nicht
mehr mit Theorien oder Gedanken operiert - diese sind bereits
in die Konstruktion des Modells, also seiner Gleichungen eingegangen - sondern mit Zahlen, die für Variable substituiert
werden.

Die Fragen, die man durch experimentelle Variation an das Modell
stellt, können also beantwortbar oder unbeantwortbar sein. Der
Spielraum beantwortbarer - einschließlich fiktiver - Fragen
hängt von den tatsächlichen Schwankungen (Variationen) der

Variablen in der Wirklichkeit bzw. in den diese darstellenden
und vertretenden Daten ab. Die sehr große Gleichläufigkeit der
makroökonomischen Zeitreihen 1948-66 wirkt sich sehr ungünstig
auf die innere Variabilität der westdeutschen Nachkriegsmodelle
aus.

Eine solche Starrheit oder "Aussagerenitenz" der Natur oder
der sozialen Wirklichkeit ist für die Sozialwissenschaften eher
typisch als ungewohnt. Das ist auch der Grund, warum Experimente im ursprünglichen Sinne in Betracht gezogen werden. Sie
sollen die Variationen oder Konstellationen von Variablenwerten
künstlich schaffen, die von der Natur oder der sozialen Wirklichkeit nicht geliefert werden oder doch nur so selten, daß
man keine Forschung darauf begründen kann.

Das Dilemma des empirischen Forschers liegt also darin, daß die
Wirklichkeit sich nicht von selbst durch Produktion geeigneter Kovariationen offenbart, sondern den multivariaten Prozeß
im Dunkeln hält, während die absichtliche experimentelle Variation eventuell "natürliche" Kovariationen zerreißt und eine
künstliche Wirklichkeit schafft, die zur Erkenntnis der gegebenen
nichts beiträgt.

Die "Verschleierungstaktik" der Wirklichkeit gegenüber dem erkennenden Zugriff ist eine doppelte:

1. Sie produziert entweder die Variationen und Kovariationen nicht, die man zur Hypothesenprüfung braucht
2. Oder sie produziert sie zwar, läßt diese aber in den
   sie beschreibenden Daten nicht direkt erkennen.

Gegen die erste Taktik ist man empirisch machtlos. Extrem gesagt,
gibt es hier nichts zu forschen. Die zweite Taktik dagegen ist
das eigentliche Feld des sogenannten "ex-post-facto-Experiments",
mittels dessen man versucht, verdeckte, aber existierende Variablen-
beziehungen zu entflechten und ganz bestimmte "Strähnen" und Mehr-
fachbeziehungen offenzulegen, Einflüsse zu messen und Kausalrichtungen zu identifizieren.

Bei der ex-post-facto Variante des Experimentierens wird also
nicht mehr künstlich in die Wirklichkeit eingegriffen, sondern
die Variablenkontrolle wird durch nachträgliche rechnerische Mani-

pulationen an vorhandenen Daten, die eine bereits abgeschlossene Wirklichkeit beschreiben, praktiziert. Die verschiedenen Techniken dazu sind unter den Sammelbezeichnungen

Kausalanalyse
Multivariate Analyse mit den speziellen Verfahren
Varianzanalyse,
Faktorenanalyse und
Korrelations- und Regressionsanalyse

bekannt. Mit ihnen befaßt sich noch speziell Technik II. Hinsichtlich der Initiative des Forschers kann man drei Stufen unterscheiden:

1. Direkte Veränderung des Untersuchungsgegenstandes
2. Lediglich Anlage der Datenerhebung in experimenteller Absicht (Kontrollgruppenverfahren, Reizsetzung...)
3. Reine Datenauswertung, Modellbau und Analyse bereits gegebener Daten

Die dritte Stufe bezeichnet man auch als Sekundäranalyse, innerhalb derer also experimentartige Variablenkontrollen durchführbar sind. Dazu ein Beispiel.

## Beispiel: Kinobesuchsrückgang und Fernsehen 1958-60

Innerhalb eines umfangreichen Fragebogens wurde 1958 und 1960 unter anderem gefragt:

"Wie oft waren Sie in den letzten 14 Tagen im Kino?"

Keinmal
einmal
zweimal
dreimal
viermal und öfter"

"Haben Sie persönlich oder Ihre Familie ein Fernsehgerät?"

Mittels der Antworten von 16116 Befragten 1958 und 16126 1960 (repräsentativ für die etwa 40 Millionen 16-70-Jährigen der BRD) soll geklärt werden, welcher Anteil des Kinobesuchsrückgangs 1958-60 auf die Erhöhung der Fernsehdichte von 8 % auf 23 % (Anteil derjenigen, die die zweite Frage bejahten) zurückzuführen ist.

Multipliziert man die Anzahlen der ersten Frage (0, 1, 2, 3 und 4 = viermal und öfter) mit ihren Häufigkeiten, so erhält man die

Anzahl der Besuche insgesamt. Diese Rechnung wird für alle Untergruppen wiederholt. Man erhält dann folgende Rohwerte:

Tabelle A :

|  | 1958 | | | 1960 | | |
|---|---|---|---|---|---|---|
|  | Fernseher | Nicht-<br>ferns. | zu-<br>sammen | Fern-<br>seher | Nicht-<br>ferns. | zusammen |
| Besuche | 516 | 8173 | 8689 | 1465 | 6033 | 7498 |
| Personen | 1408 | 14708 | 16116 | 3699 | 12427 | 16126 |

Dividiert man die Besuche durch die Zahl der Personen für jede
einzelne Spalte und multipliziert mit 24 (Zahl der 14-Tage-
Perioden im Jahr), so ergibt sich die Tabelle der jährlichen
Filmbesuche pro Person:

Tabelle B:

|  | Fernseher | Nicht-Fernseher | Zusammen |
|---|---|---|---|
| 1958 | 8,7960 | 13,3368 | 12,9396 |
| 1960 | 9,5016 | 11,6496 | 11,1576 |
| Differenz | +0,7056 | - 1,6872 | - 1,7820 |

Zur Errechnung des Anteils der Differenz aller Besuche zwischen
1958 und 1960, die der Personenbasis der Fernseher zuzuordnen
ist, müssen drei Gruppen der Gesamtbevölkerung unterschieden
werden:

Gruppe 1 : Personen, die 1958 und 1960 ein Fernsehgerät hatten
Gruppe 2 : Personen, die 1960 ein Gerät hatten,
1958 aber noch nicht
Gruppe 3 : Personen, die weder 1958 noch 1960 ein Gerät
hatten

Die drei Gruppenumfänge verhalten sich ungefähr wie 9:14:77.
Teilt man die 8173 Besuche der Nicht-Fernseher 1958 der Tabelle A
folglich im Verhältnis 14:77, so erhält man 1260:6913. Entsprechend ergibt sich für die Aufteilung der 1465 Filmbesuche der Fernseher 1960 im Verhältnis 9:14 die Relation 973:892. Das ergibt
folgende Tabelle für die Anzahl der Besuche:

Tabelle C

|  | Gruppe 1 | Gruppe 2 | Gruppe 3 | Zusammen |
|---|---|---|---|---|
| 1958 | 516 | 1260 | 6913 | 8689 |
| 1960 | 573 | 892 | 6033 | 7498 |
| Differenz | +57 | -368 | -880 | -1191 |

Diese Aufteilung der Besuche nach den Proportionen von Personen-anzahlen ist nur dann gerechtfertigt, wenn Gruppe 2 und 3 sich 1958 (wo beide noch Nicht-Fernseher sind) und Gruppe 1 und 2 sich 1960 (wo beide schon ein Gerät haben) hinsichtlich ihrer Kinobesuchshäufigkeit nicht unterscheiden. Empirisch entscheid-bar wäre diese Hypothese nur, wenn man die Fernsehbesitzer von 1960 gefragt hätte, ob sie schon 1958 ein Gerät besessen hätten. Da diese Frage nicht gestellt wurde - sie gehörte zum Typ 2. der Initiativen des Forschers auf Seite 217 Mitte - ist man auf irgendeine Ersatzhypothese angewiesen, um die notwendige Grup-penzerlegung der Besuche durchführen zu können.

Eine weitere Unterstellung ist die, daß alle Personen nur ihr eigenes Fernsehgerät benutzen, also die ohne Gerät nicht bei Gerätebesitzern zu Gast fernsehen. Auch hierüber hätte man Ge-naueres durch eine Zusatzfrage erfahren können.

Unter der Voraussetzung, daß die beiden Zusatzhypothesen richtig sind, kann man an Gruppe 3 den nicht-fernseh-bedingten Rück-gang in Höhe von 12,7 % ablesen. Dieselben Ursachen, die zu die-sem Rückgang geführt haben, müssen auch in der Gruppe 2 zusätz-lich zu einem eventuellen Fernseheffekt wirksam gewesen sein. Der Rückgang um 368 Besuche in Gruppe 2 zerlegt sich danach in

160 weniger Besuche wegen der Ursachen X

und 208 weniger Besuche wegen des Übergangs zum Fernsehen in dieser Gruppe

Gleichzeitig sind aber in Gruppe 1  57 Besuche trotz oder wegen des Fernsehens dazugekommen, so daß der fernsehbedingte Netto-verlust nur 151 Besuche oder 12,7 % von 1191 ausgefallenen Be-suchen insgesamt beträgt. Damit ist die Frage beantwortet: der

Anteil am Kinobesuchsrückgang, der auf den Übergang von 14 %
der Bevölkerung zum Fernsehen zurückzuführen ist, betrug im
Zeitvergleich 1958/60 etwa 12,7 %.

Eine praktische Empfehlung aufgrund dieses Ergebnisses liegt
darin, daß die Filmwirtschaft nicht versuchen sollte, das Fernsehen allein zu bekämpfen, zu beschuldigen oder dagegen zu
taktieren, sondern vor allem die Ursachen X erforschen und
etwas gegen diese zu tun. Diese Empfehlung ist auf 1960 beschränkt.

## Techniken kontrollierter Experimente

Das Beispiel des vorigen Abschnitts ist ein Fall der Sekundäranalyse (Technik II) mit der besonderen Kombination mit zwei
verschiedenen Stichproben im Abstand von zwei Jahren. Wir sahen,
daß ein panel, also die Befragung derselben Personen zwei Jahre
später, für die Ablaufanalyse des allmählichen Schwindens der
Kinobesuchshäufigkeit beim Übergang zum Fernsehen geeigneter
gewesen wäre.


## 1. Längsschnittanalysen

Die soeben zitierte Form des panels ist besonders geeignet,
Prozesse zu analysieren. So werden etwa in Schulexperimenten
zwei Gruppen gebildet, Gruppe A wird nach der Ganzheitsmethode
im Lesen unterrichtet, Gruppe B nach der alphabetischen Methode.
Würde man A und B nicht im Laufe der Zeit verfolgen, sondern
einfach Klassen nach ihrer Leseleistung vergleichen, die nach
den beiden alternativer Methoden einige Jahre geschult worden
sind, so wäre unklar, welche Faktoren bei unterschiedlichen
Ergebnissen mitgespielt haben. Durch die panel-Technik werden
wenigstens die persönlichen Merkmale, die sich im Laufe der
Zeit nicht ändern, konstant gehalten.
Trotzdem können die dynamischen (=zeitbezogenen) Wirkungen von
Lerneffekten, die von statischen Strukturmerkmalen (etwa: Geschlecht, Wohnortgröße, genetisch bedingte Begabung, Elternhaus-
Milieu etc.) verschieden affiziert werden, zu Fehlschlüssen über

die Wirkungsweise etwa der Unterrichtsmethode führen. Es ist
daher angebracht, gleichwertige Gruppen A und B zu bilden. Wir
kommen unter 2. darauf zurück.

Panels sind technisch sehr aufwendig, da man - insbesondere bei
allgemeinen Bevölkerungspanels - auf die freiwillige Mitarbeit
der Befragten oder Untersuchten angewiesen ist, diese aber im
Laufe der Zeit die Lust verlieren, auch öfters abwesend sind
oder vielleicht den Wohnort wechseln ohne ihre neue Anschrift
zu hinterlassen. Dieses führt zu dem als "panel-dying" bekannten Phänomen. Ein anderer Nachteil liegt in ungewollten Lerneffekten, wie sie etwa auftreten, wenn man Leute nach ihrer
Lektüre befragt, was zu einer Steigerung der Lesetätigkeit führen kann. Dadurch wird die Gruppe der Befragten dann immer
untypischer oder weniger repräsentativ für die Gesamtheit.
Man spricht in diesem Falle vom panel-Effekt.

Diese Nachteile des Verfahrens legen es nahe, es nur dann zu verwenden, wenn man dieselben Daten nicht auch durch einmalige Befragung erhalten kann. So ist es beispielsweise durchaus möglich, bei Karriereuntersuchungen die Personen der Stichprobe
nur einmal, aber dafür nach allen wesentlichen Stationen ihrer
Laufbahn auf einmal zu befragen.


2. Experiment- und Kontrollgruppe

Will man den Effekt einer Radiosendung ermitteln, so kann man
die Personen vor und nach der Sendung befragen, also eine panel-
Befragung durchführen. An den veränderten Antworthäufigkeiten
liest man dann den Effekt der Sendung ab. Angenommen aber, die
veränderten Antworthäufigkeiten beruhen auch auf Zeitungsmeldungen oder einem Lerneffekt, der durch die erste Befragung aus-
gelöst wurde. Dann wird es nötig sein, eine zweite Gruppe B neben
der ersten A zu befragen. Um alle Einflüsse unter Kontrolle zu
halten, sollen A und B vollkommen gleich sein, nur, daß A der
Sendung ausgesetzt sein soll und B nicht.

Man nennt dann B die Kontrollgruppe und A die Experimentgruppe,
weil sie der in ihrem Einfluß zu messenden Größe oder Bedingung -
hier der Sendung - ausgesetzt war. Die Kontrollgruppe liefert den

Maßstab oder den Nullpunkt, an dem der experimentell erzeugte
Effekt rein gemessen werden kann.

Die Technik der Herstellung gleicher Gruppen beruht auf demselben
Grundgedanken wie das Quotenverfahren bei der Stichprobenauswahl.
Die Quotenmerkmale entsprechen den Kontrollmerkmalen. Zu jeder
Person mit bestimmten Merkmalsausprägungen (25-30 Jahre, männlich, Einkommen 1250-1500.-,Abitur etc.) ist eine andere von
genau derselben Charakteristik zu suchen oder auszuwählen, die
aber nicht das entscheidende Merkmal (im Beispiel, die Sendung
gehört zu haben) aufweist. Beim Laborexperiment, wo man der
Experimentgruppe etwa die Sendung vorspielt, kann man einfach
eine Zufallsstichprobe der relevanten Bevölkerung ziehen und
in das Labor einladen. Eine zweite Stichprobe ist dieser dann
automatisch äquivalent und wird einfach nur mit den Kontrollfragen konfrontiert, die auch der eingeladenen Gruppe vorgelegt
werden.

Ist man auf natürliche Hörer angewiesen, so muß man nach der
Sendung speziell fragen und nachträglich per Datenauswertung
einer Umfrage ermitteln, wer die Hörer der Sendung waren und wie
sie sich hinsichtlich der Kontrollfragen von den Nichthörern
unterscheiden.

Dabei kann man gerade bei Massenmedien oft die Feststellung machen, daß Hörer und Nichthörer einer bestimmten Sendung durchaus
nicht äquivalent sind. Die Leser von "Mann in der Zeit" sind
eben andere Typen als die von "Pardon" oder einfach die Nicht-
leser der betreffenden Zeitschrift. Man spricht hier auch von
Selbstselektion der Befragten. Nicht der Forschungsleiter sele-
giert die Kontroll- und Experimentgruppe, sondern sie wählen sich
quasi nach eigenen Gesetzen der Bindung an bestimmte Medien
selber aus. In diesem Falle wäre es sinnlos, künstlich Leser-
gruppen bilden zu wollen, die es in Wirklichkeit nie geben würde.
Die Selbstselektion stört ganz allgemein dann ein Experiment,
wenn man auf Freiwillige angewiesen ist. Es melden sich besonders
Experimentierfreudige, solche, die viel Zeit haben oder dem
Thema besonders nahe stehen. Sie können daher ganz untypisch für
die Gruppe sein, deren Reaktion im Experiment interessiert.

## 3. Das Prinzip der Randomisierung oder der (maximalen) Zufallsstreuung

Die Analogie zwischen Stichprobenauswahl und Experimentanlage
trägt noch weiter. So wie die reine Zufalls- oder Randomauswahl
nichts weiter als eine Totalquotierung, also eine Anwendung von
theoretisch unendlich vielen, bekannten oder unbekannten Quoten-
merkmalen darstellt, so hilft sich der Experimentator angesichts
der Unmöglichkeit, alle Faktoren zu kontrollieren, indem er eine
maximale Zufallsstreuung erzeugt. Indem er es vom Zufall bestimmt sein läßt, welche Fälle oder Stichprobeneinheiten der
Experiment- und welche der Kontrollgruppe zugeordnet werden, ist
sichergestellt, daß alle Einflüsse, die von den Eigentümlichkeiten der Individuen (allgemein: spezieller Meßereignisse) ausgehen und das Meßergebnis (Experimentalvariable) in die eine
oder andere Richtung verzerren können, sich in jeder der beiden
Gruppen in gleicher Weise ausgleichen.

Wir nehmen als Beispiel aus der Umfragetechnik. Bei zwei Fragen,
einer religiösen und einer politischen Inhalts, läßt es sich
nicht vermeiden, daß die Antworthäufigkeiten von der Reihenfolge
abhängen, in der diese Fragen gestellt werden. Stellt man die
religiöse Frage zuerst, so erhält man mehr Antworten eines bestimmten Typs auf die Politische Frage als wenn man die politische zuerst stellt. Um diesen Effekt zu neutralisieren, führt
man eine gegabelte Befragung (split run experiment) durch:
von 1000 Befragten werden 500 mit der einen, 500 mit der anderen Reihenfolge konfrontiert. Hierdurch kann man zwar den Effekt
messen, aber nur schwer sagen, welche von den beiden Antwort-
reaktionen nun die "richtige" ist. Oft mischt man die beiden
Ergebnisse auch einfach und erreicht dadurch eine zufällige
Vermischung (vorausgesetzt, jede 500-er Gruppe ist repräsentativ
für die 1000) oder Gleichverteilung des Effektes. Dies ist natürlich keine Lösung des Problems.
Ihr käme man eventuell näher, wenn man an 500 nur die eine Frage
und an die übrigen nur die andere richtete. Bei einer späteren
Befragung (panel) müßte man dann die ausgelassene Frage bei jeder
Gruppe nachholen. Nur so kann man ja die Ergebnisse beider Fragen
bei der Auswertung zueinander in Beziehung setzen.

Die Kontrolle des Faktors "Reihenfolge" geschieht im ersten Falle durch Randomisierung und entsprechend Gleichverteilung des Effektes, im zweiten durch Vergrößerung des Abstandes bis zu einem Ausmaß, daß der Reihenfolgeeffekt erlischt.

## Anwendungsgebiete für Experimente

Die Einzelheiten des exakten Aufbaus und der statistischen Auswertung von Experimenten können erst im Anschluß an bestimmte Analyseverfahren von Technik II (Kombinatorik, statistische Teste, Varianzanalyse) behandelt werden. Daher wurde in dieser Darstellung die Betonung auf die Logik des Vorgehens gelegt. Zum Schluß seien einige Anwendungsgebiete zitiert.

1. **Kleingruppenforschung.** Experimente sind verständlicherweise im strikten Sinne am ehesten in kleinen Gruppen durchführbar. Ein Beispiel ist Lewin und Lippitt, wo es um den Effekt von alternativen Führungsstilen geht. Die amerikanische Literatur zum Gebiet des "Small Group Research" ist voller Beispiele.

2. **Kommunikationsforschung,** im engeren Sinne wissenschaftliche Rhetorik. Hier ist vor allem Hovland zu nennen (1957 und 1949). Es geht dabei um die Effekte verschiedener Formen, in denen Nachrichten oder Texte gebracht werden, etwa um den Einfluß der Bekanntheit der Quelle, der Reihenfolge (zuerst negative Stellungnahme zu einem Standpunkt oder Problem, dann positive oder umgekehrt), der Interferenz konflingierender Aussagen etc.

3. **Probleme der kognitiven Dissonanz** (Festinger 1957). Dieses spezielle Gebiet der Sozialpsychologie behandelt Fälle und Situationen, in denen eine klare Kenntnis oder Vorstellung bei einem Individuum einer äußeren, etwa sozialen, auf jeden Fall aber schwer zu ändernden Tatsache entgegensteht. Ein einfacher Fall ist der verhungernde Vegetarier, der nur durch eine Fleischmahlzeit überleben kann und nun ein Bestreben spürt, seine Auffassung an seine Notlage durch Uminterpretation anzupassen oder der Gewerkschaftsfunktionär, der zum Arbeitsdirektor avanciert und für Arbeiter unerfreuliche Maßnahmen mit seinem Mandat in Einklang bringen möchte. Brehm und Cohen bringen viele Beispiele für Experimente.

4. <u>Industriesoziologische Untersuchungen</u> (siehe z.B. French).
Hier geht es meist um die Erforschung der Bedingungen für die
Produktionserhöhung, Kostensenkung oder anderer Ziele des
Managements, einschließlich Fragen der Kooperation, des team-
work und der incentives. Dabei entstehen Überschneidungen
mit der Kleingruppenforschung.

Das Hauptfeld experimenteller Forschungen ist die Psychologie,
es folgt die Sozialpsychologie und die Soziologie. Makrosozio-
logische Experimente sind im ursprünglichen Sinne nicht durchführbar. Nur im erweiterten Sinne der Kontrolle von Variablen
mit Hilfe der multivariaten Analysetechniken kann man Quasi-
Experimente in der Sozialforschung erwarten, die über Kleingruppen hinausgehen.

## K A P I T E L   XIII

### Inhaltsanalyse
==============

Die Inhaltsanalyse - englisch: <u>content analysis</u> - stellt
eine Forschungstechnik dar, mit der man aus <u>Texten</u> - im
weiteren Sinne aus jeder Art von Zeichenkontexten - durch
<u>objektive</u> und <u>systematische Identifizierung</u> ihrer <u>Elemente</u>
<u>Schlüsse ziehen</u> kann.Durch eine solche Identifizierung werden
aus den <u>Texten Daten</u> für bestimmte Fragestellungen der verschiedensten Nicht-Naturwissenschaften gewonnen. Insofern handelt es sich um ein allgemeines Instrument der <u>Datenerhebung</u>.

Dagegen sind die Schritte der <u>Häufigkeitszählung</u>, der Ermittlung und Messung von <u>Textzusammenhängen</u>, die man für die Schlüsse
braucht, bereits Teil der <u>Datenverarbeitung</u> und -<u>analyse</u>, gehören also systematisch zu Technik II.

Beide Aspekte werden hier gemeinsam behandelt. Nur so ist das
Wort "Analyse" angebracht. An der rein <u>deskriptiven</u> Textbehand-
lung ist die Sozialwissenschaft nicht interessiert. Die Sprache
oder ihre Manifestationen in Texten ist nicht ihr Gegenstand,
sondern ein Mittel, um soziale Sachverhalte festzustellen, zu
entdecken und mit Theorien zu konfrontieren, was Texte verraten,
nicht, was sie angeblich intentional besagen sollen.

Die aus <u>Texten</u> zu ziehenden <u>Schlüsse</u> können sich richten auf

1. die Bedingungen, aus denen die Texte hervorgegangen
   sind: dies ist die <u>diagnostische Funktion</u> der Inhaltsanalyse
2. das zukünftige Verhalten der Textquelle: dies ist
   ihre <u>prognostische Funktion</u>
3. den Wirkungszusammenhang zwischen Sender und Empfän-
   ger(n) von Texten: dies ist die <u>kommunikationstheo-</u>
   <u>retische</u> Funktion von Inhaltsanalysen.

So wie die Analyse die Textbeschreibung, so überschreitet 3. die
Inhaltsanalyse im herkömmlichen Sinn. Dies hat große Vorteile,
wie sich noch zeigen wird.

## 1. Das allgemeine Kommunikationsmodell

Kommunikation sei als <u>Zeichenverkehr</u> zwischen <u>Sendern</u> und <u>Empfängern</u> verstanden. Der Sender wird auch als Quelle bezeichnet, die von ihm gesendeten <u>Zeichen</u> als <u>Nachricht</u> oder <u>Information</u>.
Der Sender hat im Falle sprachlicher Mitteilung etwas Gedachtes G im Kopf, kleidet dies in die Worte W - dies wird als <u>encoding</u> <u>Verschlüsseln</u> bezeichnet - und übermittelt es über einen <u>Kanal</u> oder ein <u>Medium</u> (Schallwellen, Telephon, Brief etc.) an einen oder mehrere <u>Empfänger</u>. Dieser oder diese deutet (deuten) die W oder formen sie in ihre eigenen Denkmöglichkeiten um, etwa in D - was als <u>decoding</u> oder <u>Entschlüsseln</u> bezeichnet wird. D und G verbleiben in der "Innensphäre"der Kommunikanten. Sie sind als Daten nicht erhebbar. Der einfache Gesprächspartner kann so wenig wie der Inhaltsanalystiker wissen, was die "Quelle" meint, sondern sondern nur irgendwelche anderen W oder Zeichen Z (etwa Gesten) oder Handlungen H beim andern registrieren. Aus diesen kann er dann diagnostische oder prognostische Schlüsse ziehen. Die Inhaltsanalyse ist ein Versuch, dies ohne Rückgriff auf den subjektiven Inhalt von G und D, allein durch W-Registrierungen zu bewerkstelligen. Dies ist mit "objektiv" in obenstehender Definition gemeint.

Die Personen A und B unterhalten sich. A stellt B eine Frage $W_1$, B antwortet mit $W_2$. Der Ablauf sieht im einzelnen so aus:

    1. A denkt G1
    2. A verschlüsselt G1 in $W_1$, also in die Frage
    3. B entschlüsselt $W_1$ in $G_2$, sein Frageverständnis
    4. B verschlüsselt $G_3$, seine Antwort auf $G_2$, in $W_2$
    5. A entschlüsselt $W_2$ in $G_4$, sein Antwortverständnis

Im allgemeinen setzten Gesprächspartner voraus, daß durch $W_1$
$G_1$ und $G_2$ und durch $W_2$ $G_3$ und $G_4$ zur Deckung gebracht werden. Dies ist aber nicht zu beweisen. Die Voraussetzung besagt genau genommen, daß alle Worte, die in den Sätzen $W_1$ und $W_2$ vorkommen, für beide Partner <u>gleichbedeutend</u> sind, darüberhinaus auch der durch die Satzstruktur vermittelte <u>Sinn</u>.

Dafür, daß die Sprache tatsächlich gleich verstanden wird,

spricht anscheinend ihre Existenz als Verständigungsmittel.
Sie scheint sich zu bewähren und führt nicht nur zu frustrie-
renden Mißverständnissen und endlichem Schweigen.

Normalerweise hat es die Inhaltsanalyse nicht mit "echten" Gesprächen, also Wechselreden zu tun, - dies höchstens bei der
Analyse von Dramen oder anderen gedruckten Dialogen - sondern
mit monologartigen längeren gedruckten Texten. Diese richten
sich zudem meist an gedachte Kommunikationsempfänger, von denen
der Sender oder Verfasser anzunehmen scheint, sie entschlüssel-
ten das Geschriebene schon in der gewünschten Weise.

## 2. Semiotik

Mit der Funktion der Zeichen befaßt sich speziell die Semiotik,
so genannt nach John Locke und wieder aufgenommen von Charles
Sanders Peirce, Charles Morris und vorher von Ferdinand de
Saussure. Sie kann gegliedert werden in drei Teile:

1. Semantik, die den Beziehungen zwischen den Zeichen
   und
   
         a. den bezeichneten Gegenständen (denotata)
   
         b. Klassen solcher Gegenstände (designata)
   
   gilt
2. Syntaktik, die sich auf die Beziehungen der Zeichen
   untereinander und ihre Regelung erstreckt,
3. Pragmatik, die den handlungsanweisenden Charakter
   der Zeichen betrifft, also die Beziehungen zwischen
   Zeichen und Kommunikanten.

Im konventionellen Sinne, sind mit den designata "Begriffe" gemeint. Designata sind danach Inbegriffe von denotata. Stehen
Zeichen für unmittelbar zeigbare (aufweisbare) Dinge, also
denotata, so spricht man von einer deiktischen (von griech.
deignümi=zeigen, weisen) Bedeutung oder Definierbarkeit des
Zeichens. Steht das Zeichen für eine (abstrakte) Klasse oder
den "Begriff" bestimmter Dinge, so kann man diese

1. <u>intensional</u>, das heißt durch Aufzählung und kon-
   junktive (logisches "und") Verknüpfung aller de-
   finierenden Merkmale dem Zeichen zuordnen,
2. <u>extensional</u> zuordnen, das heißt das Zeichen definieren, indem man alle denotata "namentlich" auf-
   zählt, die unter das Zeichen fallen sollen.

<u>Intensionales Definieren</u> hängt an der Fähigkeit der Begriffs-
oder Kategorienbildung, einer spezifisch menschlichen Möglichkeit, deren machinelle Simulation noch nicht geglückt ist.

<u>Computergesteuerte Inhaltsanalysetechniken</u> wie sie etwa im
"<u>General Inquirer</u>"beschrieben werden (siehe unten), sind daher
gezwungen, auf der Basis einer "man-maschine-operation" vorzugehen. Das <u>semantische</u> (von griech. semaino=ich bezeichne)
Problem bei Begriffbildungen liegt kennzeichnenderweise auch
gerade in der mangelhaften Objektivierbarkeit. Man muß ja die
Merkmale allgemeingültig und abstrakt formulieren, aber gleichzeitig so, daß man sie an dem äußeren, manifesten Ding "wieder"-
erkennt. Die Vorstellung vom "Wiedererkennen" setzt voraus, daß
man schon vorher (a priori) mit dem zu Erkennenden vertraut war.
Plato fühlte sich hierdurch bekanntlich zur Ideenlehre gedrängt.
Die empirischen Wissenschaften verzichten auf die Annahme prä-
existenter Daseinsweisen und vorgeburtlicher Ideen und untersuchen
stattdessen die Begriffbildung <u>linguistisch</u> und bei Kindern (Piaget).

Die radikale Gruppe der <u>Semantizisten,</u> die - besonders Korzybski-
in Anlehnung an den frühen Wittgenstein die Verwendung von **Abstrak**-
ta überhaupt "verbieten" wollten, da hieraus alle Schwierigkeiten
der Philosophie und sogar der Politik als sprachlich bedingte
Mißverständnisse erwüchsen, haben sich streng zu extensionalen
Definitionen oder - wo die denotata nicht zeigbar oder zu zahl-
reich waren - überhaupt auch zur <u>Abschaffung</u> von der Vorstellung
von <u>designata</u> bekannt. Was man nicht zeigen kann, soll man auch
nicht benennen! Macht man mit dieser Auffassung ernst, so **darf**
man keine Inhaltsanalyse betreiben, da man dann **keine** Kategorien

bilden darf.

Eine andere Möglichkeit, den Sinn von Zeichen zu bestimmen, wenn
die <u>Deiktik</u> ausgeschlossen ist, ist die der "Synsemantik" (von
syn=mit und semaino wie oben). Hier ist man im Bereich der Syntaktik im weiteren Sinne und stellt fest, welche <u>Kontingenzen</u>
(verbundenes oder gekoppeltes Auftreten von...) zwischen den
Zeichen bestehen. Die <u>Linguistik</u> als die spezielle Wissenschaft
von den <u>Sprachzeichen</u> befaßt sich mit ihren

           1. lexikalischen (Wörter oder kleineren Einheiten)
  und  2. syntaktischen (im engeren Sinne)

Eigentümlichkeiten. Durch Analysen von syntatischen Strukturen
ermittelt sie deren "Sinn" oder besser deren Variabilität und
Funktion. Durch den Vergleich von Verwendungen einzelner Sprach-
elemente erhält man Aufschluß über die <u>Synonymität</u> und Nicht-
Synonymität einzelner <u>lexikalischer</u> <u>Einheiten</u>.

Dies entspricht der diagnostischen Funktion der Inhaltsanalyse.
Die <u>Psycholinguistik</u> steht dagegen auf dem Boden der <u>kommunikations-</u>
<u>theoretischen</u> <u>Funktion</u>, da sie wie Osgood (siehe Literatur) die
"Empfänger" von Sprachzeichen befragt und durch indirekte Meß-
verfahren ( Polaritätenprofile bzw. semantisches Differential und
Faktorenanalyse (Technik II ) Synonymbündel von Wörtern ermittelt.
Dies ist keine philologische Wortfeldanalyse (wie etwa für die
7 Wurzeln für "Freude" bei Homer), sondern die Messung der Be-
deutungsverwandschaft von sehr vielen Worten überhaupt. Dabei
ist der Raum, wo die <u>Kontingenz</u> der <u>Zeichen</u> sich ereignet, nicht
ein langer gedruckter Text oder gar die Sprache überhaupt, sondern
der sprachliche Assoziationsbereich in den Köpfen befragter
Personen einer Sprachgemeinschaft, deren Existenz durch das
<u>Befragungsexperiment</u> als auf einem zweiten Weg prüfbar wird.

3. <u>Informationstheorie und Sprachstatistik</u>

Eine weitere Einengung des Kommunikationsmodells liegt in der

Beschränkung auf <u>unstrukturierte</u> <u>Zeichenmengen</u> oder Wörtern in
<u>Texten</u>, insbesondere der Abzählung der Häufigkeiten. Die folgen-
de Liste ist 72 Jahre alt und Stenogrammen des Reichstags ent-
sprungen (siehe Kaeding). Sie bezeichnet die häufigsten isolierten Hauptwörter aus einer Gesamtheit von 10 910 777 Worten
mit ihren absoluten Häufigkeiten:

| | |
|---------|-------|
| Zeit | 14529 |
| Herr | 9688 |
| Jahre | 7677 |
| Weise | 7292 |
| Mann | 7069 |
| Herren | 6863 |
| Leben | 6820 |
| Paragraph | 6816 |
| Hand | 6372 |
| Herrn | 6323 |
| und so weiter | |

Es gibt nun "Inhaltsanalytiker", die schließen aus einer solchen
Liste, daß "Herrschaft" im Kaiserreich offensichtlich eine ganz
besondere Rolle gespielt habe, da "Herr", "Herren" und "Herrn"
unter den 10 häufigsten Worten vorkäme. Aus "Zeit", "Jahre" und
"Leben" würden sie vielleicht auf geine gewisse Besinnlichkeit
schließen und ähnliches mehr.

Nimmt man die 15 erfolgreichsten Schlager von 1965, so findet
man darin 398 Substantive, 125 Adjektive und 358 Verben, deren
je 10 häufigste auf diese Basen prozentuiert lauten:

| Substantive | | Adjektive | | Verben | |
|-----------|-----|--------|-----|--------|-----|
| Liebe | 9,5 | alt | 7,2 | (ja | 7,3) |
| Abschied | 6,5 | gleich | 7,2 | kennen | 6,4 |
| Regenbogen | 3,5 | blond | 7,2 | sein | 5,3 |
| Meer | 3,3 | allein | 6,4 | sagen | 3,6 |
| Land | 2,8 | jung | 6,4 | denken | 3,4 |
| Mädchen | 2,8 | einsam | 5,6 | träumen | 2,8 |
| Jahre | 2,5 | schön | 4,8 | weinen | 2,2 |

| Substantive | | Adjektive | | Verben | |
|---|---|---|---|---|---|
| Mond | 2,5 | gut | 3,2 | küssen | 2,2 |
| Mondschein | 2,5 | lange | 3,2 | geben | 2,0 |
| Tag | 2,5 | vorbei | 3,2 | sehen | 1,7 |

und so weiter und so weiter

Was kann man nun daraus schließen? Daß Schlager noch 1965
naturnah sind und die Wirklichkeitsflucht sich in den Verben
widerspiegelt? Hiervor muß aus vielen Gründen gewarnt werden.
Die Zahlenbasis ist klein. Die Wörter sind aus dem Kontext ge-
rissen. "Erfolgreich" ist nicht definiert. Falls Sendungen im
Funk oder Schallplattenverkauf gemeint ist, fragt sich, ob die
Wörter der Grund für den Erfolg waren. Warum nicht der Text selbst
oder die Melodie oder die Sänger? Bedeuten die Wörter in jedem
der 15 Schlager dasselbe für die Hörer? Wie groß waren die Hör-
chancen aufgrund der Sendehäufigkeit oder des Vertriebs? Für
alle 15 Schlager wirklich gleich? Solche Fragen ergeben sich
ohne besondere Kenntnisse der Techniken der Ihnhaltsanalyse. Sie
weisen darauf hin, was Inhaltsanalyse nicht ist.

Solche Häufigkeitslisten wie in den beiden Beispielen stellen
die Daten für informationstheoretische Berechnungen dar. Die
Informationstheorie ( siehe Shannon , Zemanek) mißt den Infor-
mationsbetrag von Zeichenreihen, ohne die sequentiellen oder
kontextualen Sachverhalte zu berücksichtigen. Es geht ihr
darum, möglichst ökonomische Codes (etwa einen Morse-Code) zu
bilden, also solche Transformationen von etwa Sprachzeichen,
die einen Informationsfluß durch einen gegebenen Kanal unter
bestimmten Nebenbedingungen maximieren. Der Lösung dieser kon-
struktiven Aufgabe geht die Messung folgender Größen systematisch voraus:

| | |
|---|---|
| $P_1$ | die Wahrscheinlichkeit, mit der Zeichen auftreten |
| $I_1$ | der Informationsgehalt eines Zeichens |
| $I_n$ | der Informationsgehalt einer Zeichenserie |

F       der Informationsfluß
D       die Informationsdichte
R       die Informationsredundanz
T       der Transinformationsgehalt

Es gibt noch weitere Größen. Hier soll nicht der Formelapparat
der Informationstheorie aufgebaut , sondern nur der Zusammenhang mit Häufigkeiten von Zeichen kurz dargestellt werden.
    Nehmen wir als Zeichen Buchstaben. e hat eine relative Häufig-
keit oder eine wahrscheinlichkeit des Auftretens von 14,7 %
oder 0,147. Jeder 7. Buchstabe ist im Durchschnitt im Deutschen
ein e. Die Wahrscheinlichkeit für n ist 0,088, also nur noch
etwa halb so groß. Die Wahrscheinlichkeiten aller 29 Buchstaben
sind empirisch ermittelt worden. Sie resultieren aus zwei verschiedenen Ursachensystemen:

>    1. der Sprachgeschichte, die aus praktisch unend-
>       lich vielen Möglichkeiten nur bestimmte Wörter
>       "ausgesuchte"
>    2. den Sprachregeln und den Sprechgewohnheiten,
>       bzw. der tatsächlichen freien Kombination von
>       Wörtern zu Sätzen durch die Sprachgemeinschaft

Der Informationsgehalt wird in bits gemessen, das heißt in der
Anzahl von Zweierentscheidungen, durch die die Information ausgedrückt werden kann. Um 32 verschiedene kombinierte Zeichen
aus zweien ( a und b ) zu bilden, braucht man 5 Zweierentscheidungen. Das sind 5 bits. Hierbei sind a und b gleich häufig.
Jeder Buchstabe kommt genau 80 mal vor. Wenn b viermal so häufig
auftritt wie a, so können daraus weniger Kombinationen gebildet
werden als bei Gleichhäufigkeit. Der Informationgehalt der
Zeichenserie, die aus a und b gebildet werden kann, ist - wenn
$p_a$ die Wahrscheinlichkeit für das Auftreten von a und $p_b$
entsprechend für b - definiert als

$$I_n = n. \ p_i . ld \ \frac{1}{p_i} \qquad i = a, b$$

In unserem Beispiel ist n=5 und bei $p_1=p_a=p_b=0,5$ ist $I_n$ = 5, wie schon erklärt, dagegen bei $p_a=0,2$ und $p_b=0,8$ ist $I_n$ = 3,6 also wesentlich geringer.

Da die Häufigkeit der Buchstaben sehr unterschiedlich ist, weicht der Buchstabeninformationsgehalt der deutschen Sprache erwartungs- gemäß von dem maximalen Gehalt erheblich ab. Der Informations- fluß ( pro Zeiteinheit) und die Dichte (etwa pro bedruckter Fläche) sind also kleiner als sie sein könnten. Diese Differenz oder Disprepanz - auch als Quotient gemessen - zwischen möglichen und in der Zeichenverwendungspraxis realisieren Informationsge- halt nennt man die Redundanz einer Zeichenserie oder eines Textes. Die Umgangssprachliche Übersetzung von "Redundanz" ist "Weitschweifigkeit"

Bezogen nicht auf Buchstaben, sondern auf Wörter oder auch Worte ist es hinlänglich bekannt, daß man "viel" oder "wenig" mit derselben Anzahl verschiedener Worte sagen kann. Ebenfalls be- kannt ist aber die Verständnisschwierigkeit bei absolut nicht- redundanten Texten. Ein kurzer Werbeslogan kann es sich leisten, "kein Wort zuviel" zu enthalten. Eine Vorlesung ohne alle Über- schußinformationen, Wiederholungen und stilistische Variation von bereits Gesagtem  würde nicht von ihrem Empfänger aufgenommen werden können. Was beim Empfänger "ankommt", wird in seiner gemessenen Form "als Transinformation" bezeichnet. Sie hängt in ihrer Höhe von übertragungsbedingten Störungen und der Ent- schlüsselungstechnik, insbesondere dem Code des Empfängers ab. Das semantische Problem des intuitiven Sinnverstehens von Zeichen findet seine Entsprechung in der Code-Redundanz bei der Infor- mationsübertragung und in der Abweichung von gesendeter und empfangener Information.

Allerdings befaßt sich die Informationstheorie in keiner Weise mit dem Inhalt der Nachricht oder des Textes. Semantische Proble- me werden ausgeklammert. Sie befaßt sich nur mit den Informations- beträgen bzw. dem Überraschungswert von Texten, also einer for- malen Eigenschaft der Sprache. Dabei geht sie durchaus über einfache Häufigkeitsstatistiken isolierter Wörter hinaus und

bezieht auch Wortpa're, -tripel usw, sogenannte Bigramme, Tri-
gramme usw., in ihre Analysen mit ein. Das ist ein erster Schritt
zur Ananlyse der tatsächlichen Sprache. Aber die Feststellung
der Wahrscheinlichkeit, mit der ein bestimmtes Wort, von dem
nur seine allgemeine Häufigkeit bekannt ist, auf ein anderes
folgt, ist ohne Rekurs auf die Quelle nicht möglich. Das Gefüge
der Übergangswahrscheinlichkeiten zwischen Worten kann dadurch, daß
man immer größere Textstränge ins Auge faßt, besser bestimmt
werden, aber absolut so schlecht, daß eine Voraussage von Texten
allgemein nicht möglich ist. Anders ausgedrückt: die produzierte
Textmenge ist statistisch zu gering, um die Orginalität der
Quellen einzuholen oder analytisch zu bändigen.

Trotzdem sind einzelne Teile in Texten relativ gut voraussagbar,
und zwar in dem Maße, indem sie redundant sind. Eine praktische
Anwendung liegt in der Messung des Schwierigkeitsgrades von Texten,
bei der die sogenannte "cloze-procedure" angewandt wird. Man
streicht etwa jedes 10.Wort und läßt den Leser raten, was da
gestanden hat, zählt dann die relative Häufigkeit der richtig
"geratenen" oder vorausgesagten Worte und streicht dann in der
nächsten Phase jedes 9. oder 7. Wort und so weiter. Quervergleiche
zwischen Personen, Texten verschiedener Art und alternativen
Unterrichtsmethoden erlauben dann nicht nur die Messung der
Schwierigkeit, sondern auch von Lerneffekten und Unterrichts-
erfolgen .

Auch hierbei wird das Sinnproblem ignoriert. Eine andere Schwäche
der Informationstheorie als Instrument bei der Analyse sozialer
Kommunikation ist ihre Beschränkung auf nur einen Übertragungs-
kanal. Für Massenmedien ist dies noch ein einigermaßen realistisch,
aber nicht für mehrkanälige Kommunikation zwischen vielen Akteu-
ren. Diese Mehrzentrigkeit ist aber gerade charakteristisch für
die Kommunikationsprozesse, durch die Worte ihren Sinn erhalten,
die Sprache sich semiotisch bewährt und als generalisiertes Me-
dium Interaktion vermittelt.

Die beiden Leistungsgrenzen der Informationstheorie sind ihre

<u>semantische</u> <u>Neutralität</u> und ihre Beschränkung auf <u>einen Kanal</u>.
Daran muß man bei inhaltsanalystischen Anwendungen stets denken.

4. <u>Die Phasen der Inhaltsanalyse</u>

Die Aspekte der Kommunikation, der Semiotik und der Messung
des Informationsgehaltes grenzen den Problemrahmen von Inhaltsanalysen nur teilweise ab. Sie sind daher insofern besonders
relevant, weil sie als technische Schwierigkeit bei der
praktischen Durchführung von Ihnhaltsanalysen wiederkehren.
Man kann dies anhand der Phasen einer Inhaltsanalyse erkennen:

4.1 <u>Festlegung</u> der <u>Art</u> oder der <u>Klasse</u> von <u>Texten</u>, die
man für eine Fragestellung analysieren will, etwa

Bundestagsprotokolle 1949-63
Memoiren von Musikern dieses Jahrhunderts
Deutschlesebücher für das 5-7. Schuljahr in
schleswig-holsteinischen Volksschulen
Alle Werke von Kant und Hegel
Nachrichten über die NPD in der FAZ, Welt und
Süddeutschen Zeitung 1966-68
Gedichte in Gästebüchern von Unternehmern
in der BRD 1945-1965
Politische Kabarett-Texte aus Berlin, Hamburg,
Düsseldorf und München 1950-1968
Pfingspredigten in polnischen Kirchen 1945-49
Soldatenlieder des II. Weltkrieges

Entscheidend bei dieser Phase ist also:
4.1.1. daß die Texte relevant für den Zweck sind
4.1.2. daß sie existieren
4.1.3. daß sie zugänglich sind
Dies ist wiederum nur zu entscheiden, wenn man
4.1.4. die Merkmale der Texte eindeutig definiert ( z. B. "Nachricht", Unternehmer"
usw.)
4.1.5. den Zeitraum ihrer Entstehung oder Verwendung ( Lieder) oder Publizierung genau festgelegt.

**4.2** <u>Auswahl</u> einer <u>Stichprobe</u> oder einer anderen <u>Teilgesamt-<br>heit</u> aus der Klasse von festgelegten <u>Texten</u>

Dies entfällt, wenn man nur einen Fall hat, etwa einen
Roman oder wenn die Gesundheit der Fälle berücksichtigt werden muß.
Soweit sachlich erforderlich und kostenmäßig vertret-
bar, sollte eine Stichprobe (<u>Zufallsstichprobe</u> gezogen werden. Dann gelten alle Regeln und Formen der
Stichprobentheorie, insbesondere soweit sie die <u>Schich-<br>tung</u> und <u>Stufung</u> (Gegenstand von Technik II) betreffen.
Soll eine Auswahl aus allen Zeitungen der BRD gezogen
werden, so geht man zweckmäßigerweise <u>mehrstufig</u> vor,
also

1. Stufe: Auswahl der Gemeinden, in denen die Zeitungen erscheinen

2. Stufe: Auswahl von Zeitungstiteln innerhalb der
bereits ausgewählten Gemeinden, sofern es
dort mehrere Zeitungen gibt und man nicht
alle berücksichtigen muß

3. Stufe: Auswahl von bestimmten Nummern der Zeitungen,
z.B. jede 10. Ausgabe.

Will man etwa vermeiden, zufällig oder gar notwenig Wochen-
endausgaben zu überrepräsentieren, so kann man eine Schichtung nach Wochentagen festlegen, also 6 getrennte Stichproben
ziehen, eine aus allen 52 Montagsausgaben, eine aus 52
Dienstagsausgaben usw.
Stattdessen könnte man auch anstelle der Auswahl von Tagen
(=Ausgaben-Nummern) aus einem Jahr bei der Dritten Stufe
Wochen auswählen, etwa jede 10. Woche und diese dann ganz in
die Letztauswahl aufnehmen. Dies kann jedoch bei bestimmten ereignisabhängigen Themen zu Verzerrungen (Klumpeneffekt)
führen. Auch wechseln Redaktionen Themen auf der ersten Seite
oder überhaupt absichtlich im Verlauf einer Woche, so daß
sie bei einer Auswahl von nur 5 Wochen unterrepräsentiert
werden könnten.
Allgemein ist die Auswahl nach 4 Typen von Gesichtspunkten
zu treffen:

4.2.1 Regionalität (Länder, Städte, Messeplätze usw.)

4.2.2. Zeit, Periodizität (Kalenderdaten, Erschei-
nungsfolgen, Jahre, Kriege)

4.2.3. Quelle (Verfasser, Titel, Publikation, Eigen-
tümer, Empfänger (von Briefen) usw.)

4.2.4 Inhaltliche Gesichtspunkte, etwa weitere Unterteilung
~~inolbamag~~ der Publikation in Seiten usw.

Kommunikationstheoretisch gesehen stellt sich bei allen Druck-
erzeugnissen oder Sendungen die Frage, wonach man das Gewicht
jedes Titels oder jeder Nummer bemessen soll, das man ihnen bei
inhaltsanalytischen Zählungen beilegen sollte:

1. nach der Höhe der Auflage (Druckauflage)
2. nach der Höhe der verbreiteten (verkauften und
sonstwie verteilten) Auflage
3. nach der Zahl der tatsächlichen Leser
4. nach der Zahl der Kontakte zwischen Leser und Text

Will man etwas über die Wirkungen von Texten sagen oder auch nur
über ihren Indikationswert für die Verhältnisse, aus denen sie
hervorgegangen sind (diagnostische Funktion der Inhaltsanalyse),
so ist es zum Beispiel nicht uninteressant, wie oft und von
wievielen "Siehst du im Osten das Morgenrot"?, "Heilig Vater-
land, in Gefahren...", "Auf der Heide blüht ein kleines Röse-
lein", "Ein junges Volk steht auf zum Sturm bereit", "Über die
Maas, die Schelde, den Rhein fuhren die Panzer nach Frankreich
hinein" usw. gesungen wurde. Ziemlich uninteressant dürfte
die Auflage der Soldatenliederbücher sein, da man sie meist aus-
wendig konnte oder direkt von denen lernte, die sie konnten.
Von dieser Sicht aus sind auch "ereignishäufigkeitsfreie"
Schlagervokabelzählungen wie auf Seite231 zu kritisieren, jedenfalls, soweit aus ihnen unreflektiert "soziologische" Schlüsse
gezogen werden.
Auch angesichts der großen Auflagenunterschiede von Zeitungen,
Büchern und Zeitschriften ist die scheinbar nur technische Frage
der Stichprobeneinheit von der festgelegten Funktion einer Inhaltsanalyse abhängig. Die Rolle des Texters, des Verlegers und
des Lesers im Untersuchungsthema ist verbindlich für die Auswahl
der Stichprobe.

## 4.3 Definition der Zähleinheit

Sieht man von den Fällen <u>qualitativer Inhaltsanalysen</u> ab,
wo es nur darum geht, die "interessante" Textstelle zu finden, also den Archeopterix oder ein anderes missing link,
so dient Vorbereitung einer Inhaltsanalyse zunächst der
<u>Zählung</u> von <u>Texteinheiten</u>. Diese können etwa sein:

> Worte, die listenmäßig vorgegeben sind,
> alle Worte überhaupt,
> Wortbestandteile (Suffixe, Wurzeln...)
> Fremdworte überhaupt
> Wortgruppen (Idiome, Schlagworte,...)
> Substantive
> Adjektive
> Verben
> Sätze
> Abschnitte
> Artikel
> Seiten
> Schlagzeilen, Überschriften
> Schulaufsätze
> Bücher (etwa, wenn nur der Titel interessiert)
> Briefe
> Viertelstundenabschnitte von Sendungen
> Personen (Biographien über...)
> Bibelverse
> Reden
> ganze Sprachen

Die <u>Zähleinheit</u> ist im Sinne der deskriptiven Statistik ein
<u>Merkmalsträger</u>, an dem abgelesen wird, welche <u>Ausprägung</u>
des <u>Merkmals</u> bei ihm vorliegt.
In der Inhaltsanalyse werden meist mehrere Merkmale gemeinsam
betrachtet. Man nennt sie <u>Kategorien</u>. Die <u>Merkmalsausprägungen</u>
sind danach <u>Unterkategorien</u>.
Gezählt wird, wieviele Zähleinheiten in eine Unterkategorie
gehören. Die <u>Zähleinheit</u> ist immer die letzte Stufe der Stichprobenauswahl oder anders gesagt: die <u>letztstufige Stichproben-</u>

<u>einheit</u>. Man kann also auch noch innerhalb einer Zeitungsaus-
gabe eine <u>Unterstichprobe</u> von Seiten oder Artikeln ziehen. Dadurch verlagert sich die Eigenschaft, Zähleinheit zu sein, von
der oder den Ausgaben auf Artikel.

## 4.4 <u>Entwicklung eines Kategorienschemas</u>

Dies ist das <u>Kernproblem</u> der <u>Inhaltsanalyse</u>. Das Schema wird
meist vor Ansehung der Daten (Texte) fertiggestellt. Man
kann die Kategorientypen danach einteilen, ob sie eine
<u>elektronische</u> (maschinelle) <u>Zuordnung</u> der <u>Unterkategorien</u>
zu den <u>Zähleinheiten</u> zulassen oder nicht. Falls ja, so
bestehen auch für menschliche Schlüßler keine semantischen
Probleme. Dies ist dann der Fall, wenn die Kategorie durch
bestimmte Buchstabenkombinationen Worte, Namen, Bezeichnungen, Abkürzungen, Einzelbuchstaben) oder im Druck vorkom-
mende Zeichen sowie durch Zählungen (Zahl der Worte in
einem Satz, Zeilenanzahl, Substantive pro Abschnitt usw.)
oder Messungen (Quadratzentimeter) definiert oder identifizierbar ist.
Die <u>Inhaltsanalyse</u> im <u>engeren Sinne</u> arbeitet aber hauptsächlich mit solchen Kategorien, die intensional definiert
sind und somit den manifesten Inhalt von Texten, also ihre
physisch erkennbaren Elemente, semantisch überschreiten.
Für die Kategorienbildung gibt es zwei Quellen: die theoretische Intention des Analytikers und die Daten (den Text).
Geht man allein von der Theorie aus, so muß man genauso wie
bei der Anlage eines Fragebogens überlegen, welche Variablen
man untersuchen möchte und durch welche Kategorien sie am
besten operationalisierbar sind. Es ist aber auf jeden
Fall zweckmäßig, sich die Daten vorher einmal anzusehen,
damit man weiß, was sie theoretisch überhaupt leisten könnten.
Man kommt so oft dazu, einen ersten intuitiven Entwurf
des Schemas probeweise auf einen Teil der Zähleinheiten
anzuwenden, das Schema daraufhin zu verbessern und so
durch trial und error die Kategorien zu entwickeln. Das
Schema entsteht dann durch folgende je nach Notwendigkeit
ergriffene Maßnahmen:

1. Einführung zustäzlicher Kategorien
2. Einführung zusätzlicher Unterkategorien
3. Differenzierung (Unterteilung) von Kategorien
4. Umdefinition von uneindeutigen Kategorien
5. Streichung von unterbesetzten Kategorien

Die Feststellung der Unterbesetzung ist natürlich nur eine
vorläufige, da man ja noch nicht alle Fälle oder Zähleinheiten berücksichtigen konnte. Bevor man eine Unterkategorie
streicht, muß man also schon eine große Anzahl von Fällen
gesehen haben.

## 4.5 Verschlüsselung der Zähleinheiten nach dem Kategorienschema

In dieser Phase werden meist mehrere Schlüßler eingesetzt,
die Kategorie für Kategorie die Zähleinheiten verschlüsseln.
Jede Unterkategorie erhält eine Code-Nummer, die in ein
Contentschema einzutragen ist. Das Zählen erfolgt durch
Strichlisten, sofern nicht für jede Zähleinheit ein Schlüsselbogen angelegt und vom Schlüßler ausgefüllt wird. Dieses
Verfahren ist gegenüber Strichlisten vorzuziehen, wenn die
Verschlüsselungsergebnisse hinterher auf Lochkarten übertragen werden sollen. Das Zählen erfolgt dann maschinell.
Falls die Kategorien einen hohen Abstraktionsgrad haben,
müssen die Schlüßler besonders geschult werden, damit sie
den Zähleinheiten (Zeitungsmeldungen, Sätzen...) auch
ansehen, welche Unterkategorie nach der Intention des Kategorienentwicklers darauf zutrifft. Eine solche Schulung
bringt aber die Gefahr mit sich, daß der Schlüßler nicht
mehr das Material sprechen läßt, sondern die Kategorien
hineindeutet.

## 4.6 Datenverarbeitung und -analyse des verschlüsselten Materials

Die Kategorisierung oder Verschlüsselung des Inhalts ist
die letzte Phase - und die arbeitsaufwendigste - des Teils
der "Inhaltsanalyse", der eigentlich noch gar keine Analyse
ist, sondern nur deren Vorbereitung. Die Phasen 1-5 bringen
die Rohdaten des Textes in eine Form, in der statistische

und mathematische Analysetechniken anwendbar werden und die
Vorteile von Computern zu Buche schlagen. Diese Verfahren
sind Gegenstand von Technik II. Es sei aber schon hier
darauf hingewiesen, bei den Vorarbeiten zu Inhaltsanalysen
möglichst wenig Arbeit der Hand der zu überlassen, also insbesondere keine zusammengesetzten Kategorien zu bilden, die
eine große Sucharbeit erfordern.
Neuerdings ist die Arbeit des Verschlüsselns teilautomati-
siert worden, wozu unter "General Inquirer" noch einiges
gesagt wird.
Bei der weitergehenden Analyse werden die Kategorien als
Variable behandelt. Die Berechnung von Kontingenz- und
Korrelationsmaßen (siehe deskriptive Statistik) führt dann
unter Umständen zur Erkenntnis von synsemantischen Zusammenhängen, durch die die Kategorien sich gegenseitig erklären.
Die Faktorenanalyse, Varianzanalyse und verwandte Techni-
ken der multivariaten Statistik werden in Zukunft wichtige
Hilfsmittel beim Schließen aus Texten sein. Beispiele folgen.

## 4.7 Prüfung der Zuverlässigkeit und Gültigkeit

Bei allen Meßoperationen, wozu auch die Datenerhebung gehört, muß sich der Forscher ein Bild davon machen können,
ob seine Meßwerkzeuge auch zuverlässig messen, das heißt,
genau und von Meßobjekt zu Meßobjekt, von Meßereignis zu
Meßereignis vergleichbar, und zweitens, ob die Meßergebnisse
auch das besagen, was sie besagen sollen, oder - wie man
auch sagt - ob sie gültig sind.

4.7.1 Die größte Gefahr für die Zuverlässigkeit inhaltsanalytischer Ergebnisse droht von der Seite der Schlüßler
her, weil die Verschlüßlung als subjektiv-interpre-
tierender Vorgang Unterschiedlichkeiten der Auffassung, des Sprachgefühls und der affektiven Einstellung
zum Inhalt selbst bei den einzelnen Schlüßlern unterliegt. Die Zuverlässigkeit zwischen Schlüßlern hängt
also vom Inhalt selbst, vom Kategorienschema und von
der Eigenart der Texte - z.B. ihrer lexikalischen und
stilistischen Homogenität/Heterogenität - ab. Vieldeu-

tige Kategorien führen zu größeren Abweichungen als
eindeutige. Man verringert diese Fehlermöglichkeit,
indem man Textbeispiele für die Unterkategorien in die
Definitionen aufnimmt, also partiell "extensional"
definiert.

Das Zuverlässigkeitsproblem stellt sich natürlich auch
dann, wenn nur ein einziger Schlüßler eingesetzt wird.
Wie kann man wissen, ob ein anderer nicht etwas anderes "herausschlüsseln" würde (aus demselben Material)?
Nur, indem man einen anderen denselben Text verschlüsseln läßt und dann das Maß der Übereinstimmung berechnet, etwa r oder phi (siehe deskriptive Statistik) und
dann einen statistischen Test durchführt oder die
Signifikanz oder das Maß an Nicht-Zufälligkeit dieser
Übereinstimmung berechnet.

Außer der Zuverlässigkeit zwischen Schlüßlern (iner-
coder reliability) interessiert auch die eines einzigen Schlüßlers für sich (intra-coder reliability), also,
wieweit derselbe Schlüßler zu verschiedenen Zeiten,
bei verschiedenen Texten aus der gleichen Stichprobe
und nach verschiedenen Schulungen dieselben Zuordnun-
gen von Zähleinheiten zu Unterkategorien durchführt.
Insbesondere ist der Schlüßler Lerneffekten ausgesetzt,
so daß er etwa die Nuancen oder die Originalität des
80. Briefes einer Textstichprobe nicht mehr so gut
wahrnimmt wie die des 30. Briefes. Routinisierung be-
einträchtigt Zuverlässigkeit ja auch bei anderen Tätig-
keiten. Dem kann man bei der Schulung und Einweisung
dadurch entgegenwirken, daß man auf die Neuartigkeit
und den hohen Überraschungswert jedes einzelnen
Dokuments hinweist. Ein entsprechender Hinweis auf den
Entdeckungscharakter der Tätigkeit des Verschlüsselns
verringert den Einfluß persönlicher thematischer Vorurteile.

4.7.2 Das Problem der Gültigkeit liegt schwerpunktmäßig in
den Kategorien. Werden diese ohne alle Berücksichtigung
des Materials gebildet, so besteht die Gefahr, daß dieses

selbst nichts Gültiges über die intendierten Zielvariablen aussagt. Stellt man auf der anderen Seite
sehr materialnahe Kategorien auf, so können diese
irrelevant für die Zielvariable sein.

Freilich kann das auch daran liegen, daß man das falsche
Material hat, also in Phase 1 Texte für relevant für
das Untersuchungsthema hielt, die es nicht waren.

Um die Gültigkeit inhaltsanalytischer Ergebnisse zu
überprüfen, muß man Kriterien außerhalb der analysier-
ten Texte heranziehen, eben die oben als Zielvariablen bezeichneten Größen. Wenn eine Regierungszeitung
verstärkt bestimmte Nachrichten verbreitet und man
stellt die Einzelheiten dazu per Inhaltsanalyse fest,
so kann man daraus etwa die Prognose ableiten, das sie
eine bestimmte Maßnahme M vorhat. Trifft M tatsächlich
ein, so ist - grob gesagt - die Analyse validiert.
Weitere Einzelheiten folgen in Beispielen.

## 5. Anwendungsbereiche und Beispiele

Das Studium von Kommunikationsinhalten - wovon Texte ein Spezialfall sind - zielt bei allen nicht-sprachwissenschaftlichen
Forschungen auf menschliches (oder auch tierisches) Verhalten
ab. Die Inhaltsanalyse betätigt sich daher nicht nur innerhalb
der Soziologie, sondern auf vielen anderen Gebieten, vor allem
in folgenden:

1. Psychodiagnostik und Psychotherapie
2. Publizistikwissenschaft
3. Ethnologie und Ethnographie
4. Politologie
5. Werbeforschung und Marketing
6. Kriminologie
7. Pädagogik und Lernforschung

Die Anwendungen können in jedem Gebiet wie in der Linguistik
in deskriptiver Absicht betrieben werden. In vielen Fällen
geht es aber um mehr, nämlich Prognosen, Erklärungen und
praktische Empfehlungen an Kommunikateure, so oder so mit der

Sprache oder anderem Ausdrucksmaterial umzugehen.
Die folgenden Beispiele sollen nicht nur die Breite der An-
wendungsmöglichkeiten illustrieren, sondern auch über das
elementare Schema in Abschnitt 4 hinaus weitere technische
Einzelheiten und Probleme vermitteln.


5.1 <u>Vergleich von 6 Zeitungen im Bundestagswahlkampf 1961</u>

In der Zeit vom 6.8.-16.9.1961 wurden alle Mitteilungen
in den Zeitungen

| | |
|---|---|
| Welt | 356 |
| FAZ | 187 |
| Südd. Zeitung | 230 |
| BILD | 52 |
| Zeit | 24 |
| Christ und Welt | 20 |

in denen Wahlkampfparteien oder Wahlkampfthemen, soweit
die Parteien dadurch berührt wurden, vorkamen, als Zähleinheit gewählt.
Die Zahlen geben an, wieviele Meldungen zur Politik in
dem abgesteckten Rahmen in den Zeitungen vorkamen. Als
Beispiel sei aus den Ergebnissen folgende Tabelle gebracht:
(Wernerus, S. 172)

| Ebene der deutschen Politik | W | F | S | B | Z | C |
|---|---|---|---|---|---|---|
| Ereignisse in der DDR | 17 | 16 | 13 | 27 | 8 | 25 |
| Wiedervereinigung | 8 | 7 | 12 | 4 | 8 | 5 |
| Außenpolitik: Westmächte | 8 | 7 | 7 | 6 | 4 | 5 |
| Außenpol.: Länder d. Ostblocks | 11 | 10 | 14 | 8 | 8 | 10 |
| Innenpolitik | 23 | 29 | 29 | 19 | 63 | 20 |
| sonst.deutsche Politik | 9 | 10 | 6 | 15 | 9 | 10 |
| Internationale Politik | 24 | 21 | 19 | 21 | 0 | 25 |
| Summe der %-Zahlen (Basis wie oben) | 100 | 100 | 100 | 100 | 100 | 100 |

Schlüsse wurden aus dieser Häufigkeitstabelle nicht gezogen. Immerhin wird das starke Interesse der Bildzeitung
und von CHRIST UND WELT an der DDR und ihr gemeinsam ge-

ringes an der Innenpolitik erkennbar. Hier könnte ein
Erklärungsversuch einsetzen.

Die Zielvariable ist an sich die Wahlentscheidung der
Leser, definiert durch die Frage (an eine Stichprobe
der wahlberechtigten Bevölkerung der BRD) nach der Parteipräferenz. Es müßte der Zusammenhang zwischen den
Variablen

1. Interesse an verschiedenen Bereichen der Politik
2. Häufigkeit der Lektüre der verschiedenen Zeitungen
3. Erwartung von den Parteien hinsichtlich der verschiedenen Bereiche
4. Meinung darüber, was die Parteien in den verschiedenen Bereichen anstreben oder dazu erklären
5. Parteipräferenz

untersucht werden.

Ein Schluß hinsichtlich 5. ist sicher nicht einfach,
zumal die Mehrfachleserschaft zu berücksichtigen ist. Allgemein gesagt kämen Erklärungen von folgendem Typ infrage:

   Starke Beschäftigung mit Innenpolitik fördert Regie-
   rungskritik

   Leser der ZEIT finden viel über Innenpolitik,
   daher tendieren sie zur Oppositionspartei.

Dieser Schluß ist unrealistisch einfach. Er zeigt aber
die kommunikationstheoretische Funktion der Inhaltsanalyse: der zweite Satz kann nur inhaltsanalytisch geprüft
werden, der erste durch Kreuzung zweier Fragen bzw. ihrer
Antworten einer Befragung. Der dritte Satz wird auf zwei
Weisen erhalten: 1. als logischer Schluß und 2. als Ergebnis einer empirischen Prüfung (Kreuzung). Fällt diese
negativ aus, so ist der Schluß wegen Nicht-Berücksichti-
gung von Drittvariablen (intervenierenden Variablen)
falsch.


## 5.2 Inhaltsanalyse von Anzeigen in Illustrierten

Anzeigen sind Instrumente der Werbung, die nicht (nur)
Text enthalten, sondern auch Bilder. Im übrigen wirken

sie nicht nur durch das, was abgebildet ist, sondern auch
durch die Art der Gestaltung, Farbgebung, Typographie usw.
Die Klassifizierung von Anzeigen nach ihren Gestaltungs-
elementen ist daher schwierig und eine durchaus vieldeu-
tige Aufgabe.
Es ist fraglich, ob der quasi-künstlerische Gestaltungs-
prozess mit dem encoding der Kommunikationstheorie gleichgesetzt werden kann. Denn oft spielt der Künstler mit seinen Mitteln und läßt die den Mitteln immanenten Möglichkeiten ohne besonderes Darstellungsziel sich frei ent-
falten. Nach Robert F. Bales würde man diese Form der
Äußerung als "expressive communication" gegenüber der
informierenden und anweisenden "instrumental communication"
bezeichnen. Auf beide Formen ist Inhaltsanalyse anwendbar.

Werbung ist ein Mittelding zwischen beiden Formen von
Zeichen, da sie ein festes Ziel (Käufer zu werben) mit
teilweise expressiven Mitteln zu erreichen sucht.
Einen Versuch, Anzeigeninhalte mittels Skalen zu erfassen,
schildert Roth (siehe Literatur). Eine von 29 Kategorien
heißt "Triebaktivierung" und ist durch seine Ausprägungen
wie folgt definiert:

-5 Triebfreie Motivation

-3 Ruhe, Bequemlichkeit, Erholung

-1 Gesundheit, Lebenskraft, Widerstandsfähigkeit

+1 Motorische Entlastung, Funktionslust, Spiel

+3 Orale Befriedigung, Essen und Trinken

+5 Zärtlichkeit, Liebe, Erotik, Sex-Appeal

Die Anweisung an den Schlüßler lautet, sich jede Anzeige
(=Zähleinheit) anzusehen und dann einer der 6 Unterkategorien zuzuordnen. Hierbei wird also nicht der manifeste
Inhalt der Anzeige verschlüsselt - und später analysiert -
sondern die Ansicht des Schlüßlers über sie. Ob die 6 Gruppen dabei theoretisch vernünftig zusammengestellt oder bezeichnet sind, ist noch eine andere Frage. Auch die Ordi-
nalität oder Rangordnung der 6 Stufen mutet merkwürdig an.
Außer dem Gestalter und dem Verschlüßler (nach einem Schema

von 29 Kategorien dieser Art) ist noch der Leser als
Kommunikationsempfänger der Anzeige interessant. Alle
drei sehen in der Anzeige etwas anderes. Soweit der Leser
und seine Reaktion auf die Anzeige mittels der Inhaltsanalyse vorausgesagt werden soll, ist die Auffassung
des Schlüßlers vielleicht nicht ausschlaggebend, die
Verschlüsselung nach solchen Kategorien also nicht zweck-
entsprechend. Tatsächlich ist der Versuch, Erinnerungs-
werte von Anzeigen aufgrund dieser Inhaltsanalyse vorauszusagen, gescheitert.

Dagegen ist es möglich, Stimmungswerte von Bildern quantitativ vorauszusagen, wenn sie dasselbe "Thema" behandeln, die Stimmungswerte bei einer Anzahl von Bildern empirisch gemessen werden und die Bildelemente von den Schlüßlern aufgrund ihrer Konkretion leicht und mit hoher inter-
coder-reliability kategorisierbar sind (Harder).

## 5.3 Identitätsprobleme bei Harvard-Studenten (McLaughlin)

Neuimmatrikulierte Studenten haben je nach Herkunft und
sonstigen Besonderheiten psychische Orientierungsprobleme.
Da das Ich durch die soziale Umwelt mitentwickelt und
geformt ist, (Mead), muß es bei einschneidenden Umwelt-
veränderungen teilweise neu "definiert" werden. Bevor
dieser Vorgang zu einem Abschluß gelangt ist, befindet sich
die Person in einer Identitätskrise (Erikson). Ihr ist
unklar, wie sie sich selbst sehen soll.

Um die Selbstsicht zu messen, wurden 1960 in Harvard
243 Studenten aufgefordert, ohne lange Überlegung 20 verschiedene Antworten auf die Frage "Wer bin ich?" aufzu-
schreiben. Dasselbe wurde von 207 (von den 243), von 173
(von den 207) und von 152 (von den 173) je ein weiteres
Jahr später widerholt. Es handelte sich also um ein panel
(=Stichprobe oder Teilgesamtheit von wiederholt Befragten),
das sich - wie jedes panel - von Mal zu Mal verkleinert,
aber doch die Möglichkeit bietet, den Prozess der Identi-
tätsentwicklung oder -verlaufs auch an einzelnen Individuen
zu verfolgen.

Einige Antwortbeispiele seien auf Amerikanisch wieder-
gegeben:

Student A    A student at Harvard
             An unimportant being in this vast world and universe
             One constantly preoccupied with death
             I cannot accept organized religion
             I enjoy parties and getting drunk
             I need to be with other people
             Not introverted yet long to be so
             ......

Student B    A very intelligent United States Negro at Harvard
             The first son of my father
             The half-brother of my half-brother
             An alumnus of (a certain) highschool
             A member of the National Honor Society
             The only undergraduate from (home town)
             Future leader in Africa or some underdeveloped area
             ......

Es wurden 8 Kategorien mit insgesamt 30 Unterkategorien
gebildet, zum Beispiel:

a. Roles                        b. Values and Interests
   1. Male-Role                    1. Religious-Reference
   2. Student-Role                 2. Political-Reference
   3. Intellectual-Role            3. Aesthetic-Reference
   4. Family-Role                  4. Physical-Reference
   ..........                      ..............

c. Temporal and Spatial         e. Self-Evaluations
   Orientation                     1. Positive
   1. Past-Orientation
   2. Future-Orientation           2. Negative
   3. Place-Orientation            3. Neutral

Diese Kategorien stützten sich sowohl auf theoretische
Überlegungen wie auf eine Unterstichprobe von 200 Antwort-
bogen. Jede einzelne Antwort wurde pro Kategorie einer
Unterkategorie (tag) zugeordnet. Diese Zuordnung geschah

nicht "von Hand", sondern aufgrund eines Lexikons" von
etwa 3000 Vokabeln, deren jede nach den 8 Kategorien
gekennzeichnet war, soweit eine der 30 Unterkategorien
anwendbar war. Das "Lexikon" war in einen Computer ein-
gelesen, ebenso alle Antworten aller Studenten. Danach
konnte die Verschlüsselung maschinell erfolgen. Der
Verschlüsselung schlossen sich dann - ebenfalls elektronisch - die Zählungen und Rechnungen an. Es stellte sich
heraus, daß sich die Studenten vor allem in den beiden
Faktoren "Sozialisierungsschwierigkeiten und -bewußtheit"
und "Orientierung an der eigenen Vergangenheit und
früheren Leistungen und Stellungen" unterschieden. Die
größeren Anpassungsschwierigkeiten an den Leistungsstan-
dard und die Studienintensität in Harvard hatten die,
die im zweiten Faktor stark ausgeprägt waren. Es konnte
die Hypothese bestätigt werden, daß dieses Kennzeichen
auf die Studenten zutraf, die als Abkömmlinge der Oberschicht von privaten Colleges kamen, während die von
öffentlichen Colleges nicht so fasziniert von ihrer
früheren Stellung und Lebensweise und mehr leistungs-
bzw. studienorientiert waren.

Das Verfahren, die Inhaltsanalyse mittels Lexika von der
beschriebenen Art zu "elektronisieren", indem die Kategorienbildung zwar wie früher funktioniert, die Verschlüßlung aber in die

  a) Lexikonkonstruktion (durch Menschen, von Hand)
und b) Verschlüßlung (maschinell) nach einem elektronischen
        Programm

zerlegt wird, wird als "General Inquirer" (Stone, Dunphy,
Smith, Ogilvie) in den USA häufig angewandt. Es stellt
einen Schritt in Richtung Objektivierung der inhaltsanalytischen Techniken dar. Daher partizipiert es auch
an den Problemen, die jede Objektivierung mit sich bringt.


6. Weitere Fortschritte der Inhaltsanalyse

In den angegebenen Werken von Ithiel de Sola Pool und Stone,
Dunphy etc. finden sich zahlreiche weitere Beispiele der Inhalts-

analyse. Während das Anfangsstadium (Berelson, Lazarsfeld)
bei einfachen Häufigkeitszählungen und Vercodung des manifesten Inhalts von Dokumenten blieb, wandte man sich in den
50-er Jahren mehr der Kontingenz-Analyse zu (Beschreibungen
bei de Sola Pool) und berührte Fragestellungen der Linguistik
und Kultursoziologie. Die neueste Entwicklung (General Inquirer)
besteht nur äußerlich gesehen in einer reinen Technisierung
des Verfahrens.  In Wirklichkeit geht es auch um einen Anschluß an die Aufgaben der Datenrückgewinnungsverfahren (data
retrieval systems), also die schnelle Verfügbarkeit von
Datenarchiv - oder jeder Form von Dokumentationszentren- und
Bibliotheksinhalten. Der General Inquirer oder sein Prinzip
erlaubt den Ausdruck (das Ausdrücken) von Textstellen, wört-
lichen Nennungen, Fragebogenformulierungen aus entsprechenden
elektronisch gespeicherten Materialien nach vorgegebenen
Kategorien in kürzester Zeit. Der Forscher kann dadurch nicht
nur mit einem viel größeren Datenmaterial in Interaktion
treten als früher, sondern bei geeigneten Programmen bestimmten Entdeckungen im Material schnell nachgehen, solange
er seine Anfangshypothese noch nicht aus dem Auge verloren
hat. Hier mündet die Inhaltsanalyse in die modelltheoretisch
gesteuerte, computer-unterstützte und auf große Datenmassen
zurückgreifende empirische Sozialforschung ein.

## LITERATURÜBERSICHT
==================

Kapitel II: Stichprobenauswahl
-------------------------------

Büschges, G., Die Gebietsauswahl als Auswahlmethode in der
    empirischen Sozialforschung, Diss. Köln 1961
Deming, W.E., Some Theory of Sampling, New York 1961
Hansen, M.H., Hurwitz, William N., Madow, W.G., Sample
    Survey Methods and Theory, New York and London 1964
Heyn, Wolfgang, Stichprobenverfahren in der Marktforschung,
    Würzburg 1960
Kellerer, Hans, Theorie und Technik des Stichprobenverfahrens,
    Einzelschriften
Kish, L., Survey Sampling, New York, London, Sydney 1965


Kapitel III: Skalen
-------------------

Edwards, A.L., Techniques of Attitude Scale Construction,
    New York 1957
Guttman, L., The Basis for Scalogram Analysis, in: S.A.
    Stouffer u.a., Measurement and Prediction, Princeton,
    New Jersey 1950, S. 60-90
Likert, R., A Technique for the Measurement fo Attitudes,
    Archive of Psychology, 1932, Nr. 140
Scheuch, E.K., Skalierungsverfahren in der Sozialforschung,
    in: Handbuch der empirischen Sozialforschung, Heraus-
    geber René König, Band I, 2. Aufl., Stuttgart 1967,
    S. 348-384 sowie im Anhang S. 735-739
Thurstone, L.L., The Measurement of Values, Chicago 1959,
    S. 215-233
Thurstone, L.L. und Chave, E.J., The Measurement of Attitude,
    Chicago 1929
Torgerson, W.S., Theory and Methods of Scaling, N.Y. 1958
    4. Aufl., 1963

## Kapitel VI: Matrix-Operationen

Coleman James S., Introduction to Mathematical Sociology,
    The Free Press of Glencoe, MacMillian, 1964, Kapitel 14:
    Measures of Structural Characteristics, S. 432-468

Goldberg, Samuel, Introduction to Difference Equations,
    John Wiley and Sons 1958, S. 238-241

Hart, C.W.M., A Reconsideration of the Natchez Social Structure,
    American Anthropologist, New Series, 45 (1943),
    S. 374-386

Kaase Max, Wechsel von Parteipräferenzen, Eine Analyse am Bei-
    spiel der Bundestagswahl 1961, Verlag Anton Hain,
    Meisenheim am Glan 1967

Lazarsfeld, Paul F., Bernard Berelson, Hazel Gaudet, The People's
    Choice, Columbia University Press 1948

## Kapitel VII: Faktoren-Analyse

Die Literatur über Faktorenanalyse wird auf 25 000 Titel geschätzt. Der mathematische Apparat des heute meist verwendeten
Verfahrens läßt sich aber kurz so fassen:

(1) $Y = AF$    (2) A=varimax-rotierte Matrix der Eigenvektoren
von $R = \frac{1}{n} YY' = AA'$    (3) $\hat{F}=(A'A)^{-1}A'Y$

Dies ist das Modell der Hauptachsenlösung oder der Komponentenanalyse. Der Schritt (3) - Berechnung der Faktorwerte -
wird meist unterlassen, weswegen auch die großen Vorteile der
Faktorenanalyse für die anschauliche Darstellung (Graphiken)
mehrdimensionaler Zusammenhänge vielen nicht bekannt sind.

Außer dem Beispiel 4 sind alle aus eigenen Arbeiten (1 und 5
unveröffentlicht) entnommen. Für 2 und 3 siehe "Der Marktforscher".

Harder, Theodor, Elementare mathematische Modelle in der Markt-
    und Meinungsforschung, R. Oldenbourg Verlag, München
    und Wien 1966, S. 104-154

Harder, Theodor, Faktorenanalysen in der Praxis, in: Der Markt-
    forscher 8/1966, S. 238 - 248

Harman, Harry H., Modern Factor Analysis, The University of
        Chicago Press, 2. Aufl., 1962

Hofstätter, Peter R., Faktorenanalyse, in: Handbuch der empiri-
        schen Sozialforschung, Hrsg. R. König, F. Enke-Verlag,
        Stuttgart 1962, S. 385-414

Osgood, Charles E., George J. Suci, Percy H. Tannenbaum, The
        Measurement of Meaning, University of Illinois Press,
        Urbana 1957

Peterson, Richard A., Dimensions of Social Character: An
        Exploration of the Riesman-Typology, in: Sociometry,
        Vol. 27 (1964), S. 194-207

Roth, Erwin, Die Faktorenanalyse in der Marktforschung, in:
        Reinhold Bergler, Psychologische Marktanalyse, Verlag
        Hans Huber, Bern und Stuttgart 1965, S. 282-325

## Kapitel VIII: Datenverarbeitung und Datenanalyse

Mayntz, Renate, Formalisierte Modelle in der Soziologie,
        Hermann Luchterhand Verlag, Neuwied und Berlin 1967

Adam, A., Systematische Datenverarbeitung bei der Auswertung von
        Versuchs- und Beobachtungsergebnissen, Physica-Verlag,
        Würzburg 1963

Scheuch, Erwin K., Entwicklungsrichtungen bei der Analyse sozial-
        wissenschaftlicher Daten, in: Handbuch der Empirischen
        Sozialforschung, Hrsg. René König, Ferdinand Enke Verlag,
        Stuttgart 1967, 2. Aufl., S. 655 - 685

Scheuch, Erwin K., und Stone, Philip J., Retrieval Systems for
        Data Archives, in: Comparing Nations, hrsg. von Richard
        L. Merritt und Stein Rokkan, Yale University Press, 1966

Stone, Philip J., Dexter C. Dunphy, Marshall S. Smith, Daniel M.
        Ogilvie with associates, The General Inquirer: A Computer
        Approach to Content Analysis, The M.I.T. Press, Cambridge,
        Mass. und London 1966

## Kapitel IX: Deskriptive Statistik

Anderson, Oskar, Probleme der statistischen Methodenlehre,
        Physica-Verlag, Würzburg 1963, Kapitel II: Kollektiv-
        maßlehre, S. 19-37

Edwards, Allen L., Statistical Methods for the Behavioral Sciences,
        Holt, Rinehart and Winston, New York - Chicago- San
        Francisco-Toronto-London 1964, vor allem die Kapitel
        7 und 8

Gotkin, Lassar G., Leo S. Goldstein, Grundkurs in Statistik,
        Ein programmiertes Lehrbuch, Band I, R. Oldenbourg
        Verlag, München und Wien 1967

Kellerer, Hans, Statistik im modernen Wirtschafts- und
        Sozialleben, rde, Bd. 1o3/1o4 , Hamburg 1960 ff.

Neurath, Paul, Grundbegriffe und Rechenmethoden der Statistik
        für Sozialwissenschaftler, in: Handbuch der empiri-
        schen Sozialforschung, hrsg. von René König, 2.Aufl.,
        Ferdinand Enke Verlag, Stuttgart 1967, Seite 241-3o8

Moroney, M.J., Facts from Figures, London 1957 (Penguin Books)

Pfanzagl, Johann, Allgemeine Methodenlehre der Statistik I,
        Sammlung Göschen Bd. 746/746a, Berlin 1966

Walker, Helen M., Statistische Methoden für Psychologen und
        Pädagogen, Eine Einführung, Verlag Julius Beltz,
        Weinheim 1964, 6/7. Auflage, besonders Kapitel III,
        VII und VIII

## Zur Baumdarstellung:

Morgan, James N. und John A. Sonquist, Problems in the Analysis
        of Survey Data, and a proposal, in: Journal of the
        American Statistical Association, Nr. 58 (Juni 1963),
        S. 415-435

Segers, J.H.G., Ph.C.Stouthard, Analyse door middelvan opeen-
        volgende contrasterende groepen, in: Sociale Weten-
        schappen, Nr. 3, Tilburg 1963, S. 221-241

Segers, J.H.G., De contrastgroepen-methode. Nadere uitwerking
        en een tweetal toepassingen, in: Sociale Wetenschappen,
        Nr. 3, Tilburg 1964, S. 194-225

Sonquist, John A. und James N. Morgan, The Detection of Inter-
    action Effects. A Report on a Computer Program for
    the Selection of Optimal Combinations of Explanatory
Variables, Ann Arbor, Michigan 1964


Kapitel X: Datenerhebung durch Befragung

Das Interview, Formen, Technik, Auswertung, Hrsg. René König,
    Kiepenheuer und Witsch, Köln-Berlin 1967
Kerlinger, Fred N., Foundations of Behavioral Research, New
    York, Chicago, San Francisco, Toronto, London 1965,
    Kapitel 26
Phillips, Bernard S, Social Research, Strategy and Tactics,
    Macmillan, N.Y. and London, 1966, S. 1o7-124
Scheuch, Erwin K., Das Interview in der Sozialforschung, in:
    Handbuch der empirischen Sozialforschung, I. Bd., Stutt-
    gart 1967, 2. Aufl., S. 136-196


Kapitel X I: Beobachtung

Kluckhohn, Florence, Die Methode der teilnehmenden Beobachtung
    in kleinen Gemeinden, in: Beobachtung und Experiment,
    S. 97-114
Lorenz, Konrad, Das sogenannte Böse, Zur Naturgeschichte der
    Aggression, Köln 1966
König, René, Die Beobachtung, in: Handbuch der empirischen
    Sozialforschung, 2. Aufl., Stuttgart 1967, S. 1o7-135
König, René (Hrsg.), Beobachtung und Experiment in der Sozial-
    forschung, Kiepenheuer und Witsch 1967


Kapitel X II: Forschung als Experimentieren

Adam, A., Systematische Datenverarbeitung, Physica-Verlag,
    Würzburg 1963, S. 144-163

Brehm, Jack W und Arthur R. Cohen, Explorations in Cognitive
       Dissonance, John Wiley & Sons, Inc., New York und
       London 1962

Cicourel, Aron V., Method and Measurement in Sociology,
       The Free Press of Glencoe, London 1964, S. 157-171

French, John R.P., Feldexperimente: Änderung in der Gruppen-
       produktion, in: Beobachtung und Experiment in der Sozial-
       forschung, etc., S. 259-273

Hovland, Carl I. u.a., The Order of Presentation in Persuasion,
       Yale University Press, New Haven und London 1957

Hovland, Carl I., Arthur A. Lumsdale, Fred D. Sheffield,
       Experiments in Mass Communication, Princeton University
       Press, Princeton, New Jersey 1949

Festinger, Leon, A Theory of Cognitive Dissonance, Stanford
       University Press, Stanford 1957

König, René (Hrsg.), Beobachtung und Experiment in der Sozial-
       forschung, Kiepenheuer und Witsch, Köln-Berlin 1967,
       vor allem S. 171-297

Lewin, Kurt und Ronald Lippitt, An Experimental Approach to
       the study of Autocracy and Democracy: A Preliminary Note,
       in: Small Groups, Studies in Social Interaction,
       A. Paul Hare, Edgar F. Borgatta, Robert F. Bales (Hrsg.)
       Alfred A. Knopf, New York 1966, S. 648-654

Pagès, Robert, Das Experiment in der Soziologie, in: Handbuch
       der empirischen Sozialforschung, Hrsg. René König,
       2. Aufl., Bd. I, Enke Verlag, Stuttgart 1967, S. 413-450

## Kapitel XIII: Inhaltsanalyse

Bales, Robert F.: Some Uniformities of Behavior in Small Social
       Systems, in: Matilda White Riley, Sociological Research I,
       A Case Approach, New York 1963, S. 98-112

Berelson, Bernard: Content Analysis in Communication Research,
       Free Press of Glencoe, Glencoe, III. 1952

Berelson, Bernard, Content Analysis, Kapitel 13, in: Handbook of
       Social Psychology, Vol. I, Reading, Mass. und London
       1959, 3. Aufl., S. 488-522

De Sola Pool, Ithiel (Hrsg.), Trends in Content Analysis, University of Illinois Press, Urbana 1959

Habermas, Jürgen, Zur Logik der Sozialwissenschaften, in: Philosophische Rundschau, Beiheft 5, Februar 1957, Tübingen

Harder, Theodor, Prognose der Anzeigenresonanz aus ihrem Inhalt, in: forschen planen entscheiden, 4/1965, S. 150-55

Kaeding, F.W., Häufigkeitswörterbuch der deutschen Sprache, Berlin-Steglitz 1897

Korzybski, Alfred, Science and Sanity, Lancaster, Pennsylvania, Science Press 1933

Lasswell, Harold D. und Nathan Leites, Language of Politics; Studies in Quantitative Semantics, New York 1949

McLaughlin, Barry, The WAI Dictionary and Self-Perceived Identity in College Students, in: Stone etc., S. 548-566

Mead, George H., Mind, Self and Society from the Standpoint of a Social Behaviorist, Chicago 1936

Morris, Charles, Signs, Language and Behaviour, New York 1955

Osgood, Charles, E., G.J.Suci, P.H. Tannenbaum, The Measurement of Meaning, Urbana (Ill.) 1957

Piaget, Jean, The Language and Thought of the Child, 3. Aufl., London und New York 1959

Roth, Erwin, Die Faktorenanalyse in der Marktforschung, in: Reinhold Bergler, Psychologische Marktanalyse, Verlag Hans Huber, Bern und Stuttgart 1965, S. 314

Saussure, Ferdinand de, Cours de Linguistique générale, Paris 1916

Scheuch, Erwin K., Entwicklungsrichtungen bei der Analyse sozialwissenschaftlicher Daten, in: Handbuch der empirischen Sozialforschung, S. 655-685

Shannon, C.E. und W. Weaver, Mathematical Theory of Communication, University of Illinois Press, Urbana 1949

Sibermann, Alphons, Systematische Inhaltsanalyse, in: Handbuch der empirischen Sozialforschung, Bd. I, 2. Aufl., Hrsg. René König, S. 570-600 und 789-797

Stone, Philip und Dexter C. Dunphy, Marshall S. Smith, Daniel M. Ogilvie, The General Inquirer: A Computer Approach to Content Analysis, The M.I.T. Press, Cambridge, Mass. und London 1966

- 259 -

Whorf, Benjamin Lee, Sprache, Denken, Wirklichkeit, Beiträge zur
        Metalinguistik und Sprachphilosophie, rde Bd. 174,
        Rohwolt, Hamburg 1963
Zemarek, Heinz, Elementare Informationstheorie, R. Oldenbourg,
        Wien und München 1959

# *Studientexte*

»Ein unentbehrliches Instrumentarium für den akademischen Unterricht und für die Arbeitsgemeinschaften der höheren Schulen.« *Welt und Wort*

## 1. Friedrich Schiller: Über die ästhetische Erziehung des Menschen

Die Briefe an den Augustenburger, die Ankündigung in den »Horen« und die letzte, verbesserte Fassung, kollationiert mit den gestrichenen Teilen der »Horen«-Fassung. Mit einem Vorwort und einer Bibliographie hrsg. von Wolfhart Henckmann. 210 S. kart. DM 9.80.

## 2. Georg Wilhelm Friedrich Hegel: Einleitung in die Ästhetik

Mit den beiden Vorreden von Heinrich Gustav Hotho, einem Nachwort, Anmerkungen und Bibliographie hrsg. von Wolfhart Henckmann. 156 S. kart. DM 7.80.

## 3. Karl-Wilhelm Welwei, Hrsg.: Römisches Geschichtsdenken

In spätrepublikanischer und augusteischer Zeit. Eine Textauswahl mit Einleitung, Literaturhinweisen und erklärendem Namensverzeichnis. 120 S. kart. DM 6.80.

## 4. Karl Marx: Manifest der kommunistischen Partei

Text nach dem Erstdruck vom Februar 1848 mit textkritischen Anmerkungen, den Erläuterungen Friedrich Engels' zu den Ausgaben 1888 und 1890, mit sämtlichen Vorreden von Marx und Engels, Marx' »Entwurf eines kommunistischen Glaubensbekenntnisses«, seinem Programmartikel der »Kommunistischen Zeitschrift« sowie Engels' »Grundzügen des Kommunismus«, hrsg., eingeleitet und kommentiert von Theo Stammen. 164 S. kart. DM 6.80.

## 5. Antoine Barnave: Theorie der Französischen Revolution

Übersetzt sowie mit einer Einleitung und einer Bibliographie hrsg. von Eberhard Schmitt. 97 S. kart. DM 8.80.

## 6. Nicolas Boileau: L'Art Poétique

Hrsg., eingeleitet u. kommentiert von August Buck. 140 S. kart. DM 12.80.

## 7. Lorenz Stein: Proletariat und Gesellschaft

Text nach der zweiten Auflage von »Der Sozialismus und Kommunismus des heutigen Frankreichs« (1848), hrsg., eingeleitet und kommentiert von Manfred Hahn. 224 S. kart. DM 16.80.

 WILHELM FINK VERLAG MÜNCHEN

# Kritische information

## wilhelm fink verlag

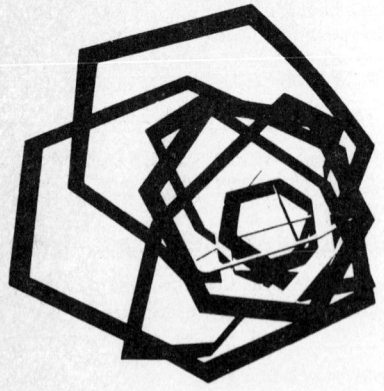

Die neue Reihe stellt zu erschwinglichem Preis Hand- und Arbeitsbücher für das Studium, aber auch für den Bedarf des Oberstufen-Unterrichts an den Schulen bereit. An folgende Buchtypen ist dabei vorwiegend gedacht: 1. Ausgewogene Einführungen in große Fachgebiete; 2. Reader, in denen die maßgeblichen Beiträge zu neuen Fragestellungen, kommentiert und durch Register erschlossen, zusammengefaßt sind; 3. kommentierte Bibliographien; 4. Fachdidaktiken; 5. Kommentare zentraler Texte; 6. Gesamtdarstellungen von Autoren des 20. Jahrhunderts.

**1. Max Black: Sprache**

Eine Einführung in die Linguistik. Übersetzt, erklärt und kommentiert von Herbert E. Brekle. 256 S. kart. DM 16.80

**2. Ossip K. Flechtheim/Ernesto Grassi, Hrsg.: Marxistische Praxis**

Selbstverwirklichung und Selbstorganisation des Menschen in der Gesellschaft. 236 S. kart. DM 16.80

**3. Vladimir Karbusicky: Widerspiegelungstheorie und Strukturalismus**

Zur Entstehungsgeschichte und Kritik der marxistisch-leninistischen Ästhetik. 128 S. kart. DM 12.80

**4. Wolfgang U. Dressler/Siegfried J. Schmidt: Textlinguistik**

Kommentierte Bibliographie. 132 S. kart. DM 9.80

**5. Dietrich Krusche: Kafka und Kafka-Deutung**

Die problematisierte Interaktion. 224 S. kart. DM 16.80

**6. Theodor Verweyen: Eine Theorie der Parodie**

Am Beispiel Peter Rühmkorfs. 136 S. kart. DM 12.80

WILHELM FINK VERLAG MÜNCHEN 40 · NIKOLAISTR. 2